U0111700

大展好書　好書大展
品嘗好書　冠群可期

大展好書　好書大展

品嘗好書　冠群可期

武術特輯
60

武當三豐太極拳

＜108式＞

劉嗣傳　著

大展 出版社有限公司

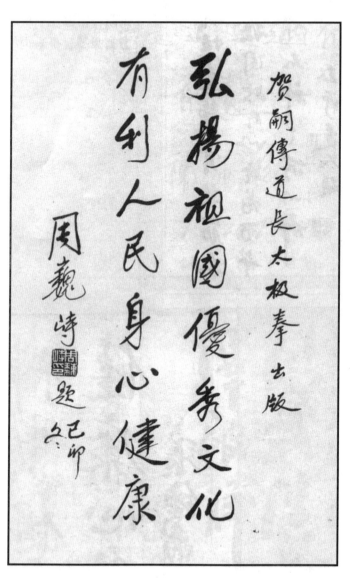

弘揚祖國優秀文化

有利人民身心健康

賀嗣傳道長太極拳出版

周巍峙題 己卯

中國文學藝術界聯合會主席周巍峙題詞

神恬意靜骨弱筋柔而握固此所以虛為而無不為 不為而神之所以神 玉溪道人題

全國政協常委、中國道教
協會會長閔智亭題詞

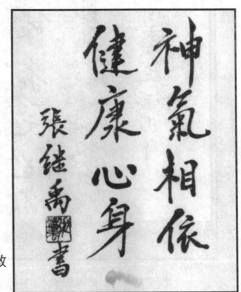

神氣相依
健康心身
張繼禹書

全國政協常委、中國道教
協會副會長張繼禹題詞

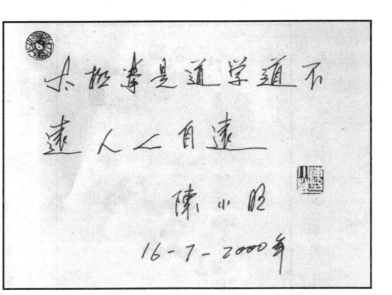

太極拳是道 學道不
遠 人 乙自遠

陳小旺

16-7-2000年

陳式太極拳第十九代
傳人陳小旺題詞

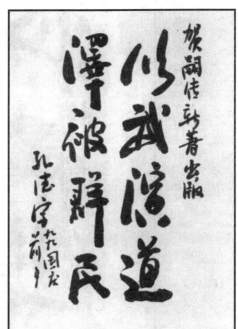

慶闕傳新著出版

以武演道
澤被群民

孔德字九九園客

當代著名仙學養生家
孔德先生題詞

中國著名書法家‧行草書體創立者馬行之先生題詞

（上）作者在武當武術大賽上顯技

（左）演練武當三豐太極拳

（右）演練武當劍

與陳式太極拳第十九代傳人陳小旺先生在一起

作者與武當山道教十三代主持王光德（中）
韓國金仙學會會長崔炳柱先生（右）合影

展示道家功法　　　　　　在歐洲講授道教內經圖

向各國學員講授中國道教和武當武術理論

（上）在歐洲演示武當三豐太極拳

（中）與陳小旺先生一起在歐巡迴
　　　授課

（下）與義大利學員合影

目　錄

任法融序

　　太極一義大矣哉，太極即陰陽也。自然界內陰陽進退伸屈、消息盈虛，萬物自有生長、收藏之運化。天人合一矣，人身陰陽和體、得太極之道，非但可以身健壽長，且有無窮之妙用。

　　道教聖經《老子》云：「萬物負陰而抱陽，沖氣以爲和。」《莊子‧大宗師》在描述道之形態而慨嘆：「在太極之先而不爲高，在六極之下而不爲深……」道經又云：「男清女濁，男動女靜，降本流末而生萬物。」道家道教義理淵深源長，道——太極——陰陽關係萬端所宗。

　　太極之意理，實乃道家修鍊證果成眞之惟一理法。人身元精（陰）與元神（陽）凝聚其中，有不可思議之妙法，而太極拳術就依此理而來。太極文化從古至今，是人類自然科學、社會哲學、理論學術及養生武術界研究的永恆主題和當今熱門話題。

　　太極拳術乃道教道術之繁衍：黃老養生諸術之衍延、禹步罡斗之變化、葛洪先師之傳承、張三豐集內家拳術內丹之大成，秉承道家之宗風，沿襲道教之法脈，導繹出如今暢行的優秀拳種。

　　近年，樓觀之劉嗣傳道長，自入道以來，參玄學道之過程中，承武當三豐派之傳，於樓觀老子講經之所，在尹眞人

清靜之道下，苦心研練，對太極之妙用及其理法有一定研探，並有所成功。今著此書，其主旨是將太極拳最根本之理法而論述之，實爲愛好者在研練太極拳術中的一大啓迪。今草以爲序，以俟來哲。

全國政協委員
中國道教協會副會長
陝西省道教協會會長　　**任法融**
樓觀臺道觀監院

王光德序

　　素聞：「上古聖人，其知道者，法於陰陽，和於術數，不妄勞作，形與神俱，乃齊天壽，歷今俗士，莫知持滿，不時御神，以欲竭其精，務快其心，遞於生樂，耗散其眞，故半百而衰。」

　　練精化氣，練氣化神，練神還虛，還虛合道，修練「精、氣、神」，人身三寶，壯人體魄，充人精神，發人智慧，使之能爲人所不能，能及人皆莫及，乃道家精粹、中華之瑰寶也。

　　先祖，三豐眞人，觀雀蛇鬥智，悟剛柔生剋制化眞理，融道家養練之法，始創太極拳於武當。以動靜結合、內外兼修之法，使其拳如龍乘雲氣，虎借風威，相依相托，各得其所，更備受世人矚目。

　　太極拳法，以柔克剛，以靜止動，後發先制，四兩撥千斤之術，乃武技之晶體，駢六合之氣，縱升降之法，凝眞養性發人潛能，開人智慧，亦仙道之階梯，歷世千百年，流傳十餘種。而今，多以武技重之。武當太極拳，自三豐祖師所創十三勢，經歷代祖先完善，發展至一百零八式，一脈相傳於玄門之中，雖有技藝之體，更重修養之用。

　　劉清復（嗣傳），斯有善緣，皈依吾門下，爲武當三豐派第十四代玄裔弟子。清復，樂道好學，樸實忠厚，故，授

之於太極拳法一百零八勢。憑多年精心研習，深得其妙。今成書於世，闡明眞理，斯功德之舉也。故序之以鼓勵。

全國政協委員
中國道教協會副會長
湖北省道教協會會長　　王光德
武當山道教協會會長

第 1 章

太極拳與道教概論

第一節　太極拳概念與名稱

太極拳是運用中國古代道家哲理，即陰陽學說與五行八卦演變之法，結合人體內外運行規律，而形成剛柔相濟、動靜相間的強身健體、自衛防身的武術拳種。

它有深厚而獨特的理論基礎和人體科學原理，深得中國傳統文化，即「易」文化和「道」文化之精髓，也是中國著名傳統武術拳種之一。它與中國古代道家、道教有著千絲萬縷的聯繫。其淵源悠久，可追溯到古代中國養生術和武術之同步時代，是古代勞動人民集體智慧的結晶，發展到當今，已成為流行最廣的武術健身項目。

一、「太極」一詞的出現

「太極」一詞，最早見於莊子的經典《南華經·大宗師》：「夫道，在太極之先而不為高，在六極之下而不為深。」這裡的「太極」是指道的性質和狀態。而《周易·繫辭》上也有：「易有太極，是生兩儀，兩儀生四象，四象生八卦。」這裡認為太極是至高無上的宇宙本源。

由太極剖析產生天地、陰陽。源此太極說之故淵，「太極」學說漸被道家和隨之演變的本土宗教——道教所吸收，遂構建了太極為最高宇宙本體的理論體系。

《周易》和道家、道教之原始太極觀相互借鑒融合，後直接影響到宋代理學，形成一種太極即道、太極即理、太極即心的太極道學觀（宇宙觀和世界觀）。於是在唐宋，尤其是宋代以後的文化思想和傳統文化概念中，便包括這種太極即道的玄妙意識觀念，「太極」理念在歷史長河中演繹著萬變不離其宗的重要角色。

二、「太極」與拳術之命名

於是，不僅哲學家、思想家們用太極之理來說明世間萬物之某些特徵特性，而且那些修鍊之士、武術之師也由太極這宇宙演變生化之模式，啟悟天人合一的自然之道，便進一步得出道武一源、拳以載道的辯證關係，取名太極，為拳術之基礎原理和理論指導，來形容這博大精深的拳學和修鍊功夫之境界。

「太」就是大、至之意，「極」就是開始或頂點、極限之意，引申為最高級最大，至於極限，而無有相匹的拳術，彷彿至高無上、包羅天地萬象的拳術。因為「太極」包含了至極之理，即包括至大、至小的時空極限，放之則彌六合，卷之退藏於心，大而無外，小而無內，所以此拳術是「變化萬端」「隨變無窮」，故又有太極為萬拳之母說。

同時「太極」含有人體內運作的最大限度和規則的拳術架式，所以，正宗的太極拳師有尺寸、定位之說。

如果說，拳術是人體外形姿勢運動之形態，而太極則是

人體內部生理生化陰陽運行之規律。因為太極觀認為：人體本身就是一個太極體：外部頭陽天，腳陰地；內部動脈、靜脈之陰陽和任、督二脈及臟腑均可用陰陽和五行對照解釋，並輔以相似而科學的運行規律。人體太極觀直接成為傳統中醫學、經絡學、醫易學之重要理論依據。太極拳學（動功）和內丹學（靜功）這對孿生兄妹便成為傳統養生學奠基巨石。而且，外部身形運作也分陰陽，像前後、左右、虛實、上下及其互變對稱的平衡等等，均是太極觀之內涵。同時最形象地看出，太極拳是圓（平圓、立圓、三維圓）的運動，弧形、旋螺、纏絲、五花、圓形拳……至於文武太極拳內功之說，更能說明其取名太極之高妙。

它是獨一無二地可以用以柔克剛見長的拳種，柔化之功從理論到實踐都是其他拳種所不及的，而它的剛則是內功高級階段與道合一的產物，只有太極混元的內功達到爐火純青之地步，便是至極之拳，無與匹敵之拳……

三、道教「太極眞人」與「太極拳術」

正式定名太極拳在世面流行，雖然準確時間已不可考，但從零星的史料古籍記載中可以肯定，在道教內流傳久矣。早在三國時代，就有道家和道教人士開始使用太極與拳術相關聯這個名字。

我們透過卷帙浩繁的道藏經典，翻開《正統道藏》一看，比比皆是「太極」名詞，而最確切的證據是《太極葛仙公傳》（《正統道藏》第十一冊700頁）記載有梁陶弘景《吳太極左仙公葛公之碑》（《正統道藏》第十一冊712頁），指三國時代吳國葛玄被尊稱為「太極真人」「太極仙

公」「太極左仙公」，而葛玄作為道教閣皂山宗的祖師之一，既為其孫葛洪成為一代宗師提供極多家學和師傳靈寶道法，也為被稱做「太極仙翁」之「太極」法門留下更多資料及太極拳佐證。

我們知道，早在魏晉時代就有武術器械之套路、秘法口訣。這些都透過極為嚴格的道教拜師程序而繼承下來，加之道教有世襲之風，如「天師世家」是世襲天師嗣位制。而葛洪作為「太極仙翁」葛玄嫡系孫子世襲「太極法門」，葛洪所承之法皆是秘傳，雖未公開稱之為「太極法門」或「太極拳法」，但從下面幾點可以說明承接有太極拳法。

第一，道家、道教皆不以武技刀兵為上等之學，不能等同神仙之道，所以，葛洪《抱朴子》內篇言神仙方藥修道之事，而外篇則言人道之應酬通達之學，此等武技只是人事之餘。故在《抱朴子·外篇·自敘》中出現，自言他熟諳武道之事。憑葛洪曾為軍將，戰義軍、平反賊、殺盜寇，均憑武藝而行，都得逞於他的祖傳家學和師傳秘法。

第二，道教在道法傳授上歷來比較保守，眾多技法、道術均是秘授密傳，甚至隱名單承，如果一旦出現某個響噹噹的拳技術種，世面上一定會趨之若鶩，風靡於世。但這與道教之「不為天下先」和不為名利之思想相悖，與「不傳匪人」教規相抵觸。

第三，「太極仙翁」之後人所承的正是集法廣大，師承多家，而使葛洪成為一代名宗巨匠，後人多注意他的煉丹仙道之內篇，而忽視了外篇和外篇所涉及的人事諸法諸藝，從葛洪集之大成，總結出了道教史上空前絕後的《抱朴子·內外篇》，說明「太極法門」的包容性。原始的葛氏道是將行

氣導引，存思內視，服食外丹，內煉金液，攝生房中，方技六藝等，各法均有涉獵。

　　據考，在這一時期，少林拳也已形成雛形且開始流行於世，這又為太極拳的吸收變化提供了依據。

　　第四，從「太極拳法」本身內容來看，太極拳內功法要跟葛洪《抱朴子・內篇》中許多功法，以及他所輯錄和承授的《三皇內文》《太清丹經》《九鼎丹經》《金液經》《靈寶經》等均有極其相近的內容，包括《正統道藏》內所編入的諸多內修之法，亦有極近相同之法。甚至與葛氏傳承有關係的系列法術、符咒、醮齋、科儀之原始經文，均存在表面是科範齋儀之形式，而內涵則是要嘛存思身位神靈，誠誦修行之法，要嘛踏罡斗步，作態運功做法；要嘛兩者結合併按秘法心功來達到修技、養生、驅避之目的。

　　這些法術、符咒、醮齋、科儀在當初都少不了秘法單授，而又有一套口授心法，言傳身教而「不記文字」；記載入文的均是表象輔助功法（當今道教仍流行這個傳統）。這些以「行氣導引」「金液煉形」「九轉還丹」為實質的修養功法，此等法門，不直接以「太極法術」為名，又卻以「太極……法」「太極……經」（如《上清太極真人神仙經》《上清太極真人撰所行秘要經》《太極真人九轉還丹經要訣》《太極祭煉內法》等）流傳於世，雖頗有含量地融太極拳術分量在內，卻視太極拳術為方技雜事，「不急之末學」，這樣便將武術、法術、道術雜揉在一起，借以正統的「經」「法」「文」用闡揚其教義法門，足見其高明。

　　在葛洪視文為「精治五經，著一部子書，令後世知其文儒而已」，武為，「擊劍之事，有意於略說」（抱朴子語）

是很正常的。由此我們也相信，太極法門中的太極拳術是存在其中的。

第五，因當時不常用「拳術」「拳勇」之名詞，而且「拳」已單一地限於擊人搏鬥等競技之事，雖然葛洪其時懂得「拳技」「方技秘法」與「法術」之輔助作用，卻只言法而不言拳，這樣，「太極拳法」之名長時間地沉默在秘密狀態之中，有實無名地在道教法術的大樹下蔓生繁衍。

由此可見，「太極拳」之名早在道教形成之後，便出現了。

這種拳正與武林中後來唐、宋、元、明、清時的各種記載和證據完全相合，只不過偶爾稱法不同，像前面提到葛洪受「太極真人」「太極仙翁」之傳的法門和「秘法」「杖術」；南朝程靈洗得傳「小九九」；唐有李白訪安徽許宣平之「先天拳」；宋張三峰內家拳；明宋遠橋之「三世七」；清乾隆年間刻版的《太極拳經譜秘本》等。

以至在清朝後期，河北永年人楊露禪承河南陳家溝陳長興之傳、在北京打敗眾多武林高手後，使秘旨拳、黏沾拳、綿綿拳、孩兒拳、摸魚拳等民間稱呼才風靡而起，而只有使用這包容了儒道思想、理學宗旨而合一的「太極拳」，才能體現這個拳和名的完美統一。

眾多的理論內容，還不能說盡太極拳的全面意義，而實踐才足以證明這個拳種是名副其實的傳統古老而優秀的拳種。

第二節 太極拳與太極圖

一、太極圖的出現

太極圖是研究太極拳原理和淵源的一張重要圖像，它包含了天地萬物的共同規律在內。正如老子《道德經》所言：「萬物負陰而抱陽，沖氣以為和」（四十二章）。而他又說：「天下萬物生於有，有生於無」（四十章）。聰明而善於用圖像來表達事理的祖先聖人們，把他所理解的「萬物生於有，有生於無」之哲理借形象表示為「無極」。「知其白，守其黑，為天下式。為天下式，常德不忒，復歸於無極」（二十八章）。無極而太極，負陰抱陽、黑白相擁而形成太極圖。這太極圖就是遠古象形文化之一，是古代圖騰象形文化的昇華。「天地自然之圖，虎戲氏（即伏羲氏）龍馬負圖，出於滎河，八卦所由以畫也」（趙謙《六書本義》）。說明八卦由伏羲所作，而八卦之根是太極圖。這是古人「太極函陰陽，陰陽函八卦之妙」的一種說法。

道家道教之太極理論認為：道含陰陽，是陰陽二氣的中和，平衡與統一，道是無極，陰陽則是太極。道是「無」，陰陽則是「有」，陰陽二氣沖和而生成萬物，二氣互相吸引，相互凝聚，生出一層一層的自然萬物，自然萬物皆分陰陽，陰陽相對並立，這便是太極。

二、太極圖與道家道教

「此圖流傳甚古，蘊藏宏深，絕非後人所能臆造。大抵

老氏西出函關，必挾書以俱行，故遺留關中，為道家之秘藏。至唐宋以後，始逐傳佈，要皆為三三以上之古物，無可疑也。」這是杭辛齋先生在《易楔》中的一段論述，很有代表性地證明太極圖與古代道家道教之密切聯繫。

東漢著名煉丹道士魏伯陽在他的「萬古丹經王」《周易參同契》中，早就公開形象地畫出「水火匡廓圖」，這就是最早公開的太極圖雛形。

唐代道教之道藏中《上方大洞真元妙經圖》就有標明太極先天圖，此圖前有唐明皇御制序文（《正統道藏》482～487）。五代後蜀人、著名道士彭曉（字秀川，號真一子）的《周易參同契分章通真義》中「水火匡廓圖」「三五至精圖」都是太極圖之前的參照圖形和藍本。

由此可見，此圖源於道教，作為修鍊內丹之用，而最為簡易而概括性最強的當首推《太極圖》，是由北宋著名道士陳摶（字圖南，號扶搖子、賜希夷先生）繪製流傳而出。傳說陳摶曾把《無極圖》《先天圖》刻在華山石壁之上，以示後學。宋代理學大師周敦頤是承此學，結合道教思想而著出《太極圖說》。

理學大師朱熹承認其淵流：「魏伯陽《參同契》，恐希夷之學，有此是源流。」又說：邵子（邵康節、邵雍）發明《先天圖》，圖傳自希夷，希夷又自有所傳，蓋方士技術，用以修鍊，《參同契》所言是也。」

明清之際大思想家黃宗羲和其弟黃宗炎認為：「周子《太極圖》創自河上公，乃方士修鍊之術也。」「河上公本圖名《無極圖》，魏伯陽得之以著《參同契》，鍾離權得之以授呂洞賓，洞賓後與陳圖南同隱華山而以授陳，陳刻之華

山之石壁。陳又得《先天圖》於麻衣道者，皆以授種放，放以授穆修與僧壽涯。……修以《無極圖》授周子，周子又得先天地之偈於壽涯。」「周子得此圖，而顛倒其序，更易其名，附於大《易》上，以為儒者之秘傳。」

北宋時期的周敦頤本是儒家代表人物，但歷史上哲學史中三教互融的現象屢見不鮮，有儒道思想深厚淵源的《太極圖說》，本是道教《先天太極圖》之內容的變遷而來，絕非獨特發明新創。

我們又從陳摶所承道教猶龍派譜系可以推斷，此圖與道家道教之鼻祖老子有直接或間接的關係。《三豐全集·派考記·道派》云：「大道淵源，始於老子，一傳尹文始，五傳而至三豐先生。雖然老子之傳亦甚多矣，其間傑出者，尹文始、王少陽。支分派別，各有傳人。今特就文始言之，文始傳麻衣，麻衣傳希夷，希夷傳火龍，火龍傳三豐。或以為隱仙派者，文始隱關令、隱太白，麻衣隱石堂、隱黃山，希夷隱太華，火龍隱終南，先生隱武當，此隱派之說也。夫神仙無不能隱，而此派理更為高隱。孔子曰：「老子──『其猶龍乎？』言其深隱莫測，故此又稱猶龍派云。」

由張三豐在內丹和太極武學上大顯其門，流向民間，一直秘傳至今。無論是在宗教內傳，還是民間武術派，以及隱仙猶龍派，均尊張三豐為太極拳創拳之祖，主要因他是太極拳集大成者而顯名於世。

三、《太極圖說》與《太極拳論》

宋代是太極學說風行之時，大概也同此時道教興盛有關。以周敦頤《太極圖說》為代表，把太極學說的理論發展

到一個嶄新的高度，同時太極拳理論和實踐也由張三豐集大成而日臻完善，以至公開並外傳此術。因為此期也是中國武術發展之高峰，武術理論開始或隱或顯地長足發展（如岳家拳、太祖長拳、佛家少林拳之推廣等都是例子）。

宋末武當道人張三豐，因受陳摶隱睡武當二十幾年之影響，習得其流傳之功法（包括猶龍派系列功法），又得動靜相間之妙法的內家拳法。偶見蛇鵲相鬥中誘發真諦，頓悟得靈感，於是總結出具有三教一源的《太極拳經》，並留詩為證：

「天地即乾坤，伏羲為人祖，畫卦道有名，堯舜十六母，微危允厥中，精一及孔孟，神化性命功，七二乃文武，援之至予來，字著宣平許，延年藥在身，元善從復始，虛靈能德明，理令氣形俱，萬載永長春，心兮誠真蹟，三教無兩家，統言皆太極，浩然塞而沖，方正千年立，繼往聖永綿，開來學常續，水火濟既焉，願至戎畢字。」

我們看看張三豐太極拳經：

「太極者，無極而生，動靜之機，陰陽之母也。

「太極之先，本為無極。鴻朦一氣，渾然不分，故無極為太極之母，即萬物先天之機也。二氣分，天地判，始成太極。二氣為陰陽。陰靜陽動，陰息陽生。天地分清濁，清浮濁沉，清高濁卑。陰陽相交，清濁相媾，氳氤化生，始育萬物。

「人之生世，本有一無極，先天之機是也，迨入後天，即成太極。故萬物莫不有無極，亦莫不有太極也。人之作用，有動必有靜，靜極必動，動靜相因，而陰陽分，渾然一太極也。人之生機，全恃神氣。氣清上浮，無異上天。神

凝內斂，無異下地。神氣相交，亦宛然一太極也。故傳我太極拳法，即須先明太極妙道，若不明此，非吾徒也。

「太極拳者，其靜如動，其動如靜。動靜循環，相連不斷，則二氣既交，而太極之象成。內斂其神，外聚其氣。拳未到而意先到，拳不到而意亦到。意者，神之使也。神氣既媾，而太極之位定。其象既成，其位既定，氤氳化生，而謂七二之數。

「太極拳總勢十有三：掤、捋、擠、按、採、挒、肘、靠、進步、退步、右顧、左盼、中定，按八卦、五行之生剋也。其虛靈、含拔、鬆腰、分虛實、沉墜、用意不用力、上下相隨、內外相合、相連不斷、動中求靜，此太極拳之十要，學者之不二法門也。學太極拳，為入道之基，入道以養心定性，聚氣斂神為主。故習此拳，亦需如此。若心不能安，性即擾之。氣不能聚，神必亂之。心性不相接，神氣不相交，則全身之四體百脈，莫不盡死。雖依勢作用，法無效也。欲求安心定性，斂神聚氣，則打坐之舉不可缺，而行功之法不可廢矣。學者需於動靜之中尋太極之益，於八卦、五行之中求生剋之理，然後混七二之數，渾然成無極。心性神氣，相隨作用，則心安性定，神斂氣聚，一身中之太極成。陰陽交，動靜合，全身之四體百脈周流通暢，不黏不滯，斯可以傳吾法矣。」（見《道藏精華》）

《太極圖說》本是三教合一之產物，只不過是用佛老思想來解釋儒家經典《周易》和闡發作者自己的道學思想，而內核以道家哲學思想為最。《太極拳經》則是明顯以道家陰陽太極之理說明人體和拳術的關係及其練法之理論指導，它們互為補充，相互說明，一者敘說太極圖所含萬物之事理，

一者詳述人體太極拳修鍊之要法。它們各有側重，太極圖說偏重於事理，太極拳經注重了人體以及相關聯的修鍊，其道理合一，借圖釋性理，言拳借其理，均倡三教歸一，即歸易理，萬物不外一太極，萬法無不歸一氣，全在「一陰一陽謂之道」的太極即道的含義中。

四、太極圖與太極拳

太極拳雖然不是簡單的象形拳，但它是借太極圖形象「圓」和其內涵——陰陽來說明拳理拳法的。太極圖和太極拳都是以圓為形，因為圓的東西最靈活，圓轉自如，變化多端。太極圖是一個「渾圓整體」的美麗圖像，總體是和諧統一、對稱平衡的，是中國傳統哲學思想之精華。它啟示人要以全面性、整體性觀察和把握世間萬物。

太極拳也充滿傳統哲理整體觀，如「周身一家」「一動無有不動」和「勁要整」「牽一髮而動全身」等等，體現周身的鍛鍊協調以及體內外的和諧，同時還告訴人們一個整體圓，能「隨遇平衡」的鞏固重心的「中定」奧秘。

圓圈內畫著兩條陰陽魚表示陰陽兩儀，用「S」線分開，易卦稱做乾坤。白色的魚象徵陽性，動態，代表天，在太極拳中代表剛、實、上、進等；黑色的魚象徵陰性，靜態，代表地，在太極拳中代表弱、虛、下、退等。兩條陰陽魚，一邊從大到小，另一邊從小到大，頭尾交接成妙合而凝的姿態。老子稱此就是「萬物負陰而抱陽，沖氣以為和」。即說明陰陽對立、對稱、對等而和諧地相處於一個圓形整體之中，由此指導太極拳架之法則：開合相寓，虛實互換，剛柔相濟，快慢相間，陰陽互孕，相互消長，黏隨互補，彼消

此長，即逢上必下，逢下必上，能吞能吐，前去之中必有後撐，後退之中必有前掤，諸如此而變化，莫測難計，多端無窮，而證明「兩統於一，故能生變」及「三生萬物」之理。

太極圖為一整體，但兩條陰陽魚各佔一半空間，代表矛盾對立的狀態。太極拳架任何一勢均是一個整體姿勢，但內含必有虛實、前後之分以及眾多陰陽相差之分的內容。

老子云：「道生一、一生二、二生三，三生萬物」（《道德經》四十二章）。道為無極，一為太極，二為兩儀，一中有兩。故神妙莫測，兩統於一，故能生變化。太極中本含有對立面，是陰陽對立的統一體。由太極分化出兩個對立面，由於對立面相互作用，致使萬物生生不息，這就是「三生萬物」。

萬物生生就有發展，變化消亡。拳生之變，隨人所變，順人體自然而變，隨曲就伸，就伸而旋，彷彿「S」曲線似地在螺旋式的動態中變化，就像陳鑫依太極原理而講「纏絲」、趙堡杜元化先生用太極講「背絲扣」一樣，圓中的弧形變化，螺旋發展，跟道家道教太極拳的「禹步」「八卦」「斗罡步」一樣。

拳中的往返、折疊既有呈「S」運作之象，還有老子「反者道之動」之意，「將欲歙之，必固張之……」（《老子》三十六章），就是這圓中的「S」型，寓從逆時針和反而行的邏輯而指導太極拳拳理。

太極拳中有一個拳架和勁力的特徵就是，從反面入手而達到目的效果。欲左先右，欲上先下，欲收故放，欲緊發、先鬆放，欲進先引等等。

如道教武當三豐太極拳中的攬雀尾式、擠按二法，就是

典型的欲進步，先手引化，而後落步按，此中引化，掤擠和按發之勁均是根據對方力度和架式而變化使用的，個中折疊和圈化是太極拳技擊中最靈活而重要的技法特徵。

太極拳之內勁也正是由太極圖形象的變化說明的。陳摶的《先天圖》是較系統的用太極圖形闡釋道教內丹修鍊之法（第四節專門講到）。當代有學者研究到「氣沉丹田」，在「丹田內轉」時的氣力場呈太極圖，還有腳步虛實力量的轉換和運動方向圖形也呈太極形。

故由此可見，太極圖與太極拳是運用陰陽兩儀，以這種古樸的對立統一觀點全面去解釋拳理拳法的變化和演繹、拳架勢子及攻防意義。

五、當代科技鑒證太極圖與太極拳

道家、道教作為人體科學的開拓者，他們用自身的生理體驗和生命實踐，總結出看似玄妙而實理真存的人體科學規律。由於當時生產力科技水準低微，用以陳述和表達這一內涵的文字和圖像有時代的局限性和特徵性，所以他們只有用當時暢行的「易」學思想來解釋此類現象。

《易經》以《易傳》為代表的哲學思想受老子思想的影響，《周易參同契》更是沿老子思想結合周易而闡發修鍊之道的。《老子》二十一章：「道之為物，惟恍惟惚，惚兮恍兮，其中有象，恍兮惚兮，其中有物。窈兮冥兮，其中有精，其精甚真，其中有信。」這種人體高度入靜之後的一種修鍊功態的感覺，就是這種「道」，就是一個人體生命信息的自主調控，即按逆用生命程序，斂神聚氣，而處於相對靜止狀態的工程，而得出之圖像。這種朦朧的太極圖，只是老

子用語言說出來，其隱仙派傳承就是以此為秘傳而存在於世間，時有道教人士像陳摶這樣的大宗師才少露端倪，遂傳入俗，儒者得之而有其成，這便是周子《太極圖說》。但是，今天我們透過現代人體科學實驗，進一步看到太極圖在人體生命中的地位及其重要性。

1989 年 9 月 10 日～15 日在中國西安舉行的第二屆國際氣功會議上提交的 200 多篇論文中，武漢體育學院氣功教研室夏雙全和宋新紅提交的《太極圖——真面目（之一）》的實驗報告，引起了眾多學者的特別關注，茲錄其文如下：

「採用當前國際先進空間腦漲落圖（Enccpbalaf-Lnclnograph-Technology—簡稱 EL）對夏雙全高級氣功師的功法和超距效應進行了兩年系統的重複研究，處理數據 2500 萬個左右，獲得了肯定的結果，有兩項新的發現。其中一項是腦漲落太極圖，從腦漲落太極圖中領悟出的新觀點（實驗者夏）。

一、外沿是黑色的橢圓形，是整體觀形成的過程，星球運轉的軌跡循環體系。黑圈是黑洞，洞裡卻別有洞天。是認識、分析事物的總綱領。

二、內涵是蔚藍色像宇宙太空一樣，含有各種元素、信息場、混沌狀態彌漫整圈。功態中的境界和能量場與大自然吻合，具有物質基礎。

三、在能量之中有雌雄陰陽兩花兩朵，即兩儀生四象，外層有八點是運動變化的法輪。

四、連接陰陽的紐帶是 S 波曲線，開放是人體生物電耦聯再生的物理原理；閉合為 O 功態，可調節成全息式，合三為一，一分為三。S 波揭示了任何事物是曲線、螺旋運動

的自然規律，它是通往道的軌跡。

五、人為萬物之靈，靈在人有智慧超群，聰明發達的大腦。靈點，可能是新發現的腦漲落太極圖。

客觀的生理反應，科學的數據分析，澄清了先哲們幾千年超時代地描繪的太極圖是：「可信的、科學的」（郭周禮《第二屆國際氣功會議學術論文集》）。

夏雙全、宋新紅的這一實驗報告無疑是一種證明。類似這種實驗的人體科學者大有人在。綜合這些成果，還可以指出：「用太極圖的陰陽符號表示，相鄰腦區間的關係，可以獲得 4 種不同組合，在全腦 12 個腦區可得 64 個圖像。這與64 卦一致。說明由 12 個腦區的陰陽關係已可表達大腦功能的多樣性。同時這一數字也與生物大分子由 4 種鹼基組成64 種密碼相一致，說明大腦空間圖像也可能與生物大分子編碼有某種聯繫」（馬深《人體潛能與未來社會》）。

可以看出，《太極圖》所反映的內涵其實是一種「大腦全息圖」和「宇宙全息圖」，中國古人的「天人合一」觀和宇宙大道之理在這一圖中被表現得淋漓盡致而天衣無縫。

中國道教學院道教養生功法課程主講老師王沐先生也做過類似的科學實驗，他的實驗有兩點得到證實。一是，明堂處太極圖像，二是功態下的任督二脈有淺黃色等不同光色的彩色流柱，這是周天內丹的證實。

還有吳式太極拳傳人馬岳梁先生，在其生前向幾個親傳弟子提示過這樣一段話：太極拳的奧秘與人體生理規律有直接關係，而更玄妙的是太極拳功態下的人體腦細胞等活性細胞就呈太極圖形，這看不見的東西雖難證實，但它都存在，為太極拳功夫起著一定作用。

綜上所述，無論是古人神奇的敘說，還是今人科學的驗證，不管是哲理上的太極圖，還是人體生理上的太極圖，都說明一個涵真理，太極拳的深層內涵與人體太極圖有不可分割的關係。太極拳的強身健體之功能得益於太極拳符合人體太極圖這一內在規律，所以，它可以產生人們意想不到的效果。

曾獲諾貝爾物理學獎的日本物理學家湯川秀樹在一篇短文中這樣寫道：「我研究基本粒子已有多年，而且至今已發現 30 多種的不同基本粒子，每種基本粒子都帶來某種謎一樣的問題。當發生這種事情的時候，我們不得不深入一步考慮在這些粒子的背後到底有什麼東西，我想達到最基本的物質形式，但是，如果證明物質有 30 多種形式，那就是很尷尬的，更加可能的是萬物中最基本的東西並沒有固定的形式，而且我們今天所知的任何基本粒子都不對應。它可能是有著分化為一切種類基本粒子的可能性，但事實上還未分化某種東西。用平常的話來說，這種東西就是一種『混沌』。正當我按這樣的思路考慮問題時，我看到莊子的寓言，所謂『混沌』是莊子對老子道的一種形象說明，實際上就是老子所說的『惟恍惟惚』『有物混成』的『道』，這便是老子所說『宇宙萬物根蒂』，道包含著形象的宏觀『太極圖』，陰陽互促的變化體，也包含微觀的基本粒子的『混沌』狀態，人體元精、元氣、元神集合體的一種先天真靈，也就是這種原始的『太極混沌』狀態。」（《武當》雜誌 1995 年第 8 期第 56 頁陳天裁《道與氣》）。

從湯川秀樹這段話我們可以斷定，構成人體或世界所有物質最基本的形態是「太極混沌」狀，人體後天因素打亂先

天程序，而只有修鍊太極，才能返回先天「太極混沌」，而現先天的異常功能，這就是現代科學證明的修道與專修太極拳功法的奧秘。

第三節　道教與太極拳理法

一、道教與道教武術之關係

1.「內家派」道教武術

道教武術（亦稱道家武術）是以太極拳、心意拳、武當劍和形意拳、八卦掌等內家拳為代表，具有傳統而獨特風格的武術流派。它以道家哲學和道教理論為指導，結合道教醫學、易學、內丹養生學等人體科學共性及規律，把武術技擊與健身強體融為一體，形成講究人體經絡穴位、注重練好堅實內功根基、由內氣內練入手而達外強的內外統一的功夫，以氣發力，借力打力，擅長以柔克剛，以靜制動；具有剛柔相濟、避實擊虛、靈活圓轉等「內家派」特點。

本論所涉及道教武術是指廣義和狹義的道教武術。狹義的是指道教徒（或道教宗教信仰者）所傳承和習研一脈相承的本門武術，廣義的道教武術則是用道教和道家思想和理論的指導，形成獨特的區別於外家拳的「內家」特點的武術流派，傳統習慣上以「武當派」為著名代表。

2.「道寓術中」的道教

作為傳統文化脊樑之一的中華民族本土宗教——道教，

是在漫長的歷史長河中，炎黃子孫宗仰黃、老之道，以神仙家的方術說和道家的「道德」學說，融合古代傳統宗法、原始宗教（包括巫祈、方術）習俗，以告諭、教化、感化世人，企求宇宙（天地）和諧、國家太平，以及人們能長生久視的這樣一種信仰的宗教團體。

因其具有「貴生」「成仙」和「重術」的思想特徵而多以修道弘道為教團組織，或形成專業實體。而這組織和實體在修道修鍊的方法和過程中必須對功法之「術」進行實踐和總結，原始宗教和原始武術一直潛在和交叉發展。

道教形成之時，吸收了殷商時的鬼神崇拜，秦漢時的巫術和神仙方術，還有讖緯神學、黃老之學、陰陽家、五行家、醫學星相等「雜而多端」的眾學術思想和成果，在理論上突出道家「道」，在道功道術上注重巫術、方士、神仙家之技，這樣就相伴出現道寓術中、以術養道、以武促術、以武衛道和以武演道的發展軌跡。

3. 道教武術的形成及優勢

歷史上秦漢時期的方仙道之墨俠遺風，後又有罷黜百家，使道家之士隱歸山林，獨處僻野，難免獸賊之傷，故而習武有增。加之無意功名之士志在清虛，專致於一，或武或術或養身，在持之以恆，神清氣足地習研而使這些專業技能達至境。故此影響道教武術的發展基礎。

武功出眾的道士，傳藝授徒，強身護法，促進道教聲望之提高和教團組織的生存發展，繼而促進道教推廣傳揚，都具有十分重要的作用和意義。

同時道家和道教人士在修身養性、修鍊功法之過程中，

有的因注重靜功而出現一些弊端，因而又出現了動靜相間的功法和術種。最著名也是最原始的導引吐納。即《莊子‧刻意》「吹呴呼吸，吐故納新，熊經鳥申……」道教茅山宗代表人物陶弘景《養性延命錄》中「按摩術與導引功」及華佗「五禽戲」等後逐漸演變成套路（八段錦等），並因護身防體等需要而進化和綜合武術攻防之內容，於是逐步出現動作武術、技擊性強的武術。

而道家、道教人士因崇奉老子的《道德經》，並用其哲理來指導其修鍊，結合道教無為、貴柔、尚雌、法水、主靜、虛靈等特徵，總結出內家拳術和道家武術。

道教武術的形成也非一人一時之功，既有黃老、莊周為代表的道家思想為理論的開拓者，也有道教教團形成時的張道陵天師的承揚，亦有像葛洪的著書列傳、暗示口訣，不乏「藥王」孫思邈、「劍仙」純陽子，還有陳搏《無極圖》的傳播者，鍾呂丹法的奠基人；醉八仙拳、青龍劍、子午棍、《龍門秘旨》等，一直秘傳至今，均對道教武術的發展有著潛移默化和至關重要的作用。

宋代，武當丹士張三豐於拳術、內功、丹道達到上乘境界，而集先人之大成，從而創出以太極拳為名的系列內家拳，這是道教武術一個新的里程碑。從此時起，道教武術才真正形成獨特風格，被後世武林和學者們俗稱「武當派」「南派」「內家拳派」等。

綜觀歷史上道教、民間宗教及武術高手的事實，都證明這樣一個道理：道教修道煉丹與道教武術及傳統武術有著十分奇妙和深刻的內在聯繫。武術化境與修道境界是成正比例關係，即武術家在技擊中顯出神功臻於爐火純青的程度，又

於內修理論和實踐有深刻的造詣。

二、道教理義與太極拳

太極拳為內家拳的主要代表拳種。作為道家、道教武術的出色角色代表，從它當初的雛形、定勢、嬗變、發展到成熟，一直都是以道教理論為指導核心的，用太極內功（人體元氣之功）作圓心，以健身、養生和技擊為半徑來畫圓式地發展演變的。

它們互相體用，互相依存，在道教興衰起伏的浪潮裡，在武林風雲的掌故中，演繹著太極武技的混元圖像。

1.道教科儀與太極拳形架

太極拳的招法架式動作是太極文化表達的符號和最終形式。道教的精神、思想觀念也正是透過這技術文化的表層表現出來。眾所周知，太極拳主要內容是八門五步十三勢，即掤、攦、擠、按、採、挒、肘、靠和進、退、顧、盼、定。

這八門五步如果由數學集合中的排列組合，於人體身手腳的聯合運用時，可變出千姿百態的無數架式和形體姿勢，而這些姿勢始終都是以此八法五步的基本元素而組合變化的，再結合人體三段九節等關係（協調而統一）更是式樣不勝枚舉。八門五步的雛形就來自道教太極、八卦、九宮（河圖洛書）和五行生剋之原理，和對北斗七星的崇拜。

進掤、進攦、進擠、進按、進採、進挒、進肘、進靠、退掤……定掤等這些動勢，加上手臂三節，人體膀胯變化和腿部三節的變式，如果隨意組合，就演變出很多各式各樣的招式，而這些招式是變化多端的隨機應變的，沒有一個絕對

的被對方制死的式子，只是在運用上是否靈活，是否在對方的力量和速度下不能再行招法，這又是相對的招法了。

這是專指武技攻防而言，而另一種養生內鍊之法，只求心意功夫，專注神氣而鍊意了。

太極拳雛形姿勢就肇源於道教科儀中，用來迎神送神之法術裡——步罡踏斗（亦稱踏罡步斗）。當代道教至今還完整保留這一傳統古老科儀。在道教舉行齋醮儀式時，高功法師在道場中禮拜星斗，召請神靈。

按照在方丈之地上鋪設的罡單（罡單是畫有象徵青龍、白虎、朱雀、玄武四靈，二十八宿和九宮八卦組成方位的圖像，後來道場只是殿堂之中假想有此圖像，沒有明顯畫出來），腳穿登雲鞋，身披雲羽裳，手執法器（朝簡等物），在罡單上伴隨道教音曲沉思九天，按星辰斗宿之方位、九宮八卦之圖以步踏之。存想天人合一，即可神馳九霄，啟奏上天，對天地神靈表述因果事由，並配有指訣、口訣，存想和念誦之詞和咏唱之調。

特別是腳下步法的游走，及走時的順序、步法停緩快慢、前後虛實，以至屏息凝神、站定、行禮等等，都有特定法式、秘傳口訣和存思暗想的妙處。

太極拳架的運行也是在鬆靜的前提下，以相似於「踏罡步斗」的掤式為主的架式中，按罡斗之步法在手法、身法上配合進行各有側重的演習。有經壇朝禮上的以抱球式混元樁法為主的「拜斗」演習，有由此形和法而引借到拳架中的攻防意識的演習，有專注內功，即內經行走、內穴存想觀視而培植內力守神練精的演習，而外在表現形式，始終以相似於當代小架類拳式的形架來從事齋壇科儀之術。

2.科儀與武術之淺析

如此步罡踏斗的科儀，就是道教吸收古代巫師方術、結合道教自身內容而不斷完善充實，形成多功用的一種法事科範。

其一，來自古代巫術活動中的架式和動作，本身就是古代人民摹擬狩獵、舞蹈、作圖畫跳，以至拳打腳踢的特定動作。人們在當時生產力條件下與大自然競爭肯定有自衛防身和攻擊野獸的行為，而他們在巫術活動中把這些動作集中表現，以此來幻想影響和控制自然和神靈，達到巫祈所作的效果。這客觀上既留下了武術因素，又開創了巫術活動中「教人引舞以利導之」的導引養生術的先河。

其二，禹步中身、手、腳均具協調之規則，含有養生自衛內涵。前述形態的步罡踏斗中，手上的朝簡相順或相對雙執（可配圖畫），就猶如抱球狀的掤式──這個太極拳中最基本的式子也是此禹步法事中要始終如一保持的一個基本式子。這個混元樁法的式子貫穿整個高功法師做功施術的過程中，而且在個中行禮停頓的變式中，也融入了分陰陽的太極拳虛實的某些攻防走化意識，隨身手的變化可演繹出掤、擠等手法架式。用朝簡行禮就是一個原式太極拳中的手揮琵琶架式；游走時的姿勢稍一分虛實前後就是太極拳化走拳架，只是含而不發。如果踏步稍低而定勢，即可為八卦掌中的擺扣步的攻防架。而八卦罡有單調的圓轉之形，九宮罡也是八卦之中的定位，五行罡小巧速度快，七星罡是靈活多變，左右隨走隨化，而且與中天北斗相似。「暗合天機」，故稱拜北斗，幾種罡步也豐富了儀式的內容和形式，而這分用途的

科儀與武術架不僅僅是相似，而且是同出一源，核心一致。混元樁也好，行禮時的開合手也罷，以及八卦掌中的獅子抱球等等均能證明之。

如圖所示，左腳在前虛點地，右腳著實膝微屈，左手在前執朝簡上端，右手在後（下）執朝簡下端，掌心相對地握住，然後向正前方屏息行禮，在腰主牽下，頭、身微抵地，含胸拔背，腰胯下坐，這是現在一個典型的手揮琵琶（楊式）或初收合手式（陳式），這就出自道教科儀中的行禮之式，而道教武當三豐太極拳也承襲了這個架式，其攻防用意與當代陳、楊諸式用處相同。

再如高功站立罡單中央，開始引諸兩旁經師同課作科時，進步引請架式就是「玉女穿梭」的雛形。高功在齋醮中有一個過程，此中高功站立，一手下（左手），一手上（右手），右手在上，做畫符書寫狀，步法前虛後實，這又是一個「白鶴亮翅」之架。

道教武當三豐太極拳有些架式雖與近代流行之陳、楊相似，但更相似於道教科儀法術中的這些架式。武術圈中流傳有「教拳不教步，教步打師傅」的諺語，說明拳術中步法的重要和關鍵，同樣，道教法術中高功的步法也是難學的最後一關，而且在「踏罡步斗」中有很多種名稱和走法的罡步，這都是要求高功反覆練習，而在不同場合不同科範道場中選擇運用不同的罡步法。如三臺罡、四御罡、五行罡、南斗罡、六星罡、北星罡、七星罡、八卦罡、九幽罡、九鳳破穢罡、五雷罡、反五雷罡、朝天罡、禁壇罡、三寶罡、十方禮罡、二十八宿罡等等。

其三，道教吸收這些動作形式後，結合道教理論獨到的

「天人合一」觀，加進存想內觀之法訣，配合逐步完善的服氣行氣，組合導引禹步而達到一個質的變化和飛躍。無論是運用到健身養生功法，還是武術防身之術上，道教人士都系統總結了行之有效的多功能科儀，一部分沿表象法事齋醮上發展，一部分繼續挖掘存想功能和內功內練與外形架的統一，提高修鍊層次，為道教功法打下紮實的基礎。

其四，道教主張「我命在我不在天，還丹成金億萬年」（《西升經》）。自我覺醒意識隨著隱士修鍊派強大而日益增強，自身之神的主宰與天上神君的巧合，締造了天人合一的系統理論。一部《周易參同契》，一部魏華存的《黃庭經》把內外金丹推向一個嶄新層面，加上一場巫術禹步的法事，三者統一的人體科學的養煉法則就這樣誕生在複雜的原始科儀中。而後逐步總結補充完善的有道之士們如葛洪、寇謙之、陸修靜、陶弘景也都沒有跳出此三者的框框，而把這精粹的「術」和「功」的核心繼承下來。

時至今日我們還有可能看到這古樸的樣式，也依稀看到古代巫士們施行方術的身影。

三、老莊思想與太極拳原理

以老子、莊子為代表的古代道家，其哲學思想被道教完全繼承並成為道教系統的理論體系。而太極拳原理也正是以老、莊思想為核心來指導其太極拳拳理闡釋、技法原理、練功理論和技擊原則的。

1. 老、莊「道」「氣」與武術

在古代哲學史上提出一個嶄新命題——「道」的老子，

在他的「五千言」中，明示道是宇宙萬物的本源、本性，也含世間萬物萬事的總規律、總法則：「有物混成，先天地生……可以為天下母。吾不知其名，字之曰『道』」（二十五章），「道生一、一生二、二生三，三生萬物」（四十二章）。

繼承和發展老子學說的莊子，以「氣」來表示萬物的本源，「氣變而有形，形變而有生」（《莊子・至樂篇》）（無形之氣為有形之物的基礎）。莊子又以氣來解釋生命現象：「人之生，氣之聚也，聚則為生，散則為死」（《莊子・知北游》）。從此，神秘之「氣」與偉大之「道」的哲學概念便隨文化的發展，開始豐富與明確地認識「一陰一陽之謂道」（《周易》）、「天地合氣，萬物自生」的哲學範疇。

道是武術根本和本質特徵，拳技的千變萬化也貫穿一個理，這個理實質就是道，是總規律，是法則，是人體本能在武技方面自然能動反應的一種先天趨動和後天識量總和的綜合規律。而「氣」是武術的原力與根本，武術的精微所在，無論是外在形態還是內在神韻，都為氣的泛化與體現。都與道有內在規律相通，與「氣」有外在的形神相關。武術之拳與哲學上的獨特名字聯繫一起，以其深邃的含義和無窮的奧理來形容這一事物的特性——太極拳是恰當不過的。

道家、道教認為，以「武技」之道來顯示大道是不全面的，雖然「武道」為大道之「末技」，但「末技」畢竟也是大道之載物，所以，「善為士者不武」（老子六十八章）和「兵者不祥之器」「非君子之器，不得已而用之」以及張三豐「欲令天下豪傑延年益壽，不徒作技擊之末爾」。

道教主張慈悲為懷，柔弱不爭，這些思想一定程度上影響著道教武術的技擊性和普遍發展，同時也直接啟示道教武術沿以弱勝強、以柔克剛方面尋求自保途徑和強調以健身長壽為目的的方向發展，使道教武術特色化。

2. 莊子之「巧鬥力」技

　　最早最直接提出老子的「弱者道之用」「柔勝剛，弱勝強」（七十八章）技法觀點在武術上運用的也是莊子。他提出與「執技論力」（《禮記》），「以力相高」（《谷梁傳》）不同的觀點：「以巧鬥力者，始乎陽，常卒乎陰，泰至多奇巧」（《莊子・人間世》）。這就是運用陰陽辯證學說解釋拳理的。莊子在總結無數劍客生死搏鬥經驗的基礎上，概括提煉而成一句寓哲理於武術、於太極拳理的名言：「示之以虛，開之以利，後之以發，先之以至。」這與太極拳經「左右宜有虛實處，意上寓下後天還」和「彼不動，己不動，彼微動，己先動」之後發先至是相通的。《虛實訣》「虛守實攻掌中竅，中實不發藝難精」。

　　還有「形體保神，各有儀則」（《莊子・天地篇》）、「其分也，成也，其成也，毀也」。「窮則反，終則始」（《莊子・齊物論》）。

　　「無動而不變，無時而不移」（《莊子・秋水》）。

　　「得其環中以隨成，與物無終無始……一不化者也」（《莊子・則陽》）。

　　「是此亦彼過，彼亦是此也……彼是此，莫得其偶，謂之道之道樞，樞始得其環中，以應萬變……」這跟太極拳論中「化即打、打即化、打化結合」的道理是一樣的。

還有《養生主》中「庖丁解牛」的精妙技巧，《說劍篇》中的三等劍法，無形無象，天地之大劍，心中勇敢之劍及有形之劍，都對道教武術、太極拳理論有很深的啟示。

3.《道德經》對太極拳的啟示

老子在《道德經》中，為後世製造了一個「無極圖」——道「○」和「可道」○「太極圖」，從「天下萬物生於有，有生於無」開始，太極拳就在這種「無形無象，全體透空」（《太極拳譜・授秘歌》），無思無慮，身心放鬆的狀態下「自然而然」（《授秘歌》）地開始行拳運功。人體自然站立，全身從頭鬆到腳，而保持無左無右，無前無後，無內無外，無徵兆無端倪的「無極式」——太極起勢。隨著「一動無有不動」的行拳開始，便出現太極之象，「有無之相生，難易之相成，長短之相形，高下之相傾，音聲之相合，前後之相隨」（《道德經二章》）。

這類相對的矛盾統一，互補協調的太極陰陽關係在此類拳中是貫穿始終的，而且在行拳的每一式或每一動上都鮮明地體現出這種正反兩種因素組合而成的互相聯繫、互相依賴、互相滲透、互相補充、互為其根的特色。

這個最基本的觀點在太極拳拳理闡釋上，小到呼吸和手指頭的旋轉方位均有陰陽定位，大到有此動功之行拳走架，必有靜功站椿和打坐的內養，有柔弱緩慢的練，也有乾脆堅剛疾如閃電的，無一不遵循此陰陽之理來闡明拳理拳法的。在「有無相生」的總前提下，各種相對事物（現象）的發生、發展與消亡（轉化）生生不已，變幻無窮。

太極拳架式亦是如此，身架起落奇正，腳步虛實變換，

手膊開合屈伸，胸腹吞吐沉浮，氣勢呼吸升降，出手曲直剛柔，還有收放、張弛、鬆緊、順逆、進退，左顧右盼，指上打下，聲東擊西，以及拳論中「佔右進左，佔左進右，右來右迎，左來左迎，此謂捷取」等等。

「人法地，地法天，天法道，道法自然」是老子《道德經》的最高法則，就太極拳人體小天地而言，人的拳術動作每一步都必須以腳下之「地」為「根本」，而根本又要靠大腦這個「天」來指揮，而大腦指揮全身又必須合「道」這個規律，既是人體自身運動規律，又是攻防進擊的爭鬥規律，這個道符合自然這個總法則，所以，對太極拳的每一動作和意義均有適當的指導意義。

「有之以為利，無之以為用」（十一章）本是老子總結樸散而為器的有無關係，有器之體，方可以之來利用，其用卻在器中的「無」──虛空處。太極拳的手法也正是畫圓的虛空處來黏沾連隨，來引進捋帶或化走，單操或練架的兩手相對或相向的虛空處，正是用之對敵的方式，主要的用法也在兩手和某些部位的虛空處。

太極拳作為拳術，必具備防身健體之功能，必有其功法功理作憑借，必借「有為」之法來達到其「無為」之境界的。「無為而無不為」，特別是在技擊功能上，以「有法對無法」，再到「無法勝有法」的另一種境界，正合這種「有無相生」之邏輯。人的肢體和拳架形式作為外藉，而身中的心、意、靈才是最實用、最關鍵的。所以，太極拳有「意氣君來骨肉臣」，說明「真意」在拳技中的主要作用。

體用太極之說：即行拳練走架是體，達到健身和技擊實戰是用，也是這個道理。「常無欲以觀其妙，常有欲以觀其

徵」。在行拳和交手之中，無思無欲地放鬆，只體會與之黏沾連隨，而體悟其自然的變化轉換之奧妙。如果有意去攻擊、去化解後發機，這就是抓住戰機，運用方式來達到有意之目的，這便是「觀其徵」。

在兩人的打手（推手）中，如果對方沒有發勁用力的欲望，那麼，自己也可以本著聽勁觀其奧妙變化（跟著對方進行沾黏連隨的走化），一旦對方有欲將發力用勁，自己正可以利用機會去克制對方，掌握它發勁用力的著落點而隨順他的力向來轉化制勝之。

《道德經》中指導太極拳拳理闡釋的有：「多言數窮，不如守中。」內家拳代表「拳種」，形意拳講究「直中」，八卦掌講究「變中」，太極拳要求「空中」，即虛而不空，引進落空，虛即虛無，而無正是有之用，太極拳形體要求中正也是這一含義。

「清靜為天下正」（《道德經》），「身雖動，心貴靜，氣須斂，神宜舒」（《太極拳解》），「一曰心靜，心不靜則不專……」（《五字訣》）。「動中求靜，靜中求動」，靜是方法，動是目的，這就是來源於老子的「以靜制動」「虛心應物」。

「上善若水」，水之特性在太極拳的技擊中運用最廣，沾、黏、連、隨、化、發、擠、拿、捲、撞、沖、浮、沉、升、騰、飛，發作時猶如巨浪捲樹，橫衝直撞、上下扶搖，有拔地欲飛之勢，滔滔不絕，如風捲殘雲、浪浪相催，具有透空、無孔不入、無堅不摧的技擊作用，又具有變化萬千、圓滑流潤、抓不住、摸不透而無孔不滲的特點，猶如水的特性和規律。所以，眾多名師高手都用水來形容靜如平水，動

似江河（奔流）、行雲流水之架式、柔弱似水等等。

還有一種境界如郝如真先生所形容，練太極拳三層功夫。近代集內家拳（形意、八卦、太極拳）之大成的一代武術宗師孫祿堂先生曾言：「郝為真先生談練太極拳有三層意境，初練時，如身在水中，兩足踏地，動作如有水之阻力，第二層如身在水中，兩足浮起，如泅者浮游水中，能自如運動，第三層身體輕靈，兩足如在水面上行走，臨淵履冰，神氣內斂，不敢有絲毫散亂，此則拳成矣。」用水作參照物來體會太極拳的境界。

吳式太極拳第二代傳人吳公藻先生傳有《八法秘訣》「掤勁義何解，如水負行舟……」「按勁義何解，運用似水行，柔中寓剛強，急流勢難當，遇高則澎滿，逢清向下潛，波浪有起伏，有孔無不入……」（吳公藻《太極拳講義》）。有些太極拳的動作名稱直接與水有關聯，像「海底撈月」「摟膝拗步」與「前蹚拗步」均有撥水而行、推水而走，明規矩而守規矩，進而「脫規矩而合規矩」。

「大音希聲，大象無形」（四十一章）。天之道其猶張弓者也，高者抑之，下者舉之，有餘者損之，不足者補之（七十七章）。草木之生也柔弱，其死也枯槁（七十六章）。等等而已，《道德經》中闡釋拳理的不勝枚舉。

必須指出的是，作為道家太極拳，本意是為練養生內功由打坐煉丹而舒筋活骨，促進功力的配合動力，所以，一般不注重過分剛強的姿勢和發力，這也是遵循老子，人之生也柔弱，其死也堅強，萬物草木之生也柔弱，其死也枯槁，「揣而銳之，不可常保」之理論，也與後來承傳猶龍派的傳人和太極道集大成者張三豐所說：「欲天下豪傑延年益壽，

不徒作技擊之末爾」是一個主旨。

①《道德經》中關於太極拳技法原理的有「虛而不屈，動而愈出」（第五章），「後其身而身先，外其身而身存」（第七章），「絕學無憂，惟之與阿，相去幾何（謬以千里）」（第二十章），「反者道之動，弱者道之用」（第四十章），天下莫柔弱於水，而攻堅強者莫之能勝，以弱勝強，以柔勝剛，天下之至柔，馳騁天下之至堅。見小曰明，守柔曰強。「大成若缺，其用不弊，大盈若沖，其用不窮，大直若屈，大巧若拙，大辯若訥，踩勝寒，靜勝熱，清靜，為天下正」（第四十五章），以奇用兵，出奇不意地打擊。

在技法上，避過尖端首峰，直取中節，截打或撥化中節，能起到很好效果。在「沾、黏、連、隨」之時，隨對方之力而化打隨力，也在中節控制，那麼，對方的根節也隨之而走。

②《道德經》中有關太極拳練功理論的有「虛其心，實其腹，弱其志，強其骨」（第三章），「多言數窮，不如守中」（第五章），「谷神不死，是謂玄牝，玄牝之門，是謂天地根。綿綿若存，用之不勤」（第六章），「致虛極，守靜篤。萬物並作，吾以觀復」（第十六章），「功成事遂，百姓皆謂我自然，專氣致柔，能嬰兒乎」（第十章）。

「是以聖人，後其身而身先，外其身而身存，非以其無私邪，故能成其私」（第七章）。練功時無人似有人，體用時有人似無人，才是至高境界。

「載營魄抱一，能無離乎？專氣致柔，能如嬰兒乎？滌除玄覽，能無疵乎？愛民治國，能無為乎？天門開合，能無

雌乎？明白四達，能無知乎？生之畜之，生而不有，為而不恃，長而不宰，是為玄德」（第十章）。

「是以聖人為腹不為目，故去彼取此」（第十二章）。以腹為中心，加以內養，說明以丹田為內守內養、以腰為中的重要性。

③《道德經》中指導太極拳技擊原則的有「曲則全，枉則直，窪則盈，敝則新，少則得，多則惑，是以聖人抱一為天下式」（第二十二章），「知其雄，守其雌」（第二十八章），「將欲歙之，必固張之，將欲弱之，必固強之，將欲廢之，必固興之，將欲奪之，必固與之」。「是謂微明，柔弱勝剛強，魚不可脫於淵，國之利器不可於人（第三十六章）。不敢為天下先（後發制人），不戰而善勝，人皆取先，己獨取後。用兵有言曰，「吾不敢為主而為客，吾不敢進寸而退尺，勇於敢者則殺，勇於不敢者則活」。致虛極，守靜篤，萬物並作，吾以觀其復，夫物芸芸，各歸其根，歸根曰靜，靜曰復命，復命曰常，知常曰明，不知常妄作凶，知常客，客乃公，公乃王，王乃天，天乃道，道乃久，歿身不殆（第十六章）。

綜上所述，老子《道德經》中指導太極拳拳理拳法的內容充滿全篇。因為《道德經》的中心主題是充滿辯證的哲學思想，而太極拳也正是運用這一原理來指導其修鍊的。我們只從中選擇有代表性詞句來粗略闡釋它們的內在關聯，以點代面。

正因為如此，作為道教主要經典的《道德經》，它的道法自然的主旨和清靜正一，正是其不二法門。

第四節　道教內丹術與太極拳內功

一、道教內丹術的產生與同時期的
　　太極拳內功

1.道教內丹術的內容與太極拳內功

千百年來，內丹術因其養生價值而成為一門獨立的內丹學，它跟道家、道教哲學一樣是舉世公認的文化精華。道教內丹術認為：以自己的身體為鼎爐，用自己的精、氣、神為藥物，精為基礎，氣為動力，神作主宰，以神馭氣，以神練精，進行有序化的練養，經過體內生理生化反應，練成一種精、氣、神的結合物，這種「長生不老藥」即「內丹」。

這樣一種透過人體之練養以求長生的學說，達到「與天地造化同途」、與道合真的修鍊過程，就是內丹術。它是以《道德經》為基本理論思想，以魏伯陽《周易參同契》、魏華存《黃庭經》以及張紫陽《悟真篇》等著作為具體指導和標準，使廣泛吸收了各種內修方術的練養道法逐步完整定型而形成一套系統的內丹學說。

內丹術講究用藥物、爐鼎、火候等喻身內之物象，運用吸氣、內視、存想、胎息等方法，注重體內大小周天的真氣運行。「河車搬運」實行築基、練精化氣、練氣化神、練神還虛、練虛合道幾個階次的練功程序。由於內丹修鍊多採用口口相傳，不記文字，即使記下也多用隱語比喻，全賴師長口頭闡明。雖不外是人體內陰陽屬性的物質部位和性能，但

被冠以各種模擬外丹和天體、自然、動物等隱為異名，特別是藥物火候用《河圖》《洛書》等易學數象來說明敘述，增加了它的神秘性和修鍊難度，同時也呈現細密不一、門派林立的情形。

太極拳內功修鍊，也是在於丹田運化為核心，以經絡、氣血、津液在體內暢通為宗旨，以運動鍛鍊內分泌性腺系統為重點，採用動作、意念、呼吸相協調之方式，通過鍊精化氣，達到精、氣、神之寶凝聚，身心性命相平衡的目的。因此，內丹術和太極內功的修鍊內容是同出一轍的。

內丹功法無論是有為的導引、吐納、行氣、咽津，或是存神、內視、精思調息，均以老子「虛其心，實其腹」等練養原理為指導，而且重點多放在下丹田上，通稱正丹田，也正是太極拳「命意源頭在腰隙」之腰腹部位中。故有拳經云：「抓住丹田鍊內功，哼哈二氣妙無窮」。丹田乃「積精累氣」之所，《胎息經》所言胎息和丹田呼吸也指此部位。現代人體力學認為此是人體重心所在，氣藏丹田，既可穩固重心，又可培養真氣，增強內分泌，也是主宰力量源泉，太極門人稱太極點或太極核。

正因為內丹術和太極內功都注重這一部位，內鍊的目的也相近或相同，那麼，內鍊的內容一定有相近或相同的。即使隨著內丹術層次的升級，丹田部位或玄關之竅有所變換，而太極內功也隨之而變。這就是道教人士修道境界（內丹功夫）與傳統武術（太極功夫）成正比的秘密。

2. 道教內丹術的源流與太極拳內功

內丹術名稱在道教養生學上大量出現是相對於外丹而

言。隨著東漢道教的興盛，修鍊之士逐日增多，功法的總結、傳承有了一定規模和規律。魏伯陽參照古本《龍虎經》和《周易》，便總結出了萬古丹經王──《周易參同契》，內、外丹便有了穩定的理論依據。隨後凡與「太極圖」「太極……術」有關的道教宗師都對內丹修鍊有著敘之句。最早出現內丹一詞是東晉許遜（旌陽）。《靈劍子‧引導子午記》服氣訣中說：「服氣調咽用內丹。」隨後才是南北朝時僧人提出「藉外丹力修內丹」。到隋代青霞子蘇元朗才闡發內丹思想。但其內丹仍不外是前人修鍊功法上的總結。

　　許旌陽是淨明派始祖，這個近似隱密的道教派系，其功法源於許旌陽、郭璞（郭璞是與葛洪同時的著名道士，其道術精妙，與葛洪同在晉史有傳）等。雖流傳不廣，但它的中黃直透、八極真詮以及淨明道的忠孝，在其隱修中還是易得道修真的。他們的活動時間正是葛洪同時代，並且持修功法，與靈寶派、葛氏道、上清派均有相近或相同之處，這為內丹術的相互吸收直接提供可靠的理論來源。這些夾雜著諸種道法的內鍊方術，又是以內丹術和太極內功為成熟標誌，使一些修鍊師和道學家成為一代得道之士。

二、道教內丹術與太極拳內功的直接關係

1. 古代諸種內鍊養生術是它們的共同營養源

　　中國古代人民生活隨時代進化而逐步發展，注重生活質量和養生長壽。內鍊內養之法是在生產實踐中產生的。遠古時代陰康王「教人引舞以利導之」；赫胥氏部落的先民「含

哺而熙，鼓腹而游」；黃帝之「移精變氣」的修鍊體驗；王喬、赤松子則「吸陰陽之和，食天地之精，呼而求故，吸而求新」，還有莊子「吐故納新」「踵息」「虛室生白」等等。而首推內養之實效的是《行氣玉佩銘》《卻谷食氣篇》和《西漢導引圖》，顯示內鍊氣功和引導動作在當時流行推廣。

道教以廣泛博採眾長為特色，在《太平經》中就有愛氣、尊神、重精之思想。

《老子想爾注》主張「深藏真氣，固守其精，無使漏泄」，並提出結精、練氣善養神、守戒等修行法門。《周易參同契》中「緩體處空房」與《太極拳論》的「鬆靜」「舒緩悠慢」相承，而且若能緩體鬆靜，氣自沉於丹田。這類內修模式，更適合內丹和太極的修鍊。

隨之而出的《黃庭經》《大洞真經》《老子清靜經》、葛玄《五千文經序》、葛洪《抱朴子內篇》等等，都直接成為內丹術和太極拳內功的功法來源，也許就是這些功法中的秘授真傳，或者是這些功法中的總結昇華，或者是這些存神、服氣、存思、內觀、內視、行氣、導引、咽津、呼吸、辟谷、守一、藏精、調息等方術功法的精華集成，形成了內丹術和太極拳內功的豐富培養基和營養源。

2. 道教內養功法的不斷總結和進步爲太極拳內功注入了堅實的基礎

歷史的演變，外丹由盛而衰，內丹由隱而顯，一批修心鍊性，鍊氣結丹的理論和實踐者，就開始了宣傳其內修內鍊的主張，在原有傳統的方術功法上薈萃提煉，總結昇華，出

現許多內丹鍊養佳作和名師。

「天地之機，在於陰陽之升降，一升一降，太極相生，相生相成，周而復始，不失於道而長久⋯⋯」這是《鍾呂傳道集》的練氣結丹思想，以呂洞賓為代表的鍾呂丹法開派祖師，不僅以其丹道流傳甚廣，而且其天遁劍法功力非凡。《靈寶畢法》所記，就是動靜相間的內丹功法。

以司馬承楨為代表，出現了杜光庭、成玄英、王玄覽、張果等大力闡揚修心神以契道的思想；以陶八、羊參微主張真陽互涵、鉛汞性情合親、龍虎互逐交媾成丹的方式；以彭曉為代表則用周易卦爻規範鍊丹和內功的「數」與「火候」，還有在終南山隱修的譚峭之《化書》功夫更進一籌。施肩吾著《西山群仙會真記》、傳《太極混元修真圖》，以及崔希範的《入藥鏡》把內練思想上升到新的高度。

特別是北宋初年，著名道士陳摶用最生動形象的《太極圖》《無極圖》把內丹功法勾勒出內修的詳細過程，及其順逆、陰陽、五行和人體竅穴之理和各方關係，把太極內功的修鍊推向一個更新的高度，為儒家理學派又開新支。全真派王重陽和全真七子的證果和理論，進一步證實了內丹「虛室生白」的境界和「空中飛蓋」的功力效果。張伯端的《悟真篇》問世，是內丹成熟的標誌。

由此可見，從原始的「吹呴呼吸」「熊經鳥申」和《太洞真經》的嬗變，從《抱朴子‧內篇》到譚子《化書》的進步，從唐初的修心鍊性到唐中練氣結丹，到唐末的性命雙修，以至北宋、金元的全功全行、真功真行的功法，標誌著內養功法的進步。正因有這內丹功法的日臻完美，才有張三豐在前人功法之上總結出更完美、更顯赫的功法。所以，無

論是從有稽可查的傳承關係上，這是從功法累積的環境土壤中，以及個人的修持、機遇、悟性，都有可能總結出太極拳及其內功的太極修鍊體系。正因為有前人總結的內養練功法，才有太極內功的堅實基礎。

3. 相同的修練方式、不同的追求目標而使內丹術和太極拳內功異彩紛呈

如果把偏重於靜坐養氣，打坐煉丹稱內丹術，把國術（武術）類鍛鍊之以練氣為重，則名內功。其實它們都是以丹田內精、氣、神的運作為主要手段，由系列有序化鍛鍊過程達到所追求的一種「練虛合道」、得道成仙的目的和一種「鍊成丹田混元氣，走遍天下誰能敵」的效果。

太極拳運動的軸心——太極點，為人體真氣、健康和體力之中心，是神經系統、呼吸系統、消化系統等主要系統的中心樞紐。由此向外分散有六十四根經脈，分達腰的四周，經上擴至心間，通達大腦中樞與上、中兩丹田，向下到達會陰，並通達兩腿與腳根，至湧泉穴。修鍊家把這正丹田認為是藏精之府，在此築基和練精化氣。

精是指人體的內分泌腺特別是性腺的分泌物，是人體內的精華物質，現代醫學上稱激素（荷爾蒙）。這種激素正常地進入腺體周圍的毛細血管，隨血液循環到身體各處，以調節身體的生長和發育、物質代謝和組識器官活動。按「練精化氣」的原理，它可以轉化為真氣。

內丹家們又把此精分為先天之精和後天之精，同情慾交感之精加以區別。先天之精可轉化真氣，順經絡循環到身體各處，充盈周身，維持和增強人的生命力。太極拳和內丹術的初步功夫都是在這裡運功。太極拳由站樁和「刻刻留心在

腰間」的各種動作鍛鍊，把下丹田根基紮好，使丹田之氣（真氣）強大充盈。一旦下丹田之氣練成，內氣可收可發。收時內氣緊凝於腹臍之間成丹，發則氣隨意起，力從氣注，五臟六腑，四肢百骸，無所不至。用於技擊當中，隨意運轉，發至身體所需部位，其威力極大。所以，太極拳的「丹田內轉」功以及由此帶動腰、胯、手、足上下協調旋轉而產生的內功力，就是太極拳追求的內功第一步。

正因為太極拳作為一種拳術，作為技擊的武術種類，它難免有重技擊之要務，這樣一方面要追求內氣充盈的丹田內功之力，一方面還要追求技擊上的方式技巧，因而不得不減弱在丹田內功上的深造，往往只注重技擊，而忽視了繼續經中丹田的練氣化神和上丹田的練神還虛的進一步深練，才使得太極拳難以達到威力無比的最高境界。

而內丹術的大成者就是在築基練精化氣基礎上，繼續向上層加深練功，待下丹田真氣充盈成丹後，即貯存能量，固本培元，在「中丹田」（兩乳之間的膻中穴裡）這個藏氣之府中，進行第二階段的「練氣化神」，這就是道教內丹術中周天功的又一層次。待中丹田真氣充盈聚丹後，可以調心養神，強心肺，益守氣，發神功，並能加強神經系統與經絡系統的傳遞作用。

太極拳的整體發勁有「力由脊發」之說，實際上是依靠中丹田來傳遞的。如果說「下丹田是人體內的發電場和核能庫」，那麼，中丹田就是人體力量的中轉站，因為上肢發力，下肢的作用力及腰胯的力源必須通過這個「中轉站」。當代太極高手多屬此類，只能憑本身整勁和借化之力，而不能達到發人於無形的內氣擊人之境界。

上丹田（兩眉之間的印堂穴，與玉枕穴相對，在百會穴與會陰穴垂直相交線上）是藏神之府，是練神還虛之舍，其實是為了明理而設講的幾個過程。而在練功過程中，亦非三次行動，它們是一個整體，上丹田是「調意」、控制藥物、調整火候之指揮中心。常說：「還精補腦」是由練精化氣的系列過程，到能練到真氣充盈凝集成丹於上丹田後，可使精力充沛，記憶力增強，智慧開發，三丹田成一體，神意、氣力合一，出現人體先天的潛在功能。內丹功練到此境界，太極拳內功則出神入化，發人於無形之中。

當今太極拳界通病是存在於初級階段，因而不能出現像楊露禪、孫祿堂之類的高手了。

三、道教內丹術和太極拳內功的功法原理及修鍊過程

有人說：「內丹術是太極拳的精髓」，這一點也不過分，關鍵是對精髓的把握程度，直接體現太極拳功夫水準的高低。道教內丹術和太極內功的功法原理，不僅有相同的理論源頭，相近的操作要求，相似的內練法訣，而且有共同的文化內涵和藝術價值。

1. 相同的理論淵源

從張三豐的「太極道」體系中尋找，不難發現：除已公認的隱仙猶龍派傳承外，道教內丹術的世稱五派（以王重陽為代表的全真北派，張紫陽為代表的南宗丹派，以李道謙《中和集》為代表的中派，陸西星為代表的東派，李西月為代表的西派）均與太極道體系有不可分割的理論聯繫。上溯

到黃帝、老莊，下述明清諸多道教典籍，而我們在探討其源流、關係和法訣中已不難看出它們的一致性、逐步的完整和漸次系統的操作性。

2. 相近的操作要求

內丹術和太極拳內功都是身心一體、形神相依的性命雙修的整體修鍊術。它們注重人體的生理和心理功能的全面提高，認為精神鍛鍊和肉體鍛鍊同樣重要，強調練心、練性、練氣、練神（太極拳內功還在初級階段需練形），只不過在形式上和調形略有差別而已，但它們都有很相同相近的心理、生理操作要求。從如下幾方面最能體現：

第一，「靜中觸動動猶靜」

老子的「虛極靜篤，歸根曰靜，靜曰復命」，已把靜態修鍊與大道相接了；元末全真道人王道淵在「述金丹功夫」中說：「大道無為妙理深，功夫須向靜中尋」。《老子想爾注》說：「入清靜，合自然，可久也」。

練虛守靜，是內丹功的真訣，而太極拳在行拳練功時，要靜字當頭，在起勢前可先鬆靜站立數分鐘，達到心平氣和。張三豐說：「神恬氣靜極自然，妙自無生現太極」「心平則神凝，氣和則息調。」《內家拳法》與五字訣，首先也要「敬」，而敬裡含靜。太極拳五字訣中也有「一曰心靜……五曰神聚」。太極拳「拳論」中指出：「要靜，內固精神，外示安逸」「神舒體靜」。

當然這裡所說的「靜」並非不動，「身雖動，心貴靜」，視靜猶動，視動猶靜。只有靜才能做到精神上放鬆和肢體及內臟的放鬆，才能氣通血脈，才能進入一種特殊的功

能狀態，才能有「氣斂、身靈、神聚、勁整」，才能「返璞歸真」。

第二，勢勢存心揆用意

這裡的「存心」「揆」是揣摩之意。「用意」是指精神專注，用心意去指導修煉。張三豐有：「拴意馬，鎖心猿，無雜念，意須專」（《煉鉛歌》）。內丹西派李西月說：「時時防意馬，刻刻鎖心猿。」太極拳在鬆靜之基礎上，行拳功力全部心意都要用到動作中去，集中思想，一意練拳，用意念為主導，以一念代萬念，不能手之舞之，足之蹈之，而神不守舍。意念、動作、呼吸要三者統一協調。故拳經有：「先在心，後在身」「意氣君來骨肉臣」，要「神為主帥，身為驅使」。

如「太極起勢」，先意動而後形隨，兩手緩緩上升，意念中雙手似乎拉著一根橡皮筋，是意念天地靈氣吸入掌中勞宮穴而節節貫串，在這慢慢拉長過程中就是內意的流動，直至掌指尖，後坐腕而吐推之意。這種「用意不用力」在身、手、腳均是同時，當手與肩平而坐腕之時，後面剛好屈膝之意也，沉到腳根，腳底之沉穩與手上輕靈柔吐，都是意念引導動作。所以「重意不重形，用意不用力」「凡此皆是意，不是外面」。而作為內丹術三個要素之「火候」，實際上也就是意念、心神所控制的程度。

第三，周天開合吐納深

這是內丹術和太極拳內功的呼吸吐納問題。內丹術的大小周天功與太極拳所要求的都是腹式呼吸，做到深、長、細、勻，凝神聚息，開始都是要自然而然，隨練功層次加深而一直要求到內丹所言之「胎息」和太極拳所要求之「內呼

吸」「體呼吸」。所謂「神宜內斂，氣宜鼓蕩」「腹內鬆淨氣騰然」，都要求氣沉丹田。

太極拳內功隨著動作，開呼合吸，蓄吸發呼，起吸承呼，呼吸隨著外形變化而自然形合。只是隨功夫進程，而在縝密和不注重外在口鼻之呼吸後的注重內丹呼吸上。太極拳內功在發勁吐力上有獨特的方式，但在鍊養上和內修及不發時與內丹術的呼吸應是一致的。

內丹主張如崔希範《入藥鏡》所說：「先天氣，後天氣，得之者，常似醉。」若能以先天氣為主，起湧泉，上夾脊，沖泥丸，降丹田，與後天氣配合，二氣合一，納氣綿綿，吐氣深深，至以心息相依，內丹胎息，方可成矣。

太極拳名家對呼吸的重視也主要在「丹田呼吸」上。楊澄甫「氣能入丹田，丹田為氣總機矣，由此分運四體百骸，以周流全身」（《太極拳使用法》。孫祿堂講的更具體直接：「余練拳術之時，呼吸之穴，仍在丹田中」「內外總是一氣」「練拳之內呼吸，轉法輪，用意注於丹田，以神用息而轉之」「拳術與丹道是一理也」。還有「出腎入腎是真訣」（《陳氏太極拳圖說》）。

第四，鬆柔舒展連貫串

此項要求是內丹術和太極拳內功的共同基本點。鬆、靜功內丹須放鬆，太極拳無論架式還是內功均要鬆。柔活圓潤，既是內丹術和太極拳的練功後的體態表現，也是動作中的起碼要求。內丹只有在鬆柔之基礎上，動意、行氣，讓精、氣、神順意自然地結丹，太極拳只有這樣才血氣通暢，反之，全身僵硬氣血受阻、經絡不通、呼吸則不暢。

太極拳要求全身鬆柔，一鬆到底，動作才會舒展，不疾

不徐，轉換要求，均勻連貫，綿綿不斷，如行雲流水一氣呵成，「毋使有斷續處」。絕大多數動作都是圓的運動，力求圓潤豐富，「毋使有凹凸處」。「柔過氣，剛落點」，在定勢時有似停非停、外動停而內意不斷的短暫一頓，即折疊處，微有張意吐心，此時意念到，氣血也到。這樣一張一弛，緩活連貫，有助於神經末梢的運動擴張，增加血流量，內丹之打坐與太極之柔動相得益彰，共同促進功力。

第五，立身中正頭頂懸

老子云：「清靜為天下正」「以正治國」；孟子云：「養吾浩然正氣」。儒曰執中，道曰守中，釋曰虛中。「中」是三教聖人之心法，修養性命「只在中間顛倒顛」（張三豐《無根樹》）。「大道從中字入門」（張三豐《道言淺近說》）。為中為正，則直，不彎曲，不傾斜。

內丹術調形要中正，文武火要在中。「拳從心中起，落在鼻心中」。立身中正，虛領頂勁，不前俯後仰，不偏不倚，不扭胯，不掉胯，節節虛靈貫通，上下自然成直。無論行拳、打坐、站樁，無不要求上自百會穴，下至會陰穴，前以鼻尖肚臍，後以尾閭脊椎，虛虛對準成一條直線，如此方能一氣貫穿。所以拳經有：「尾閭中正神貫頂，滿身輕到頂頭懸」「立身中正安舒，支撐八面」等。

3. 相似的內鍊法訣

內丹術雖丹經千萬，但故設迷障，隱晦所秘，真訣難尋。喻代再多，也不過人體內鍊要素和鍊養階次。通常所言內鍊要素，多按「藥物、鼎爐、火候」三者為主要而已（少數也把玄關算其一）。

①藥物：指「上藥三品，神與氣精」（《玉皇心印經》）。精、氣、神三者在丹經中代號特多，達幾十種，還分內藥：先天至精，虛無元氣，不壞元神；外藥：交感之精，呼吸之氣，思慮之神。

②鼎爐：通常講下丹田為爐，頭頂泥丸宮為大鼎，中丹田黃庭為小鼎，三丹田在內鍊中各有所司，下丹田主精，中丹田主氣，上丹田主神。

③火候：內丹以神的運用為火（即意的把握），以運火退符的時刻和數量為「候」，實際上是運練功夫。內丹修鍊家們通常將人體運行的節律與天地自然節律加以對照，有的借用周易卦象原理，來分述其火候進程，甚為複雜，但同時也結合人體內鍊的具體情況，講求靈活運用。

太極拳家把內丹和經絡穴位相結合，以意行氣地運練，用感覺、境界和極限規位來衡量，其火候不及內丹嚴密，但也是「聖人傳藥不傳火」。

內丹修鍊的階次，首推開內丹學說於圖像模式的陳摶老祖。他是五代末 宋初人，是繼陶弘景、司馬承禎之後的卓越道士、學者。

陳摶精究數理，將其發揚光大，結合內丹學說，務窮性命根源，奠定了易道即是聖道，聖道即是仙道，使眾皆能窺玄妙的「聖人之易」，歸根於易學思想「窮理盡性，乃至於命」的性命學說，成立了易學史上的神仙思想。他將易學與內鍊養生緊密結合起來，融合早期道教的經典老子《道德經》、魏伯陽的《周易參同契》以及鍾呂著《靈寶畢法》中陰陽之道，取坎填離的修鍊方法，他用《太極圖》的變化混合於先天八卦圖的主導思想，以宇宙生成論說明人體內鍊

「即吾身未生以前之面目」，這樣，就造就了他代表修鍊模式的《無極圖》內容及思想。《無極圖》包含了奧妙的哲理精髓，揉和了濃厚的學術思想和修鍊法則。

陳摶將親身實踐鍊養、不同層次的內鍊反應歸根於五個階段。《無極圖》的傳出，並活用在道教鍊養方面，對內丹學因其形象易懂而起到巨大的推動作用。有人提出太極拳幾層功夫實際上就是太極拳內功的幾個階次，即《無極圖》所示的修鍊階段。

4.「太極即無極」之《無極圖》修鍊體系

張三豐繼承陳摶之思想，易道即太極道，所以，他在完善陳摶的易道思想上，創立太極道體系，把丹道和太極內功緊密連繫在一起。

據明末黃宗炎《易學辯惑·太極圖說辯》所載，《無極圖》為五個圖形，分別代表修鍊所能夠達到的五個不同境界（見參考圖）。

《無極圖》乃古聖先師密授之圖，其師事傳授《太極圖說辯》載：此圖本名《無極圖》，陳圖南刻於華山石壁，列此名位。創自老子、河上公，魏伯陽得之著《參同契》。鍾離權得之以授呂洞賓。洞賓與圖南同隱華山，因以授陳。從中看到無極圖思想淵源的四個方面：

一、河上公所發揮的老子思想，宇宙生成論及「歸根曰靜，靜曰復命」的神仙理論。

二、合魏伯陽《周易參同契》煉丹與火候學說。

三、繼承發揮了鍾呂內丹道的理論體系。

四、陳摶自己用《易》理的宇宙生成過程假易而論丹

道。

《無極圖》是方士修鍊之術，發揮黃老哲學思想，述老莊之玄微，明逆修可以成丹之法及得道成仙的思想。

綜觀《無極圖》模式，「其圖自下而上，以明逆則成丹之法，其重在水火，火性炎上。逆之使下則火不熛烈，惟溫養而和煥，水性潤下，逆之使上，則水不卑濕，惟滋養而光澤。滋養之至，接續而不已；溫養之至，堅固而不敗。其最下圈，為名玄牝，玄牝即谷神。牝者竅也，谷者虛也，指人身命門兩腎空隙之處，氣之所由以生，是為祖氣。凡人五官百骸之運用，知覺皆根於此。於是提其祖氣上升。稍上一圈，名為鍊精化氣，鍊氣化神。鍊有形之精，化為微茫之氣，鍊依稀呼吸之氣，化為出入有無之神，使貫徹於五臟六腑；而為中層之左木、火、右金、水。中上相聯絡一圈，名為五氣朝元。行之而得也，則水火交媾而為孕。又其上之中分黑白而相間雜之一圈，名為取坎填離，乃成聖胎。又使復於無始，而為最上之一圈，名為鍊神還虛，復是無極，而功用至矣。蓋始於得竅，次於鍊己，次於和合，次於得藥，終於脫胎求仙，真長生之秘訣也。」

在《無極圖》中，陳摶闡述了性命雙修的具體步驟。首先從修命開始（太極拳是以先修命功為主，高級階段以修性神意的功法）。即識「玄牝之門」，要守一「得竅」，這是第一圈所示。是太極核所在。他說：「人無論賢愚，質不分高下，但可復全元始，洞見本來。所以然者……玄牝一穴，妙氣回旋……貫古徹今。」在這裡是人體之根源。中醫理論認為，兩腎中間為命門（即玄牝），命門是元氣的根本，是人體熱能的發源地，故稱「生命之門」，太極拳「刻刻留意

在腰間」是也。

　　既識「生命之門」，還要「得竅」。所謂「得竅」，是指練功之際，思想清靜，意念集中在「玄牝」（即丹田氣穴）一竅，一心一意固守命門，一呼一吸，氣沉丹田。這就是現代氣功鍛鍊中的「意守丹田」，調息入靜。後期內丹家把這些功夫稱為「築基」功，比喻造屋建閣，必須奠定基礎，使之鞏固，結構堅實，然後豎柱安樑，砌磚蓋瓦。這與內丹修練太極拳內功是同樣道理。也是太極拳內功的基礎功夫。

　　在此基礎上練有形之精，化為無形之氣，練此氣化為微妙之神。屬於第二個「練己」階段。精、氣、神即生命的三大元素，所以丹經中稱為「三寶」。

　　三寶之中以「精」為物質基礎，本身雖屬先天，但屬有形有質的陰物，不能通過任督二脈上下循環。因此，輕清無質，始能隨意沿任督二脈運轉，由此合三（精、氣、神）為二（神、氣）的過程，這叫做練精化氣。其中「練己」是最基本功夫，在整個煉丹過程中不可須臾離開。按照納甲學說，「己」納離卦，離卦在人身為心，故「己」就是意念。可見，練己就是如何集中念頭，使形神安靜。

　　練己修心，安定入靜，靜極之時，正有動機，於恍惚杳冥中覺得丹田中有動機，這就到了「產藥」的時候。陳摶說：「杳冥才露一端倪，恍惚未曾分彼此，中間主宰這些兒，便是世人真種子。」所謂「真種子」便是所產的「藥物」，即精氣混合物。

　　經過練精化氣多次後，即可轉入練氣化神。練氣化神的「初關」，以精氣合練而成為「陽氣」，作為「丹母」，為

三歸二；再將精氣合練，使氣歸神，則為二歸一，亦叫做「中關」，或稱「大還丹」，今稱「大周天」。

「大周天」並非運氣循環，而是洗心滌慮，使真氣自然薰蒸，以綿密寂照，沖合丹田，由有為過渡到無為，「氣」的本身由微動到不動而盡化，氣神合一，最後只餘元神而已。

太極拳等內家拳術，實質上是以內呼吸和養氣守神為主要特徵的。只不過太極拳內功是以動而求靜，而內丹之體用，是由靜而求動，因而動中靜，靜中動，本係一體。太極之陰陽，常言靜極生動，動極而靜，所以內練之法，無甚大異。這一圈是練精化氣和練氣化神的關鍵功夫，內丹與太極內功是完全相通的。拳技內功練到如孫先生所言之小腹堅硬之時，只是築基小乘（成），還必須進入大小周天的「練己」之功。已有功底的太極拳內功之練家會有一定的生理感覺和變化，身體的空靈和真陽的發動，乃是繼續深練之機。

在拳架之中，用意引導真氣行周天之功，即法輪之轉，配合行架，意注丹田片刻後，提谷道，收陰陽，上移丹田以神用息而轉之，從尾閭至夾脊、玉枕，至天頂百會而下，與靜坐內丹相同。

如此多時，見火候而達周身融之，四肢空靈，如沐浴之舒適之極，虛空暢快之感覺。此時內臟堅實，而身體抗打度增強，已可進入下一層次之修練。

接上逆而上升，即第三圈所示「五氣朝元」。此階段調動「元神」使之貫徹五臟六腑，內練五臟。圖中所列五行，即指五臟。內練五臟要求：「眼含其光，耳凝其韻，鼻調其息，舌緘其氣，疊足端坐，潛神內守，不可一毫外用其

心。」如果眼不視，魂自歸肝；耳不聽，精自歸腎；舌不聲，神自歸心，鼻不嗅，魄自歸肺；四肢不動，意自歸脾。這五者都不漏，則精、神、魂、魄、意相互混融，化為一氣，而聚於丹田。

五氣混融，聚於丹田，和合而成「聖胎」，就是「取坎填離」階段，這是第四圈所示，為內丹術的核心，即太極拳的神拳階段。張三豐說：「未練還丹先練性，未修大藥先修心。」在逐步深造的內丹和太極拳內功進程中，這三圈五氣朝元的操作難度更大。

因為內丹靜坐尚可以「攢簇五行，緊閉六門」，一意一氣於丹田，而太極拳要行架，把精、神、魂、魄、意相混合，非一般人定心能做到，同樣從眼神、耳鼻、口舌等協調一致地全神貫注於一起，虛空無形、無象之境，而只有神心意合一，跟眼、手、腳一道，呼吸意念動作三者絕對合一，才有可能達到「取坎填離」階段。

這越來越多適應於靜坐而不適應於走架的內練功法，正是使許多太極拳內功造訪者望而卻步的原因。內練要求越來越高，甚至直接由命功轉化成性功。所以，當能達到「取坎填離」階次的功夫者，可以不需要舞拳劃腳，而是專注在練意練神，在坐臥、站立等、形靜之時，便可重練意練神，到此才真正能體會和稱得上「重意不重形」的（當代有誤解此說之嫌，往往形沒練好，意不到位，就亂說此點，乃大謬誤也）。

圖中右為坎卦，陰中含陽，為腎、為水，水中生氣，叫做「真水」，或叫做「虎」。左為離卦，陽中含陰，為心，為火，火中生液，叫做「真火」或叫做「龍」。陳摶說：

「心腎相交，水火既濟，即是取坎中之一陽填離中之一陰，使離卦變為純陽之乾卦，由後天復歸先天，這就叫做『得藥而結聖胎』。」

「聖胎」即內丹，都是神氣凝合而成。在伍沖虛《天仙正理直論》中說：「蓋大丹之成，先以神入乎其氣，後氣包乎神，如胎兒在胎中無呼吸，而不能無呼吸，生滅之祖氣尚在，出入之跡猶存，若胎孕將產時，故比喻之曰『懷胎、移胎、出胎』這個坎離交融的聖胎，就是一個『太極』。」

陳摶說：「一氣交融，萬氣全俱，故名『太極』，即吾身未生之前之面目。」又說：「故修玄無別法，只須要冥心太無體認生身受命之處，而培養之、扶植之、保護之而已，故曰歸根，曰復命，要不出『冥心凝神』四字。修鍊者至此，經過『得竅』『練己』『和合』『得藥』四個層次，是精、氣、神合練的結果，最終只餘元神。」此是由有為自然過渡到無為，由命功轉入純粹的性功，常定常覺，寂空觀照，這是拳道上無法對有法、不變應萬變的自然法則，達到一切歸乎自然，進入練神還虛階段。

練神還虛，復至無極，這是《無極圖》的最高境界。也就是太極拳內功的「拳無拳，意無意，無意之中是真意」的一種虛空境界。陳摶在《指玄篇》指出：「若得心空若便無，有何生死有何拘，一朝脫下胎冊（乾坤顛倒）襖，做個逍遙大丈夫。」這就是脫離生死，得了解脫。

古代丹家常以○代表無極，代表虛空，即一切達到圓明最初的本源。這說明《無極圖》系統地闡述了內丹修鍊及太極拳內功的全部過程。在最高層次的追求中，如果作為拳技之用，則在第二圈之後，便是天下少有的高手，而能五氣朝

脫胎成仙　　復歸無極
　　　　　　練神還虛

取坎填離　　（得藥）

五氣朝元　　（和合）
火　木
土
水　金

練精化氣　　（練己）
練氣化神

玄牝之門　　（得竅）

無極圖

元，保證五臟內氣不受傷害，即不發力傷丹，而只養氣守神，再進入陰陽調合取坎填離階段則可以「得藥」而天下無敵。但是五氣朝元後的靜功和九年面壁是拳技人士很難做到的，故拳技派保持到這個階段的虛靜境界，即為拳道，再由拳道入大道就是心意的虛靜和自然之功夫了。

在拳道終歸合大道的追求上，只有在真正明白拳理和丹道的人，不怕艱辛萬苦，方可敲開大道之門。練氣化神，合二為一；練神還虛，一歸無極。這就構成了一個逆練返本的系統，這就是所謂「逆則成佛成仙」，返本還原內丹修鍊的人體科學原理。

第 ② 章

武當三豐太極拳綜述

第一節　武當三豐太極拳源流

一、武當三豐太極拳的出現

　　在上一章裡，我們充分肯定了道教太極拳的存在和價值及它的歷史淵源，而它的系統源流、分枝細節和傳承法脈，確實因道教的秘傳、保守封閉和武術的秘傳口授，以及視之為下等之學而不記文字，為我們當今考證留下了諸多困難。但經過眾多專家學者和武術工作者艱苦的多方工作，大量證據早已斷定道教太極拳源於古代道家道教修鍊之術，隱傳於道教秘術人士之中，而由武當道教中興之祖張三豐集大成而聞名於世，隨之廣弘道法而使太極拳及相關修鍊術廣為流傳，故武當三豐太極拳是道教界和武術界的一株奇葩，一直是流傳於道教界和民間的一塊瑰寶。

　　筆者認為，老子用「道」「德」思想闡述世間萬物事理，用清靜無為之道和有無之相生的陰陽太極圖模式奠定中華民族人體養生學的基礎，而太極術的產生就是道教人士發展和繼承老子學說，結合方術、道法而總結出的一套充滿哲

理、養生和自衛的道術。葛洪為早期的道教武術太極法術的傳承起了決定性作用。後來有南北朝梁時人韓拱月傳程靈洗，後傳出名為小九天的雛形太極拳勢；唐時隱居道士許宣平傳三十七勢太極長拳，李道子俞式太極功，還有「先天拳」「後天法」等民間太極功拳，這些均與道門人物有直接關係。隨後北宋「武當丹士」張三峰創內家派武術，元明時期又一位高道張三豐將北宋張三峰內家派等太極拳進行挖掘、整理、提煉、昇華，熔大道之神髓於太極拳技，使太極拳和道教的修鍊大道完全統一熔合，建立一套完整的從理論到實踐的「太極道」修鍊體系。這些有跡可尋的太極拳流傳脈略，就是我們今天太極拳的淵源和線索。

當代以道家道教直接命名的太極拳，只有武漢古都子「道家雲房太極拳」，與道教武當三豐太極拳有淵源的有遼寧胡紹和「武當三豐太極拳」，有當代武當山道教武館館長兼總教練鍾雲龍道長以及武當三豐武館館長游玄德所傳承的太極拳系列等，雖然在《武當拳之研究》《內家武當派述秘》等書中記載有武當派武術的流傳情況，但作為道教門中不嘗外傳亦不太露的拳術，正式公開露面的尚不多見。

張三豐先後創編無極拳十二式、太和拳八式、太極拳十六式，後將三種拳術精華熔於一爐而稱太極拳三十六式，我們傳承就是以這原始三十六式為主的太極拳，而此拳在道內又經各代道長逐步擴充為一百零八式，這就是與我們略有差異的胡紹和的「武當三豐太極拳」。

因為武當派（武林稱謂）和太極拳開派宗師張三豐祖師，是以道教仙山——大岳武當為基地，以其道教獨特功法結合拳技而在先人之基礎上而悟創出這一響徹古今的優秀拳

種，加之武當山作為道教名山，其人文地理及文化均以道教為特色。包括遠古的巴蜀之地巫武崇拜和真武信仰，這些典型的有代表意義的名稱，最能反映這種拳種的文化內涵，同時它也是道家道教太極拳的主要代表之一，所以本書將摒棄原來授業先師所稱的「武當三豐原式太極拳」而正式定名為「武當三豐太極拳」。

二、張三豐生平及創拳概說

張三豐是道教和武林歷史上最富傳奇色彩的人物之一。是皇室正史《明史》和民間稗聞野史中均神秘出現的人物，蹤跡秘幻，莫可識測。道教史上像老子、張天師、呂洞賓等人一樣，係「神龍見首不見尾」的隱逸高士人物。我們先從《明史‧方技卷》中看張三豐生平。

張三豐，遼東懿州人，名全一，一名君寶，三豐其號也。以其不飾邊幅，又號張邋遢。頎而偉，龜形鶴背，大耳圓目，鬚髯如戟。寒暑惟一衲一蓑，所啖，升斗輒盡，或數日一食，或數月不食。書經目不忘，遊處無恆，或云能一日千里。善嬉諧，旁若無人。嘗遊武當諸岩壑，語人曰：「此山，異日必大興」。時五龍、南岩、紫霄俱毀於兵，三豐與其徒去荊榛，闢瓦礫，創草廬居之，已而捨去。

太祖故聞其名，洪武二十四年遣使覓之不得。後居寶雞金臺觀，一日自言當死，留頌而逝，縣人共棺殮之。及葬，聞棺內有聲，啟視則復活。乃遊四川，見蜀獻王。復入武當，歷襄、漢，蹤跡益奇幻。

永樂中，成祖遣給事中胡濙偕內侍朱祥賚璽書香幣往訪，遍歷荒徼，積數年不遇。乃命工部侍郎郭進、隆平侯

張信等，督丁夫三十餘萬人，大營武當宮觀，費以百萬計。既成，賜名大岳太和山，設官鑄印以守，意符三豐言。

或言三豐金時人，元初與劉秉忠同師，後學道於鹿邑之太清宮，然皆不可考。天順三年，英宗賜誥，贈為通微顯化真人，終莫測其存亡也。（見《明史卷二九九·列傳一八七方技》，吉林出版社簡體字本 5019 頁。）

這段記載，涉及張三豐籍貫、道術、主要經歷，朝廷尋訪而中興武當等基本事實，但由於對其生卒年代沒有記敘，因此歷代眾說紛紜，引起近代史上歷史學界、武術界、宗教界的不同觀點。

對武當武術和張三豐其人其武其功的評定，標誌性成果是由 80 年代和 90 年代初國家體委科教司、國家體委武術研究院支持和審批下的，經過湖北省體委、武漢體育學院、鄖陽地區體委、丹江口市「武當拳法研究會」聯合負責的科研課題，《武當拳派的源流、拳系和內容研究》獲得科學進步三等獎。此項研究已充分肯定和證明：①張三豐確有其人；②張三豐創拳說有可靠之依據；③武當武功客觀存在，並有其獨特的理論與技術體系；④武當武功的存在與發展，是歷史上多渠道、多層次、多人物不斷完善的結果；⑤所謂「張三豐無其人」「武當無拳」等論點可以否定（《武當拳之研究前言》，北京體育學院出版社，1992 年 7 月出版）。

1. 張三豐其人其事評說

筆者太極內丹和太極拳史及理論授業老師譚大江先生，曾參與《武當拳之研究》的科研和編寫，掌握大量武當功拳的一手材料，在他編著《內家派武當述秘》一書第四章中，

用大量客觀公正的事實，來分析評說這位祖師的真實性，筆者本參學各處多師，亦認為張三豐不止一個，至少兩人，甚至有三人之可能。

張姓人丁，歷史上沒有作帝王的，而在道教中作神仙、作祖師的比比皆是，比任何一姓都多。正因為中國因文字特徵和姓名學上重複出現同名同姓之人，更增加了機遇和可能，也就是說，曾在《武當拳之研究》中考察出張三豐名字的二十多個包括名、字、號等，很有可能並非一個張三豐所用，本來黃宗羲之「北宋張三峰」與明史張三豐就是兩人。而且三豐兩字是愛好和精通易學八卦之人，會獨出心裁地用「爻」組成了名字，讓我們今天來破譯的爻卦，坤作「☷」，而乾坤相合便寫作豐或㒼，這八卦符號涵義的姓名又聯繫到這個神秘人物身上，道教修鍊中常提出陰質鍊陽，這乾「☰」代表為陽、為天、為日、為剛。坤代表陰，為地，為柔，集天地日月，陰陽剛柔於一身，玄妙無窮。

有人說祖師居寶雞金臺觀時，有三山峰挺秀崙潤，因號三峰。而筆者在正式皈依道門之本山是湖北通山九宮山，在祖師選取修道建宮的主要建築「瑞慶宮」前面，正對峙當地人名曰筆架峰的三峰挺立，緊挨著就是香爐峰，因此，這位御制派祖師張道清也自號張三峰（《九宮山誌》有記載），並且這位兼武功道術於一身的高士能在羽化後屍體保存 648 年不壞。後因太平天國軍隊而毀，如今僅見存的真君殿石塔就是當年的藏蛻處，當地有「時時在九宮、天天到武當」之盛傳。

這位出生於南宋紹興 6 年（1136 年）農曆 5 月 20 日，羽化於開禧丁卯年（1207 年）的張三峰也是事實存在的，

在他端坐而化的藏蛻 648 年間的史誌記載也不會弄虛作假來哄騙後人。

還有，依「二人說」，那麼，元明時期這位張三豐大概活動於南宋 1247 年後的一二百年間，而當以宋遠橋為首的武當七子去訪李道子遇到張三豐，又是在宋遠橋（公元1506～1571）張松溪的生活年代，而這時元明的張三豐又該是二三百歲的人，常規上可能嗎？如果《宋氏太極功源流支派議》屬實的話，這該是第三個張三豐。

如果宋、張所見屬實，那「二人說」中，洪武年間，從寶雞入武當的這個讓明成祖尋訪不到的張三豐，就完全是為政治目的而虛構的，甚至包括寶雞那位自言祖上見過張仙人的張用朝，便是沽名釣譽，討好皇上而覓一官半職，而一無所獲，為自圓其說而偏分立碑，造成千古傳奇虛事。

首先我們認為，此明朝史誌上是自圓其者，耍的一個花招，「或言金時人」金時與北宋與南宋都有共同存在之時，這個抽象的時間給後世爭論是宋、元、明時人留有空間，而劉秉忠之人事均是李涵虛汪錫齡《三豐全集》中所敘之事，他也完全可根據明史中的文字來湊場圓說的。但是，可以相反地肯定，在明朝當時或之前，張三豐已是聞名朝野，幾乎家喻戶曉的人物，從他的知名度，可以肯定他早年在江湖或在道門中已道功卓著，名聲顯赫，這樣既可讓皇帝藉口找這位活神仙為晃子而達到他的政治目的，也使民間略通江湖偏術，胡編家史的平貧混混一躍而成州縣之官，或者初知文史的小吏藉機升官。

如果說寶雞金臺觀假死之事蹟真實，那麼，他的辟穀、胎息和飛升之功是絕頂上乘，那他已經絕不可能只在明朝活

動，說明他能在宋末、元代、明初活動，以至可以留身駐世到若干年。那他創出一種拳術、一種功法，透露絕頂功法點化幾位得意弟子都是小事一樁，他用易理演化太極拳就是情理之中了。

如果寶雞金臺觀這件事是假的，如上所說，證明他在前朝的知名度是相當高的，永樂皇帝只是藉口，而憑他創出知名度的道法和功夫，一定不是浪得虛名的無名之輩，像這樣的宗師創出自己風格的內家拳術也是情理之中，何況他本是「武當丹士」，又在宋朝那種「太極學說」風靡的大環境中。

筆者承師譚先生之結論。①北宋張三峰因黃宗羲求實的治學精神和與當事人的關係，以及王漁洋的旁證，《張松溪傳》的佐證，完全肯定是一個真實可信的內家派奠基人。②元明之時的張三豐因寶雞碑石及朝野眾多的歷史文獻和道門更多有史可查的傳承關係，也可肯定有一個號「三豐」的道門高人，集內丹武術於爐火純青而名垂青史。③從現存資料上看，張三豐活動年代的矛盾太多，不能圓其說者，即有可能出現過第三個張三豐，主要是北宋到元明間，和明朝中葉宋遠橋及張松溪所見到的那個張三豐。

最後筆者重申：承猶龍一脈，集太極大成，開武當內家宗風，續黃老道術之精萃，主「太極道」體系而得道成仙之祖師張三豐肯定只一個。

2. 張三豐創拳的可信諸源

由清朝黃百家《內家拳法》涉及到《王徵南墓誌銘》《寧波府誌・張松溪傳》等等資料的一個共同說法：「武當

丹士」張三豐是內家拳的奠基人。而他的創拳是一句「夜夢元帝授之拳法」，厥明以單丁殺賊百餘。這一說法史學家、武術家們爭議頗大，而道教修鍊人士和練功有高深境界之人，對「元帝授之」的合理而實際的解釋，是我等修鍊內丹之人，完全承認贊同的。

筆者之太極拳史理論的授業老師譚大江先生，在其《內家武當派述秘》一書中，已由功家丹道之奧理和古文字意的深度，確切地解釋了這一現象。

我們知道，道家的太極拳功是作為內丹煉術的動功來對待的。但內丹是什麼呢？其實就是內氣。

在古代丹經論著中，內氣又稱為真氣、元氣，用現代科學知識來比喻，它就是人賴以維持生命活力的信息、能量、物質綜合源。同樣，它也是宇宙賴以生存的上述綜合源。因為它在宇宙中無處不在，功用又奇妙無窮，所以，古代聖賢又稱它為神，意思說它陰陽不測。

如《易》曰：「陰陽不測為神。」《說文》曰：「帝，諦也。王天下之號也。」可見「神」和「帝」，原始的意義皆是表示一切自然包括一切生靈在內的主宰，是一種哲學概念的表示用語（詞）。並未專指神仙、皇帝，而恰恰是後來一些人認為天帝、皇帝主宰天上、人間，才把「帝」的用義專用和傾向化。其實在古代許多文人的詞句裡，「帝」仍然指原始義。如《莊子・徐無鬼》在解釋藥物的作用時云：「藥也，其實董也，桔梗也，雞雍也，豕零也，是時為帝者也。」《莊子・刻意》云：「化育萬物，不可為象，其名為同帝。」說的都甚是明白。特別後者，直接明指「帝」就是無形無象卻化育萬物的元氣。

關於把元氣稱之為帝（帝生天地，乃天地之元，所以可稱為元帝），最早的隱喻之語可能要數《周易》「說卦傳」中第五章，其曰：「帝出乎震，齊乎巽，相見乎離，致役乎坤，說言乎兌，戰乎乾，勞乎坎，成言乎艮。」這可說是對元氣進行的最崇高最生動的揭示。因為是隱喻，人們很難知其本意。所以，作者又力圖解釋讓人們容易理解，於是又緊接著說：「萬物出乎震，震東方也；齊乎巽，巽東南也，齊也者，言萬物之潔齊也；離也者，明也，萬物皆相見，南方之卦也；聖人南面而聽天下，向明而治，蓋取諸此也；坤也者，地也，萬物皆致養焉，故曰致役乎坤；兌，正秋也，萬物之說也，故曰說言乎兌；戰乎乾，乾西北之卦也，言陰陽相薄也；坎者水也，正北方之卦也，勞卦也，萬物之所歸也，故曰勞乎坎。艮，東北之卦也，萬物之所成，終而所成，始也，故曰成言乎艮。」

其實，這種認真而詳細的解釋（例如，將「帝」的自然主宰運化性與人類社會的統治者「聖人」分開講），仍舊是以比喻進行的，一般人仍然難以理解。

這段比喻究竟說的是什麼呢？

這段比喻，是從天地自然現象來說明元氣在一年間周期運行的不同功用表現。一年有春夏秋冬四季，四季之間又有四個過渡性季候，加起來就成了八個陰陽含量不等的環節，借用震、巽、離、坤、兌、乾、坎、艮八個卦象來表示。同時，它又可以借用一晝夜的日出日落的太陽升落方位和陰陽交替，來說明元氣在一晝夜的周期變化，同樣可以八卦作表示。因為元氣一年有一年的周期運作，一月有一月的周期運行，一日有一日的周期運行，一時有一時的周期運行，這種

周期運行的功能和規律又不變，所以，周期運行過程中以陰陽含量和分布不同的八個卦象作比喻也就是一種最形象最確切的表述。

　　丹家對此精修備致，作為一日間的夜半子時，不論是自然界和人體，都是元氣復甦的時刻。對人體來說，元氣復甦後，將會按照自身（即自然之道）的規律沿人體經絡運行。這種運行會以人提前注入的潛意識形成靜功（形體不動，元氣內循環）和動功（元氣帶動肢體產生內外共循環）。這種不以後天思維所控制的先天內動和外動的所能生發出來的特異功能和一些奇妙現象，是未練功者萬難知其玄妙內涵的。像北宋武當丹士張三峰，他平時對太極拳功如何遵循養生原則，符合元氣運行規律，又能起到技擊奇效，做過大量、長期、深入的研究和實踐，在一定「量」的積累上發生突變性飛躍，由先天元氣（實際是精氣神的同一化合體）導演出一套精妙絕倫的拳法來，完全是一件必然可能的事情。在中外的科學技術發明創造史上、文化藝術創作上，某些人由於多年的研究探索和創作積累而欲獲得、卻久久未能獲得的東西，會因睡夢或偶然觸及某一情景觸發靈感，瞬間獲得成果，其屢聞不鮮且確亦帶有神秘色彩的例子，完全可以和張三峰「夜夢玄帝授以拳法」相提並解，不足為奇。甚至有許多丹家，言某丹經為某神某仙夢托，此間除確有一些偽托情況外，類似「夜夢玄帝授以拳法」的元神昭示必為實事。

　　君不見洪秀全創太平天國之先，托病四十餘日，自言上天堂，受天命，遂創拜上帝教，風起雲湧的太平天國壯舉，不就是如此受神命之意而鬧得轟轟烈烈。還有「神授拳法」之「自發功」和「神拳」等都是在人體元氣這個「玄帝」之

作用下，經過人體自身長期心理和生理的拳意和功態意識的活動，而在一種特定的環境氣氛下誘發自發功態。就彷彿有「神人」指點或「神仙」附體，而這類現象的存在就是只有用人體仰慕和塑造的幻覺形象，及自發功的人體元氣經絡促動等理論來解釋。正跟我在前面結合道教法事科儀的剖析，會出現這類特異功能和法力的現象，是相同的原理，雖然「神拳」和「朝北斗」偏於玄妙唯心，或有人認為「迷信」，但它一定程度的客觀存在和可以分析鑒證人體科學原理是不容置疑的。這都為張三豐創拳提供了可信性。

再說，20世紀30年代以前，沒有唐豪一棒抹煞的武斷考證，所有武術界、宗教界、歷史學術界都承認張三豐為太極拳一代祖師，有籍可查的黃宗羲，明末清初到30年代前的諸多資料，比唐豪族的考證要有說服力得多。唐先生不是從文化背景、拳理源頭去公正論證，僅憑陳鑫一本《陳式太極圖說》片句之詩句來斷定太極拳的創始人，而陳鑫這本書，也是出在北京楊家三代出名之後。關於唐豪考證的失誤和《陳式太極拳圖說》的不足，筆者見其他文章中有專門論述，現只僅據筆者師傳和研討太極拳拳理和拳史理論，認同張三豐創拳的幾種依據。

武式太極拳，源於楊式太極和趙堡架，由與楊露禪同時的武禹襄所創，禹襄之甥李亦畬1867年的《太極拳小序》載：「太極拳始自宋張三豐，其精微巧妙，王宗岳論詳且盡矣……」（《楊式太極拳正宗》，三秦出版社，趙斌、趙幼斌、路迪民著。第227頁）

另在楊澄甫著《太極拳體用全書自序》中言：「先大父更詔之曰：太極拳創之張三豐，傳之者為王宗岳、陳州同、

張松溪、蔣發諸等人，相承不絕，陳長興師，乃蔣先生發惟一之弟子。」另在《太極拳使用法》「太極拳原序」中，更將為「太極拳傳自張真人」，在楊澄甫保存之《王宗岳太極拳論》中，附有：「原注云，此係武當山張三豐老師遺論，欲天下豪傑延年益壽，不徒作技藝之末爾。」

孫祿堂 1919 年《太極拳學自序》：此內家拳術之發源地。元順帝時，張三豐修道於武當，見修丹士兼練拳術者，後天動用之過當，不能得其中和元氣，以致傷丹而損己，故遵前二經之義，用周子太極圖之形，取河絡之理，先後易之數，順其理之自然，作太極拳術，闡明養身之妙，此拳在假後天之形，確後天動，一動一靜純任自然，不尚而氣，意在練氣化神耳。

吳式太極拳傳人保存《太極法源》中也有「張三豐承留」，口授張三豐老師之言等。一直相傳的「鑑泉拳社」竟把張三豐祖師的生日當做拳社的特別紀念日子。

杜元化《太極拳正宗》一書，有當時河南省圖書館館長陳泮嶺作序：「太極之先，天地根源，老君設教，宓子真傳，宓之而後，代有傳人因姓氏未傳，不克詳徵。主三豐神而明之，發揚光大，號曰武當派。」

不用一一列舉，民國年間至當代，跟全佃生先生《太極拳圖說》一樣認可的大有人在。「予謂太極拳為武當派傳法，張三豐為武當山開創之人……。」

三、道教武當三豐太極拳的傳承情況

1. 「言祖不言師」的戒訓湮沒了具體傳承

作為華夏民族地道的宗教團體，道教不僅吸收了尊師重道的優良傳統，而且在教規傳承體例上，強調「言祖不言師」。這是因為人類文明肇始，人們的信仰由自然崇拜和祖宗崇拜演變，從敬拜祖先、宗親到鬼神及國君，遂而發展變化為宗教崇拜。傳統的習俗一旦宗教化，它就會以各種文化形式延續下來，道教就吸收這種文化形式，形成自己的祖師和神仙崇拜的教規體例。而且道教所信奉的祖師多是一些創世人物、傑出內功修鍊家、雄才大略的聖賢、情操高尚的隱士、通達六藝精華並濟苦救世的科技偉人，以及宇宙自然之神靈。

這些被道教神化的祖師形象，在被教徒尊奉為祖師或神後，自成門徒弟子形成派系，一為表達對祖師的尊敬；二者表示向道之心和對祖師開創業績的繼續；三是念念不忘沿祖師的足跡去追求而達到理想的境界；四是相信祖師的神靈能保佑和提攜自己。

同時，先輩祖師，惟恐後人學道不精，流入凡庸，創編愈繁，偏失其神髓而有辱門風，故代有傳訓，以祖師為楷模，留道本為真傳，而其間過傳者，不計名利，崇尚先祖，故知祖師三豐而難知中間傳承諸師。所以教徒們通常把自己信奉那一派的開山宗祖之師，當成自己的祖師，時時稱祖師門下弟子。如此便把張三豐集太極大成的實際傳承關係所掩蓋，隨著時間推移而漸漸湮滅。

元明時代的張三豐集太極丹道拳法之大成而開山立派，才有這享譽當時的「武當派」太極武道。他作為祖師，當之無愧，而後世子孫們自然奉之為祖師，傳統勢力約定俗成「言祖不言師」，加之宗教體制和教規祖訓，就把張三豐以

後一代一代具體傳人給遺忘了。另外，歷史上道人修鍊，恨林不深，恨山不大，多不願出頭露面，空爭虛名；也有人知道自己功夫不堪名標青史，便只言祖師而不留自己之名，加之武術之秘和拳勇之位低等等，而使太極拳、武當武術的詳細傳承不能像史誌一樣清楚記載。

2. 上溯幾代的傳承及親緣關係

當今道教在教規儀範上，仍保留掛單只言上下三代之說法，所以我輩道教徒通常只知道師父、師爺、師太，至於師太以上的先輩，常規下不多提，但卻提自己祖師及門派，這既為三豐祖師太極拳傳承在中間師承的湮沒多了一個佐證，也直接為我師承三代作了明細要求。

武當三豐太極拳，據考是張三豐祖師在吸收當時流行的少林拳之基礎上，結合道教內自身的秘傳功法，依據老子「反者道之動」原理，翻少林外家而成獨樹一幟的內家，特別是與丹道的結合，是張三豐丹道體系在元明之際逐漸明瞭，易操作化後，把這太極武術推向更高層次，傳揚和推廣起了驚世脫俗、名標武史的決定性作用的一個拳種。

筆者最初是直接得授於武當山紫霄宮在廟前人郭高一大師。

郭師高一道長原籍河南商丘。俗名郭玉杰，1924年出生在一個貧困的工人家庭，青年時正值國亂當途，他毅然投戎入伍，在東北某地參加抗日戰爭。因受家鄉尚武之風影響，在少年時就在當地學習二郎拳、少林拳等，並在軍隊學以致用，因仰慕東北武林聞名的武當傳人宋唯一、李景林之神技，有幸結識了當時太極拳楊派傳人（像楊奎山、郭應山

等），討教內家武術。後因部隊打散，便到遼寧北鎮閭山道觀出家，隱身學藝。當時閭山道觀道長楊明真是武當三豐自然派傳人，精通三豐太極拳法，這位前輩在考查郭師後，把拳架教給了他，交囑他多用心體悟，又把心法和拳理以及內家八卦掌教給了在後山居住的劉煥軍居士。郭師把一套武當三豐太極拳熟練掌握後，開始雲遊參學，繼續學藝深造。當時正是年青力壯，加上有二郎拳和入伍軍訓之基礎，軟硬功夫一時俱佳。隨社會的變遷，而他一直不忘習武修道，即使在文革中，中斷了道教生活時，也不忘練功打拳。當時在商丘的一家鐵匠鋪裡，有一身功夫的煅工師傅，就是郭玉杰。

宗教政策落實後的 1981 年 5 月，郭師父尋訪到高道唐崇亮在河南桐柏山隱修，於是就虔誠前往，懇求皈依傳道，重入道門，成為全真龍門二十七代弟子，與師兄弟寶高寒、程高壯、周高仙（周金富）、柳高元一起，受唐師爺教誨，遂悟通內家拳理和內丹功法，並學得醫藥知識。因郭師太極拳丹道的偏好而獨得唐師爺太極拳功理功法的精髓和養生秘方，追隨唐師爺多年直到羽化後，才回武當山常住。

郭師父在武當紫霄宮居住時期，正是中華大地武術、氣功熱再度興起的高潮期。他與時稱「武當內家第一人」的朱誠德道長，專門為上武當考察武當武術的有關人士表演武當功夫。他的八寶如意站樁功和武當三豐太極拳充分證實了武當武術的存在和價值，隨後多次為中央和地方主要領導進行表演，並獲得國家體委和湖北省體委授予「武術挖掘先進工作者（1986 年）」，他挖掘整理出武當九宮掌，太乙火龍掌，武當劍、太極劍等幾近湮滅的傳統拳種古老套路，並在武當道教協會的領導和支持下，開辦「武當山道教武館」，

首任總教練，與同道和門下學生們一起為振興武當武術做了許多繼承發展的事，特別是培養出像鍾雲龍（現任武當道教武術館長）這樣的武當武術名將和一大批武當弟子。80年代末和90年代初，素有「北匡南郭」之稱的中國道教界兩大武術巨擘相得益彰，聞名全國，山東嶗山匡常修道長以擅長腿法，湖北武當郭高一以武當三豐太極拳著名，為當代道教武術的繼承和發展起了承前啟後的關鍵作用。

筆者雖作為武術愛好者有緣結識而欠緣長期受教，時逢1991年郭師父決定進神農架原始森林隱修時，筆者決心第二次投奔武當。1993年郭師父受湖北省道協和通山縣委邀請到九宮山主持瑞慶宮復修工作，筆者又長時間追隨左右，達三年之久，系統地學得三豐太極拳及其相配功法，筆者鍾情「太極道」文化，80年代文武空忙，蹉跎歲月，但求學之心未改，這樣三上武當，二上九宮，才始得涉獵武當拳功的深層內涵。

師爺唐崇亮，俗名唐池遠、唐道成，安徽潁上縣人（1869～1984年），少年貧苦，16歲當兵，受道教影響，在29歲新婚之前夜，毅然割捨塵緣，到武當山金頂，拜於三天門八仙庵龍門派第二十五代傳人王信堂仙師門下，遂取法名崇亮，自稱「霞光道人」，道號中和子，從此開始了他留鬚蓄髮，身著道袍的清靜修持生活。此時，武當山道教正是大俠徐本善執掌主事，尚武之風在道士中暗中比武，唐師爺師承三天門八仙庵當家王信堂，既學得上一輩承留的郭誠賓之中和派系列功法，尤其在武當拳功上學得更正宗的武當三豐太極拳等功拳，又吸收和觸類旁通徐本善等嫡傳武當功夫，這樣，這位駐世115年的老修行，是集武術、內丹、醫

學以及易學於一身的一代高道，後來他因人而異地把絕大部分秘方絕技傳給門下弟子。筆者才有幸師承這一代高道的功法，隨後，又得當今武當山道教掌教通聖道長王自德秘傳心法，點化一百單八式及其奧妙，再得孔德大師、劉煥軍大師的指點，更純正功拳。今逢機遂以公布於世，以俟來者。

第二節　武當三豐太極拳的特色

一、參同大道修鍊的自然法則

1.道之認識

　　道家鼻祖老子所著深奧玄妙的萬經之王——《道德五千言》，古今中外無數聖賢鴻哲均對這本書進行了引用和注釋，吸收和借鑒，無論是政治、哲學、軍事、管理還是養生、醫學、數術、易理等科學領域，在這本書裡都可以找到原始依據和深沉的答案。而太極拳也是參同「道」之圭臬，逐步建立起「太極拳道」的理論體系，由眾多的道教祖師總結、印證，到宋代著名道士張三峰主用於拳道上而開內家派太極拳的宗風，再由元明之際的張三豐在道教理義和丹道上闡揚和光大。

　　《道德經》之「道」，其理論體系是一個世界觀和方法論的最高級認識構架，它是萬事萬物的根本，是世界宇宙內一切造成萬事萬物的原始材料、原始能量，也是社會宇宙人生事物的總自然規律。張三豐在《登天指迷說》中講：「物物各具一太極，即道也，人人心上有先天，亦道也」，在

《太極拳論》開頭「太極者，無極而生，動靜之機，陰陽之母」就是「道」的具體化。

如果從道教修鍊角度而言，因為道是永恆不變的，與天地同體，與造化同機，所以依據老子之「清靜」和「歸根復命」等原理，人通過一定方式的修鍊，便可以得「道」、瞭「道」、成「道」，於是修鍊家們便以此「道」為最高的追求目標。太極拳正是由人體內外的系列修鍊，來一同達到求先天之本能，返本歸原的功夫。

2. 太極拳之道

張三豐祖師「太極丹道」體系，創造了拳技內丹同「道」進程的三方面內涵。

太極拳和內丹術都是大道修鍊中的掌握人體內部元氣運行規律的第一步「道」，稱做得「道」。因為「道」的含義，實質上於人體是修鍊長生的道路和方法，而在掌握這些方法的同時，懂得人體內生命長壽的關鍵物質——氣血的運行和規律，氣、血聯繫到人之精、神等，即元氣所包括的物質。太極拳透過人體心神的總指揮，動中求靜地發揮「中和之氣」來，調控元氣運行。太極拳講究的整體運勁而虛實之分，講究尺寸、部位，而自然靈活，手足到位的方式，方位、極限（無過不及）保持中庸之平衡的動作和符合人體生理規律的呼吸自然和協調動作，都是一種「道」，而內丹術也是用靜和坐的方式，用意或火候來調控元氣的周天運行。從而達到元氣流暢，生命力旺盛的「大道」之效，它們共同的關鍵，都是神氣合一的心意功夫。

太極拳要求用意念配合呼吸和動作，做到意到、神到、

氣到、力到，凡此皆是意（《太極拳經》），凡此皆是道，這是一個「無為之後，繼以有為」的過程。

張三豐「太極丹道」體系中，「道」之內涵的第二方面，即太極拳和內丹所達的一種可顯理的結果，稱做「了道」或稱「證道」，這個階段性結果就是要人感知「道」的存在，是在掌握元氣運行規律後和操作法則的一種修鍊狀態和初步結果。太極拳和內丹術因追求目標有所不同而出現不同結果，作為拳技之用則「練成丹田混元氣，試看天下誰能敵」，而內丹術此時的結果可能是小乘的功能和不易顯現的特異現象。我們通過太極和內丹的修鍊，是想藉後天之練，返還先天，而在未到先天之過程中，就是這個「道」的修鍊過程和能知所修到的結果。

張三豐「太極丹道」體系的第三層含義就是「太極即無極」，無極即大道，一種返本歸原，超越人物的最高境界，即「道」是一種修鍊境界，這是遵循老子「無為而不為」之思想和張三豐「無為之後，繼以有為。有為之後，復返無為」的法則。太極和內丹都需要這樣練精化氣，練氣化神、練神化虛、練虛合道的系列方法和過程，而到「成道」、「成仙」之境界。

二、重內不重外的神意訓練

1.重內先練外初級訓練

武當內家派太極拳雖然強調重內不重外，重意不重形，但其實質是在形意達標、神形兼備後，才可以說重意不重形。因為即便是內功靜坐，也要調形、正身、鬆體，何況拳

技和內功結合的太極拳，更要調形整架，使走架形式符合要求，達到太極形架之標準後，才能再於神意上多下功夫。如果形架都做不到位，即內部經絡不開，氣血難通，神意更難達，外觀上筋骨沒有活動開，空談神意是不切實際的。

太極拳經上講先求展開，後求緊湊。展開的架式，就是把形架拉開，動作運到極點位置，做到標準位置，也就是古傳所言「尺寸」。只有這樣，才算打了太極拳之形架基礎。所以重內意必先練外形。而練外形的初級，又必須同樣講究手眼身法步、肩肘頭胯膝，各部的到位和協調，才能達到一動全身都動，整體一致；只有整體一致，才容易得機得勢；也只有這身不散亂的神斂氣聚之態，在意之指揮下才能體現太極拳的氣勢和威力。武當三豐太極拳就是要求外形到位標準，才有內意遂通，內功促長，方能起事半功倍之效。

重內先練外的要求和操作步驟，要先注重腰、腿之靈活，韌性彈性等基本功的鍛鍊，同時進行馬步樁和虛實樁的樁功築基，然後是太極拳拳架套路形式的到位和標準，接下來進行內勁訓練，諸如抖杆，搓棒，揉球，以及單操和推手，如此基本操作過程熟練之後，循序漸進，達到出手身法皆合度自然，方可再登神形高級階段的訓練。

2. 內外兼重之形神鍛鍊

進入武當三豐太極拳第二階段的訓練，主要是注重意識導引在形體動作之中，並要求用意識（注意力）貫注到每個動作中去。正如拳經所說：「以心行氣，務令沉著，乃能收斂入骨。」「以氣運身，務令順遂乃能便利從心。」這裡的心是指大腦控制下的意識，是一種靈動的條件反射，而所言

之「氣」也並非表面的呼吸之氣，而是指意識帶動下的心理活動路線、包括思維神經的綜合物。

這種「氣」的運行實際上是意識心神和動作一同運動，而且是把氣想像成一種精微物質（或神經末梢）來同動作一起運動。在行拳過程中，就是把這類心理活動和拳架動作一同進行，每一個動作都和心理活動相配合。

武當三豐太極拳的神意訓練有三類，第一類是拳架上用於攻防專用的心理活動。如右手出手後擒拿對方，隨身走化，左手在封打或隨動作變化實施攻擊等等，並隨之聯繫到下一動作的變化，這至始至終都是同心理意識指揮連在一起的，拳經上「打拳無人似有人」的境界，就是指拳架攻防意義上的心理活動及形神訓練。

第二類是形架和內氣、內勁一起用意的訓練。這裡的內氣、內勁，是經過一定時間內形架用功和心理活動結合，經一定耐力承受訓練後所得的一種內在的超常能量。形架和內氣、內勁不可分割。養生的內氣可以是靜坐、站樁得來，拳架的內氣和內勁是在行拳中重意、甚至帶發放力訓練得來的。武當三豐太極拳的內氣、內勁多含而不吐，有的看似不發內勁，但時時處處均可發內勁。這樣就更需要內心活動的意識訓練了。

第三類是一種神氣凝聚、性體虛空、心無雜物的行拳境界。即不要想像有氣，而是思慮之神只守著體內一處，或腰、或命門、或腎，然後由守之處帶動肢體行拳。當然這要求拳架相當熟練，進入「有人似無人」之境，心神隨時可平靜守一。並且還可以什麼都不想的一種空靈之感。這也是練太極拳的一種高深境界。

3. 重內不重外的高級階段

武當三豐太極拳是典型的「內家拳」或稱「內功拳」。內功即內氣、內勁合出功能之稱。內氣、內勁的訓練也與形架不可分開，重在「以心行氣」、「以氣運身」，用意不用拙力。因為太極拳內功的原理與道家「天人合一」、道教大小周天理論是一致的，人體一小太極內各處穴道和關節相通相合，是體現太極拳內勁的關鍵。所以，武當三豐太極拳的每一個動作，都有用意念想穴道，打通人體內經脈氣穴之通道，催動肢體自動化動作和潛能，久練之，期以達到內外合一，以內促外的太極拳最高功態境界。

太極拳內功體系仍然是以人體經脈、穴位，三節四梢等等結構為依據，結合外形技擊要求而合力產生特殊功能。上肢主要有臂上之手勞宮、肘曲池、臂肩井，下肢則有臀胯之環跳、膝之陽陵泉、腳之湧泉，還有人體正中之前三關（祖竅、膻中、丹田）和後三關（尾閭、夾脊、玉枕）以及正中主線點會陰、百會，都是太極拳內功中重點意想的穴位，而且要根據架式動作意識某竅，協調身形、打通氣血脈絡、穩固重心和根底，便能發出能量，達到人難進（侵）之功效。

武當三豐太極拳也講究六合（內外三合），外三合即肩與胯合、肘與膝合、手與腳合；內三合即心與意合、意與氣合、氣與力合，更注重內在實質的進步，不注意外形的相似。外三合可構成手足圈、肘膝圈、肩胯圈三道防線，讓對方難於攻進，而內三合是意念走穴道而產生合力，以意氣打通身內經脈穴道，當意識到或身體上聽勁到某一部位時，馬上產生條件反射而出現氣能量的活動，就能發出黏上即發和

打人不露形的現象（這當然是內功高深者為之）。如此才算肢體肌肉的活動與內臟器官包括經脈、穴道和表皮神經組織之間已建立了極敏感、極鞏固和極協調的關係，出現意到氣就到，氣到勁也到的效力。

具體地講，武當三豐太極拳外三合的實質，是四肢根、中、梢三大關節的穴道左右交叉相合。例如，肩胯之合，是上肢根肩井穴與下肢根環跳穴左右交叉相合。肘膝之合和手腳之合同理。既可以上肢穴道與異側下肢穴道合，也可以下肢穴道反過來與異側上肢穴道合，即既可以同邊合，也可異邊合。而外三合不在外形卻在心意，全憑心意用功夫。像肩與胯合，當意識到右肩臂上肩井穴和左胯處的環跳穴就可以把兩個穴道的氣打通了，這便是以心行意，以意導氣，以氣運身，穴道一通，就會產生合力，人體整體力，如果還想由丹田經帶脈走上肩井後向外發出靠崩之勁，則產生由內而發的非一般之合力。是一種威力巨大帶有彈性，有爆發力和傷害力的一種勁，即常說的內勁或太極勁。

太極拳中八法五步都有其竅穴，須明白竅穴與手訣及內在關係，在盤架子和推手的練習中，細心用意體會，內外三合能產生的合力，是內家拳基本奧秘和訣竅，而武當三豐太極拳內勁內功的運用，既包含了這基本訣竅，又獨特到三田合一的修鍊原理和「拳道合一」的高級境界，個中還有許多細節，恕不贅述。

三、符合太極規律的操練運動

武當三豐太極拳包含「太極」深邃的理論。混沌無極、始分陰陽便為太極。太極陰陽包含虛實、剛柔、進退、開

合、強弱、動靜、快慢、呼吸、吐納等等諸多拳意、拳技、拳理、拳法方面之內容，但總的規律無不遵循這陰陽互根互變的原理。武當三豐太極拳作為太極拳的一個種類，與其他各派太極有著極其相似的共性，而突出的特點則在整體運動、練養方式和蓄發力訓練上，有自己的獨到之處，以下略作說明。

1. 整體一致，以腰意帶動爲要

我們首先肯定太極本身是一個統一體，人體太極也是如此，中間兩個陰陽點好像人體兩腰腎，它們隨太極圓整體同動，但在中間起著主要內動動力的關鍵作用。武當三豐太極拳在拳架運動上，正是體現這一特色，它的每一個動作都是「牽一髮而動全身」。每一個動作，無論大小，開闊和緊湊，都必須是丹田腰間帶動，由腰而胸、而背、至肩、至臂、至手，而下肢則沉襠、經坐胯、過膝而達腳趾，體現「周身一家」。即使是推手、散打，按拳經「引進落空合即出」之法則，一者將周身之勁合到一點上，二者與對方交勁之點亦合在一處，只是我順人背。因此，有強調內不動，外不發，腰不動，手不發的師訓。

2. 練養吐納、以神氣合一爲準

因為武當三豐太極拳是修道之士為修鍊得「道」而練內丹的配合動功，所以在練養的吐納呼吸方式上也較其他拳術獨特。內丹之呼吸要求深、長、慢、勻，以至無息之胎息，太極拳也是如此要求，雖不求達胎息之境，但要神氣合一，凝神聚氣是首要的。

對練養神氣之要，武當三豐太極拳分層次和目的而定：於自衛防身、健體之武術拳功而言，是重練氣養神而練神，以達拳者之功能；於修鍊內丹大道而言，則重養氣、養神以至練神，以達道者之態。

在拳功上練氣練神，實際上是在人腦和心理意識的控制下，有意識地結合內外呼吸與動作協調，以達到練拳功的效果。「氣宜鼓蕩」是太極拳吸呼特徵，內呼吸是指腹式呼吸或丹田呼吸，實際上是丹田的鼓蕩，外呼吸是口鼻的出入之氣，在內外呼吸協調上由意識控制連同動作一起運作，由氣貼脊背到斂入脊骨的內呼吸，再通達四肢，氣貫四指，而產生力發脊背。這種鼓蕩和吐納，就是拳功上有意之練氣。

3. 蓄而不發，以修成內丹為高

武當三豐太極拳因堅持道家道教哲學：以道為體，柔弱為用，故在形勢上多表現為行雲流水的積柔隱剛，外柔內剛，含而不露，蓄而不發。本來太極拳應有剛柔相濟，但為了體現太極獨特之「以柔克剛」「以弱勝強」的柔化似水的功用，即使有「引進落空」後的再擊出的發放之法，也多是借力而用、合力而發，更忌直力、拙力、僵化、呆板。

所以，一套武當三豐太極拳拳架一百零八勢套路沒有一個明顯發力的動作，如果拆拳或單操則每個式子都可以發力露勁，而且個別還有很大爆發力。至於明暗勁之分，那是意念力，另當別論。

太極拳作為丹道之動功，後期中高級境界要求，不傷丹露氣爆力，如果注重發力爆勁，會影響和延緩內丹的形成，乃至破壞內丹的修鍊，內丹築基以後要很長時間的溫養沐

浴。而有些拳功家急功近利，想把太極拳混元勁發揮到很高層次或極點，往往沒有修成內丹，就憑感覺去抖發混元勁，那將弄巧成拙，揠苗助長，所以三豐太極拳主張蓄而不發，以修成內丹為高。

第三節 武當三豐太極拳簡介

我隨前輩們學習的太極拳，是先師們所教道教修鍊功夫的一部分，如郭師從武當到神農架，再到九宮山，一直把《抱朴子》《張三豐全集》和手抄太極拳術武術筆記本帶在身邊，手抄本內容經考證是《道藏精華》中《張三豐煉丹秘訣》的部分內容。在九宮山寒冷的夜晚，除講解一些道教常識外，多數就是講抱朴子和張三豐的修鍊。早晚就在殿前平臺上，演練太極拳，其餘時間除正常宗教活動和接待遊人、香客外，他老人家總是指點弟子們練功，我經常就一些疑難問題請教，三年的九宮山瑞慶宮學習，基本掌握了武當三豐太極拳的內容和張三豐太極道修鍊內功的理論知識，後來我在雲遊參學中，先後接觸和拜訪一些隱士明師，並和師兄弟切磋交流，近幾年又接觸各派太極拳的傳人和太極拳探討學習，並引辨出資料，有關有相同的和不相同的東西。現為實現老師遺願，把武當三豐太極拳整理出來。

武當三豐太極拳中有三樣架式，三種道理，三步功夫，三類勁力，三級練法。

一、三樣架式

武當三豐太極拳俗稱八門（掤攦擠按採挒肘靠）、五步

（進退顧盼定）、十三勢，既有一百零八個定型動作，也有高架、中架和低架三種樣式的拳架。

①高架也稱小架。主要特點是兩腳最寬距不過兩尺，比肩略寬，兩膝一直是微屈行拳，保持一種曲度平衡，而不隨意上下，三尖相合，而兩手開合也不超過腳尖；在一前一後的兩手式中，兩手有一前臂長度間距（這於實用推手上很有道理）。開始緊湊後的高架（小架）主要是內氣意行和氣沉丹田的內功訓練，也適合越慢越好的高級練意階段，同時也適合老弱病人的保養療疾康復之用。

②中架，最普遍常用的架式。舒展大方，美觀實用，既可快用，也可慢練，既蓄而不露，也可發力爆抖，有上下起伏之勢，尚行雲流水之情，達自然合體之態。主要特點是整體性強，身、手、腳協調一致，意、氣、勁眼神指揮，六合七星八卦步合度合理，形意並重，鬆沉雙兼，是體用全備的必學架式（其高架和低架均由此而變化）。主重之腿，屈膝不得超過腳尖。本書將以此架為範本加以介紹。

③低架，這是增長技擊功夫的一種高強度訓練架。速度相對比中、高架快，在意、氣、力等基本要求上與其他兩種架式相同，惟屈腿、坐身、下勢、發力是明顯不同處，其步伐開闊，手臂舒展，頭直身正，步型以低馬弓仆俱多，騰挪跳躍相間，其中，甚至有快架快發之為，但尚秘不尚揚，故不常見（現有同門師兄弟略變形後為太極快拳是也）。

二、三種道理

武當三豐太極拳是典型的以道家道教哲學思想為指導的內家拳，它的拳德人理、拳藝道理和練養原理都與道家道教

有密切而直接的關係。

①拳德人理，即「武德仁義」。指練拳之人的做人道理，要求像太極一樣圓活處事，立身中正，得意不驕，失敗不餒，以一種平靜平衡的心態對待世事。既不仗拳藝欺人，又有扶危救難之心態和義舉，講究「非危困而不發」，發則「後發先至」、虛實相間取之，武德加拳藝而達「不戰而屈人之兵」之效。

②拳藝道理，太極拳成萬有之高哲，用一無之大法。修身養性，健體自衛，娛樂觀賞，此乃拳藝之趣旨，太極拳猶然而著，無最佳拳種，有良師益友，藝無止境，拳打防身，拳由心發，心即是道，拳即是道。

③練拳原理，太極拳法天地之大道，體三才之至理，重在練精化氣，練氣化神，練神還虛。此種原理已由歷代武術家、太極大師和修鍊人士所證明，其理論已在陳摶《無極圖》模式中敘說盡矣。

三、三層功夫

近代有代表性的權威人士把太極拳分成幾層功夫境界。郝為真、孫祿堂等前輩大師把太極拳練拳功夫分別比喻成：在水中踏地行拳、在水中浮起行拳，以及在水上行走行拳的三層意境功夫。當代陳小旺先生，又把它分成五層：一陰九陽根頭棍，二陰八陽是散手，三陰七陽猶覺硬，四陰六陽表好手，陰陽不偏稱妙手。

武當三豐太極拳功夫層次，則是以最傳統而細緻的分類來說明太極拳修鍊的功夫層次：易骨、易筋、洗髓。

①易骨　這裡沿用傳統文化中的「易」和曾通行於仙

道佛門宗教學中的哲理術語來形容其功夫層次，主要說明人體科學的古代與現代的一致。「易」乃發生陰陽變化之謂，易骨就是調節人體之骨，使之堅強、健壯，是武術、太極拳之基礎功夫。透過拳架形體鍛鍊，使原來因後天各方因素受損的骨體變得堅強起來。

易骨雖然是一個初級單一稱謂，但絕不是只練骨及其相連的筋、肉，這裡只是說明太極拳透過拳架的鍛鍊，第一步可以使骨質變得堅硬起來，骨節變得合順。

太極拳形架練習過程中，骨節鬆開，血氣流暢，意氣使之，久練可使骨質變堅，骨節合順。現代醫學證明，患骨科類病人練太極拳可以練癒，是易骨的一個初級效果，健康而久練太極拳已顯功夫的人，行拳時骨節咔咔響，上下皆然，放鬆柔和時可曲度適中，剛硬時比平常人強之幾倍，易骨已成（但不可有為而專求效果，亦不必用打木樁、沙袋來強骨增效）。

②**易筋**　此是在易骨基礎上，長期內練而達到一種在筋肉皮表層的高級知覺和反應敏感能力。它與外壯的強筋壯骨的途徑不一樣，效果和層次也不一樣。到此境界是通過體鬆氣沉，而神意達膜節、筋骨之間，甚至於體呼吸而騰其膜，長其筋，渾身有氣、有勁，滿身是手，達到黏換何處何處發的地步。

③**洗髓**　此乃性功之高級階段，要在易骨、易筋練成後方可專神內養，靜功修持，實際相當於「練神還虛」功夫。太極拳練至清虛靈輕，鬆柔其體，神氣運用如意隨行，動作技法自然隨心，即可達此層功夫。

四、三類勁力

太極拳不講拙力，而講內勁。內勁乃神氣合一身體之整勁，靈捷無形、手到勁發、意氣斂聚，凝神而精勁所至。有明勁、暗勁、化勁之分。

①**明勁**　太極拳之明勁。以規矩、身位鬆沉而輕靈神氣一體，非僵、非懈、非呆、非乖戾，身體動轉合順自然，手足起落整齊協調，神意動作不可散亂，有剛有柔而非拙非力，屬吐納練習層的易骨和練精化氣功夫。陰陽混成，剛柔悉化，虛空靈通，又隨機應變。後有太極拳師分出拿勁、發勁、抖勁、合勁、提勁、肘勁、截勁、長勁、靠勁、鑽勁，均屬此類勁。

②**暗勁**　乃太極拳術中的柔勁。一般是先練明勁，後練暗勁，即在「懂勁」之後練用暗勁。柔勁非輕靈勁，輕無力，柔有力。暗勁乃神形合住，如沾黏勁、引勁、採勁、擠勁、捌勁、裹勁、擰勁、纏絲勁等等均屬此列。武當三豐太極拳中常有兩手暗中用意力拉回，使內中有伸縮之力。兩手前後用力，如左手向前推勁，右手往後拉，猶如拉彈弓，是慢慢用意拉開。在套路中「落步按」是明勁，而「如封似閉」是典型的暗勁。明勁之剛形於外，暗勁之剛藏在內，外柔內剛。

練暗勁，是意識鍛鍊的一種方式，要自然呼吸，不努力努氣，如拳勁所言「運勁如抽絲」。成功的暗勁使用，在推手中可達「人不知我，我獨知人」，勝人於意料之外。

③**化勁**　化勁是練神還虛，即由暗勁到「神明」之化境，也是剛柔相濟，虛無神明的高級階段。當把暗勁練到至

柔、至剛、至順之時，極至則反，陰陽混合，能剛能柔，體用一之。時下化勁有兩類，即形體之化勁與神明虛靈之化勁。形體化勁是以沉降轉換為主，即鬆腰坐腿，下沉挪胯轉腰，把來力引化到身外，保持自身平衡，而讓對方失去平衡。這類「引進落空」的化勁缺少「合即出」的功夫，是形體化勁。而神明的化勁是從眼神到動作，一黏上就控制對方，神攝對方，使之欲罷不能，欲發受制，而我隨心所欲，任我所發。所以，太極拳之化勁有形化、勢化、技化和氣化、神化之別。

五、三級練法

太極拳「十三勢歌訣」有「入門引路須口授，功夫無息法自修」。武當三豐太極拳講究言傳身教，師授親輔，同時必須循序漸進，持之以恆，掌握架式、標準，明白原理、用法，勤學苦練，有心練功，無意成功。道門師父，通常把太極拳練習分為三個階段。

①有意鬆柔化僵、練氣吐納初級階段

道門先師經過長期修鍊體驗到，人體入靜和放鬆，使全身隨時處於處處鬆開，節節鬆開的人體自然狀態，這樣在人腦意念指揮下，全身肌肉、韌帶、骨骼以及各個臟器，都能順從意念之需要，開始協調有序、靈活柔順的理想活動。只有放鬆才能柔和，只有柔和才能意氣通達，運用動作才能有效，而產生功夫，須得呼吸吐納配合，即練氣運用才能長功進階，達到「神與氣合」「氣與意合」的一步境界。

②無心積柔成剛，養氣採補中級階段

長時期練氣柔化之訓練，使鬆柔之功有沉重之感和彈

性，如此鬆柔之中產生堅剛的內力來，這種堅剛內勁源於丹田，主宰於腹，形於身體各部，此階段就需養氣守神，補足後天能量。因為功夫體現出強大能量的根本原因，是有內在蓄積的高能量，而高能量的來源是內養精氣神。透過鬆柔和練氣，產生的功力要保持和加深，必須養補。在方式上，練養結合，易骨易筋的運作，達「棉裡藏針」和「綿泥成鐵石」之功夫。除行功盤架中神氣合一，神意統一指揮動作和氣血運行外，行走坐臥培養中氣而後元氣充足，善涵養而後性氣不動，性氣不動而神清，此時神與脈合，神清而後操縱進退得其宜。在現代生理學中，可以說這是練習神與脈合的階段。

③隨意剛柔相濟，神氣混元高級階段

鬆柔是手段，不是目的，能剛能柔才是目的，這才是太極拳的本來面目。「看似至柔，其實至剛，看似至剛，其實至柔，剛柔相濟，無端可尋」。到了這一階段，剛柔相生相濟，陰陽相合，變化無窮，隨意拳動，自成法度，不依規矩而合規矩，同時是神清氣爽，混元一體，內氣充盈精力充沛，神到意到氣到力到，柔過剛落，隨心所欲，出神入化，此階段要在生理上內練到捨氣從脈，由心意控制神力，乃高境界也。

第 ③ 章

武當三豐太極拳內容詳解

第一節　行功配套功法

【說明】：武當三豐太極拳配套行功功法是承張三豐祖師在道門秘傳功法。它與「武當三豐太極拳」「張三豐太極煉丹秘訣」共同組成太極修鍊體系。

此功法是指在練太極拳架之前或之後，行此套處於相對靜止的坐、站、臥（或定意定向之走）功法。它包括太極行功行氣歌（行氣歌訣）、太極行功早、午、晚行功法，打坐練功中行運之心功、身功、面功、耳功、目功、舌功、齒功、鼻功，以及走功和臥功。各種行功法均有側重而不失整體之嚴密，動靜兼修，剛柔相濟。

雖然它不像拳架那樣有活動全身四肢及整體的大量運動，存想體內運行內氣和架式之功用招法，但它是與之相配合的「文練」之法，即在坐、站、走、臥時用心意指揮身體存想太極行功法訣而隨時進入練功狀態。

此功法與內丹周天之術密不可分，亦是內丹術中命功之基礎和梯階。根據自身狀態（行、走、坐、臥）而有針對性或選擇性地綜合習用，運用氣血打通周身經脈，培植真元，

進入丹道，都具有不可思議的長功、養生優勢和對拳架輔助之功能，實乃明進太極之至道之妙法。

太極行功說

太極行功，功在調合陰陽，交合神氣，打坐即為第一步下手功夫。

行功之先，猶應治臟，使內臟清虛，不著渣滓，則神斂氣聚，其息自調。

進而吐納，使陰陽交感，渾然成為太極之象，然後再行運各處功夫。

冥心兀坐，息思慮，絕情欲，保守真元，此心功也。

盤膝曲股，足跟緊抵命門，以固精氣，此身功也。

兩手緊掩耳門，疊指背彈耳根骨，以祛風池邪氣，此首功也。

兩手擦面待其熱，更用唾沫徧摩之，以治外侵，此面功也。

兩手按耳輪，一上一下摩擦之，以清其火，此耳功也。

緊合其睫，睛珠內轉，左右互行，以明神室，此目功也。

大張其口，以舌攪口，以手鳴天鼓，以治其熱，此口功也。

舌抵上顎，津液自生，鼓漱咽之，以潤其內，此舌功也。

叩齒三十六，閉緊齒關，可集元神，此齒功也。

兩手大指擦熱摺鼻，左右三十六，以鎮其中，此鼻功也。

既得此行功奧竅，還需正心誠意，冥心絕慾，從頭做去，始能逐步升登，證悟大道。長生不老之基，即胎於此。若才得太極拳法，不知行功之奧妙，挈置不顧，此無異煉丹不採藥，採藥不煉丹。莫道不能登長生大道，即外面功夫，亦絕不能成就。必須功拳並練，蓋功屬柔而拳屬剛，拳屬動而功屬靜，剛柔互濟，動靜相間，始成太極之象，相輔而行，方足致用。此練太極拳者所以必先知行功之妙用，行功者所以必先明太極之妙道也。

太極行功歌

　　一、兩氣未分時，渾然一無極。陰陽位既定，始有太極出。

　　人身要虛靈，行功主呼吸。呵、噓、呼、呬、吹，加嘻成六數。

　　六字意如何？治臟不二訣。治肝宜用噓，噓時睜其目，治肺宜用呬，呬時手雙托。心呵頂上叉，腎吹抱膝骨。脾病一再呼、呼時把口撮，仰臥時時嘻，三焦熱退鬱，持此行內功，陰陽調胎息，大道在正心，誠意長自樂，即此是長生，胸有不老藥。

二、春噓明目木滋肝　　　夏至呵心火自閉
　　秋呬定知金肺潤　　　冬吹惟要坎中安
　　三焦嘻卻除煩熱　　　四季長呼脾化食
　　切忌出聲聞口耳　　　其功尤勝保命丹
三、肝若噓時目睜睛　　　肺知呬氣手雙擎
　　心呵頂上連叉手　　　吹腎還知抱膝平
　　脾症呼時需撮口　　　三焦客熱莫生驚

仙人嘻字真玄秘　　日日行功體漸寧
四、肝本青龍旺在春　　病來還覺好酸辛
眼中赤色兼多淚　　噓法行功效若神
肺生咳嗽作痰涎　　胃膈煩焦喉舌乾
卻病急行呬字訣　　上焦火降肺安然
心神煩躁急須呵　　此法通靈更莫過
喉病口瘡併熱痛　　行之漸覺體安和
腎為水府是生門　　保命藏精養蒂根
眉蹙耳鳴兼黑瘦　　吹之精氣返崑崙
脾家屬土太倉名　　飲食成痰濕熱生
瀉痢脾鳴兼吐水　　調和四季得和平
三焦火症報君知　　靜坐蒲團需用嘻
此法通玄傳上古　　清涼三部是良醫

太極行功早功

　　日將出即起，面對太陽光，吸氣三口，即將口閉。提起丹田之氣到上，即將口閉之氣與津液咽下，然後將身往下一蹲，兩手轉托腰眼。左足慢慢伸直，三伸，收轉左足。又右足伸直三伸，收轉右足。將頭面朝天一仰，又朝地一俯，伸起腰，慢立起，兩手不用就拿開。立起之時，將右手掌慢慢向上三伸，亦往下一聳。又左手慢伸，將掌向上三伸，亦往下一聳（鬆），然後一步一步作一周圍，一步步完，將兩足在圈圈內一跳，靜坐片刻，取藥服之。

太極行功午功

　　正午，先盤膝坐，兩手按膝，腰直起，閉目運氣，一口

送下丹田，念曰：「本無極之化身，包藏八卦真因。清通一氣精其神，日月運行不息。陰陽甲乙庚辛，生剋妙用，大地回春。掃除六賊三屍，退避清淨。開天河之一道，化玉之生新。圓明有象，淨徹無垠。養靈光先在頂，三慧照於三清，不染邪祟之害，不受污穢之侵，水火既濟，妙合地、天、人。學道守護五方，主令元神，四時八節，宰治之神，養我魄，護我魂，通我氣血，生育流行，天罡地煞，布出元精。二十四氣十二辰，妙應靈感，觀世音，太上老君，道祖呂真人，一一玉清真王長生大帝，化作太極護法神王，日月普照來臨。」（念七遍）開目，運動津液，徐徐咽下。

將左手按腰，右足伸出，右手按腰，左足伸出。伸出後將兩足併合，往前一伸，頭身後一仰，立起。將兩掌擦熱，往面一擦，擦到兩耳，左右手各按其耳，兩手中指上下交，各彈三下，往項下一抹到胸。左手擦心，右手在背腰中一打，然後兩手放開，頭身往下一勾，再以右手往前頭一拍，抬起腰身，左手腹中一抹，然後前足換後足，往前跳三步退三步，口中津液，作三口咽下，朝西吐出一氣，復面東吸進一氣，閉鼓氣一口送下，此導陰補陽也。

太極行功晚功

面朝北，身立住。左右手，捧定腹，兩足併，先提起一氣，運津液，待滿口，一氣咽下。兩手左右一伸如一字，掌心朝外豎起，將少蹲作彎弓之狀。左手放前，對定心。右手抬過頭，掌朝上，四指捻定，空中指直豎，右掌朝下，捻大小指，中三平豎。兩手相對，如龍頭虎頸抱合之相。頭於此時側轉，面向東，往前一起一蹲，起七步，立正，將兩手平

放，以右手抱左肩，左手抱右肩，蹲下。頭勾伏胸前、兩目靠臂膊中間，呼吸一回。將兩目運動，津液生起，以舌尖抵上腭，上下齒各叩四五下，將津液徐徐咽下。兩手一沙，蹤起一步，右手向上一抬，放下。左手往上一抬、放下。輪換三次。左足搭右足，往下一蹲，立起，右足搭左足，往下一蹲，立起，將腰扭轉一次。乃呵氣一口。收轉氣，兩手在膝上各捻兩三下，左邊走至右邊，右邊走左邊，共八十步，此要對東北走，東北對西南走，完，坐下。略閉神一會兒，將兩手對伸一下，站起，再服晚藥。以清水漱淨口，仰眾到寅，再住，翻動睡之，此通養神功，收魂聚魄也。

太極行功走功

邁步如貓行，輕捷似鶴立，靈腳神鹿意；起步活躍莫抬高，行時如風才逍遙。昂首舒步，眼平視含而非露；身形要活，胸心開張；放鬆兩臂，兩手輕握，微屈肘垂肩下。心指腰意，精力集臍下，氣實丹田中；腰引胯動，股引小脛，腿靈腳活，腳落要輕，腳底低平；先腳跟著地，存想湧泉穴，時抓十指，順理呼吸，以神馭氣，神氣混凝，氣運雙腿，與丹田之氣上下循環呼應，讓血脈流通，而不傷筋，使意達鬆活，且微輕靈力。集中存思小腹丹田或腳底湧泉而健步不知疲倦也。

太極行功臥功

【說明】：武當派開山祖師張三豐，不但精通內家拳術和武當劍法，而且內功造詣高深，從他留給我們後人的資料，包括秘傳功法，足以證明他是集道家太極學理、武當內

家武學、道教內丹術之大成的一代開派宗師。

我們知道，人一生的時間至少有三分之一以上是在睡眠中度過，而在這睡眠過程中如何繼續練功，加強內功進程，一直是道家、道教養生家和武術練功者注重深研常習的關鍵問題，張三豐祖師承前代祖師之功法、結合自己習練太極拳術和內丹術之經驗，留下了像《蟄龍吟》這樣的寓練功法理於道情詩歌之中的寶貴文獻。

因張三豐祖師之功法傳承，淵源於老子、尹喜、火龍真人、陳摶等，以及功法原理涉及呂洞濱、劉海蟾、張伯端等派。故此，這裡把陳摶所傳弟子之功法，以及張三豐《蟄龍吟》和具體睡功功法公開介紹，並作適當注解。

張三豐《蟄龍吟》

睡神仙，睡神仙，石根高臥忘其年，三光沉淪性自圓。氣氣歸玄竅，息息任自然。莫散亂，須安恬，溫養得汞性兒圓，等待他鉛花現。莫走失，有防閑；真火候，運中間，行七返，不艱難；練九轉，何嗟嘆；靜觀龍虎戰場，暗把陰陽顛倒。人言我是朦朧漢，我欲眠兮未眠，學就了，真臥禪；養成了，真胎元，臥龍一起便升天。此蟄法，是誰傳？屈肱而枕自驪山。樂在其中無人諳，五龍飛躍出深潭。天將此法傳圖南，圖南一脈儔能繼，邈遢道人張三豐仙。

張三豐睡功功法

若習睡功玄訣者，不拘於日間及夜靜，或一陽來復之時，叩齒三十六通，以集身中諸神。然後鬆寬衣帶而側臥。閉目垂簾，舌抵上腭，併膝收一足。十指如鉤，一手掐子午

訣，掩生門臍，一手握劍訣，屈肱而枕之。以眼對鼻，鼻對生門，合齒，心目內觀。要如鹿之運督，鶴之養胎，龜之喘息。要虛靜自心，勿為一毫慮念所擾，綿綿呼吸，默默行持，以至虛極靜篤。

至人之睡，留藏全息，飲納玉液，金門牢而不可開，土戶閉而不可戶。蒼龍守乎青宮，素虎伏於西室。真氣運轉於丹池，神水循環乎五內。呼甲丁以直其時，召百靈以衛其室，然後吾神出乎九宮，恣遊青碧。履虛如履實，升上若就下，冉冉與祥風遨遊，飄飄其閒雲出沒，坐甚崑崙紫府，遍履福地洞天。咀日月之精華，觀煙霞之絕景，訪真人問方外之理，期仙學為異域之遊。看滄海以成塵，提陰陽而舒嘯。興索欲返，則足躡清風，身浮落景。故其睡也，不知歲月之遷移。

古傳之睡功之法，用五龍蟠體之形，面南背北，首東足西，側身而臥。左掌勞宮穴緊貼左耳（勞宮穴為心經竅穴，耳為腎之外竅），右手勞宮穴貼於腹部神闕穴，神闕穴亦是腎經之俞穴。如是，上下皆致心腎相交。右足微伸，左足卷曲，置於右足之上。息念（呼吸與意念）注於神闕，以神闕吸氣，毛孔呼氣，乃至人之息深深，無聲之中獨聞知也。靜察出入之息，有聲則聽，無聲則守，不即不離，如疏雨滴梧桐，有意無意，如微雲澆河漢。寄心於耳，寄耳於息，心息相依漸入心息兩忘。至於大定之境，及至靜極而動，恍然一陽生，蒸薰如醉，睡功之大成也。

以上乃此道教門中一直秘傳的睡功功法，雖然多隱語直代，但其實質和操作過程是清楚的。

第二節　基本功鍛鍊功法

　　中國傳統武術的基本功訓練不外兩種：少林為代表主練腰腿功、樁功和勁功。武當為代表主練內勁功力（當然兩派均不排除利用藥物增加功力。另有民間秘法也不離其宗）。

　　武當的特色是不像少林那樣過分追求外壯型的腰腿功以及筋骨皮的硬功，而是在靈活腰腿功的基礎上，著重鍛鍊由內練神意和內壯的勁力和樁功，所以，訓練途徑略有不同。這並不是說不注意腰腿功夫，而且如果出於技擊之需要，武當太極拳之基礎功、腰腿功夫、根基樁功和練氣力的目的和要求，絕不低於少林拳對腰腿的要求。

　　武當三豐太極拳的腰腿功夫的訓練方式基本相同，但紮根基之樁功和增加內勁功力的訓練方式就不相同。為此，我們主要把武當三豐太極拳的樁功、步法、身法等基本訓練略作說明。

一、樁　功

　　武當三豐太極拳源於張三豐《太極拳經論》之理，其第一章即開宗明義：「道自虛無生一氣，太極者，無極而生，動靜之機，陰陽之母。」這說明太極的內功基礎，即太極拳功夫的基礎是無套路、無招式的無極樁開始產生的，故我們練太極拳應首先開始練樁功，從無招式開始（無極式）到有招式，最後回到無招式，如此鍛鍊培植內功，才能體現三豐太極拳之作用。因為樁功除符合古拳經外，也符合現代人體力學原理和生理科學原理。

外形上是靜之樁功，當一個姿勢定型後，人體總重心運動狀態基本保持不變，外力矢量和主矩均為零，而內力則保持著人體姿態，此為靜之機。

但此時內意有相對靈活的神經活動，實際上是人體中樞神經始終保持興奮狀態，這種定向神意活動就是動之機，外形之靜與內意之動，不斷自我調節，從而引起練功者自身的形和意的變化和質的飛躍，再達到修鍊出渾圓、動靜之機、陰陽之母的無極狀態，這種低體能消耗而高效率神意的專注鍛鍊，驗證了「真氣的直養而無害」的內功準則，所以，站樁步的基本功也是內家太極拳的基礎。

武當三豐太極拳樁步功，分有定勢站樁和樁步功、活步樁功三類。定勢站樁是指無極樁太極混元樁（抱球樁）和虛實樁一類固定某個勢姿，按照一定法則經過長時間鍛鍊而增加內勁功力的一種鍛鍊方式。

樁步功主要是指定步出手、左右單鞭之類腰身主動和內氣行運而腿腳微動虛實的鍛鍊。活動樁功是指九宮步，轉身換變等活動步、身、手、眼勁，手、腳、身合一的單個勢子，以提高靈活性、穩定性的功夫。

樁步功法中定勢站樁時間越長久越增功力，後兩種時間雖不拘長短，顯然愈久愈佳，強調掌握方法，注意重心，姿勢平穩，準確得當，若持之以恆，鍛鍊有素，定有所獲。

二、站樁功

站樁功功法和姿勢，不外是人的生理組織相配合，形體不動，心靜意動，可使體內組織相配合和體內運動有序適速。在外靜中有內動，使高級中樞神經得到充分休息和調

整，肌體和組織得到適宜的鍛鍊，可以訓練出有素的意動技擊內功。武當三豐太極拳的站樁基本功有無極樁、抱球混元樁、虛實樁三勢，具體要領做法如下：

無極式站樁功：

此功是在配套行功（早功、中功、晚功）之後或者行拳走架之前，靜養元氣、培植內功的一種既簡單又高級的站樁功法。

自然站立，兩腳分開，與肩同寬，腳尖正前，膝蓋微屈，沉肩墜肘，上身端正，下盤穩固，虛靈頂勁，舌抵上腭，鬆腰合胸，拔背頂項。安靜平和，呼吸自然，兩臂下垂，兩手分置前腹，右內左外，兩腋間有隙，氣沉丹田，意守丹田之氣運行，可默念太極樁功行功口訣。

太極混元樁：

俗稱抱球樁，基本操作姿勢與無極式相同，只是手臂不同。兩手向前、向上掤起，呈抱球狀，屈肘，弧臂，兩掌心相對於異肢前臂，十指相對，臂、手與胸同高。

此勢養浩然之氣，培掤勁之靈力，勢架越低越顯功力。關鍵注意，膝不過腳尖，尾閭夾脊一條線，身法正中，不前仰後倒，久之有換勁之變後可行虛實之變換。

虛實樁：

此勢與現在流行的形意拳三體式基本相同，勢高則與太極拳中「手揮琵琶」式相同，分左右兩式。右實左虛式：右腳站定，左腳向斜前方邁出半步，腳尖著地，受力 30%，右

腿屈膝。左實右虛式方向相反，虛實相對。

太極椿功口訣

人身本是一太極，上陽頂天下陰地。
手抱球意混圓力，膝屈不過腳尖齊。
高低椿位隨自己，越低越久顯功力。
眼由遠視收近底，凝視攝物觀心裡。
胸含背直頭隨起，舌頂上腭數氣息。
始守鼓足丹田氣，呼吸注意會陰提。
一吸一提一鼓氣，氣存命門關元裡。
前陰後陰頻縮氣，隨著小腿後跟力。
湧泉雙雙緊抓起，後吸意氣回上提。
周天關過三三里，存想氣機在腰際。
如此反覆數百遍，丹田湧泉發熱氣。
繼續上提上夾脊，百會泥丸下氣意。
循返往復不停息，逐日加深太極力。

三、椿步功

武當三豐太極拳的椿步功通常用馬步椿和雲手椿來作基本功鍛鍊，其操作過程如下：

（一）馬步椿

兩腳平站，與肩同寬，頭正背順，胯收臀，兩手自然放鬆，唇齒自合，舌尖舐上牙根，呼吸自然，眼平視，鬆肩鬆胯屈胯，正坐身形，身背不能後仰前傾，屈膝膝尖不能超過腳尖，小腿脛盡量垂直，大腿脛盡量呈水平，後臀與腰、

肩、背垂直成線，彷彿坐正於同之高凳子上。兩手在肘不動時隨屈膝而徐慢上拔，手心向下，在屈膝成 90°，背身正直，平放兩臂。此時腳趾抓地，氣沉丹田，久習之而覺丹田和重心所在。時間由少而漸增，能如此立半小時後方算大功告成，有此基礎方可進入練拳或推手。

（二）雲手樁

在練馬步樁之後，可以開始練雲手樁。基本要求均與馬步樁相同，只是手、身、胯運動法則跟馬步樁有變，而且還有一類虛實雲手和動步雲手樁之變。

1. 定步雲手

屈膝馬步樁不動，兩手中，一手（右手）上在鼻尖前立直掌，小指向鼻尖，隨腰意身動而向外旋劃圓形運動，同時由手領小前臂作自轉（纏旋），另一在下之手（左手）肚臍部平掌，由胸向上，再向外，向下，回到臍前，經鼻尖處，左右兩手依次輪換轉劃，交叉進行雲手旋劃。

這種以形領氣，穩住雙胯，主練腰腎命門之功和丹田之氣運行臂、胯和手掌。

2. 虛實雲手

步法略大於定步雲手，即比肩略寬，雲手方式與定步相同，但腳步虛實與胯部變化有異，以右手在上為例，當在上之手向右轉移時，右手在上，左手在下，既像托肘，又像護肋，重心在右，左腳變虛，腳尖內扣，成左虛右實步，反之亦然，左右變換。

3. 動步雲手

動步與雲手同步進行，是在虛實雲手的基礎上或進跟步，或作插步，或作併步等單獨操練的一個靈活拳架。此架式最能體現身、手、腳統一，故可當基礎功架鍛鍊，同時也具有很強攻防意義，故為道門武功家所提倡。並按八卦九宮圖遊走，靈活為進跟步雲手。

四、活步樁功

在練熟動步雲手樁功之後，可以進一步鍛鍊四隅樁步功，即採、挒、肘、靠四個手法的樁功。具體操作如下：

面南背北，自然站立預備式，出左腳於東南方，虛步，左手掌心朝上，從左胯上挑起；右手掌心向下做下壓勢，右實左虛式為採。左腳變實，右腳收回左腳邊，又向右斜前方邁出（西南），身隨腳、手一起出，兩手平呈合勁外挒，掌心相對。

收回左腳，掤起左臂，壓肘意，成左實雲手步，方位在東北，此為肘勢。

收回右腳，含身合手，再向西北邁出肩靠之腿，此為靠，手為纏擰或變換，勁意達肩井穴，主牽腰間抖發，此為「靠」。

【注意】：欲邁腿，心先收腳，出腳方位為斜角，虛跟步回扣，邁步走抓，單練意重可抖和試力。

活步樁功還可以是在熟悉太極拳架後，任意選擇一個拳架進行定勢單操，然後隨意連接另一動作，重在練習步法身法和樁心的穩固，即為活動樁功的鍛鍊，只供鍛鍊技擊之

用。

第三節　形體要求

武當三豐太極拳是集養生、健體、祛病、防身於一體的綜合拳技，有著豐富而獨特的功法和技術，雖然持守「道法自然」之準則，但在形體各部的要求上，還是有一定的規矩。掌握三豐太極拳之手足各部基本技術要求，有助於事半功倍，對健身、散打都有著很大作用。

一、基本技術

（一）手形與手法

武當三豐太極拳手形有掌、拳、勾手三種。

1. 拳

四指併攏，屈握向手心，拇指屈壓在食指、中指第二節上，握成空心掌。注意練拳時不可握得太緊，使用時不可放鬆，拳面平，直腕。通常武當三豐太極拳五拳出法各有其形，搬攔捶定勢為俯拳，拳心向下；肘底前捶定勢為立拳，拳眼向上或向下；撇身捶經定勢為仰拳，掌心向上。

至於在出拳過程中的拳隨腕、臂旋轉之勢的變化，是幾類拳型的綜合變化，不再多述。

2. 掌

五指自然伸展在一個平面內，指不要併攏，舒展鬆活，

既不用力併緊，也不用力張開，大拇指不外斜，順於四指。掌的運動在太極拳中是最多的，因為它既可靈活虛實之變，又可化發或勾或捶，甚至還易氣通指尖，勁意均隨，可布全掌，故有「形於手指……總須完整一氣」。

掌可分為：

立掌，指尖向上或斜上方；

仰掌，手心向上或斜向上；

俯掌，手心向下；

側掌：大拇指尖向上，手掌側立；

正掌：指尖向上，掌心向前。

3. 勾手

也稱撮手、吊手，拇指點在中指中節，小指撮屈，形成手指向上三錐體之勾手。勾手要求手腕圓活鬆直，不可僵屈。它是練習腕力和指力的方法之一，在技擊上可以起刁、拿、鎖、扣等作用。

4. 手法

武當三豐太極拳之手法，即一手領、一手跟；一主手，一輔手；左右兩手交叉，始終相依或相對、或相合，不單手行動。拳架中，兩手也隨旋臂轉腕而翻掌變手，劃大圈小圈或圓弧。圓弧又有手隨臂劃大圓弧，還有手隨腕從大拇指轉向小指，或由小指轉向大拇指的自身圓滾。拳由心中發，手向鼻尖落，手之靈活要「面前有手不見手，胸前有肘不見肘」，一舉手前後左右，凡此皆有意，雖無定向變化，隨曲就伸，不丟不頂，輕靈鬆活，久習之自然得心應手。

手法尺寸之法，多秘而不宣，尤其用法取位，更少有人能用知。根據近代人對太極拳的體悟，從心理學、物理力學證明其是學好太極拳技法的一個途徑。兩手距離多為己腕至肘之距（約七八寸）；再根據拳架大小和其他架式（像雙按、分鬃、穿梭、海底等）尺寸大小又多有變化。轉身化手的移位幅度和尺寸，也多有講究，要仔細研習，方悟得之。

（二）步型與步法

步型分平步、弓步、馬步、仆步、虛步、歇步、半馬步等，每一種步法因兩腳位置不同而又有左右高低之分。

1. 平步

兩腳並列，腳尖向前方，兩腳之間距離約本人肩寬，如預備式之步型。

2. 弓步

弓步的屈膝小腿與地面垂直（標準 90°）不能向前或不到位，不能左右歪斜；後腿伸直，如摟膝拗步定勢步。

3. 馬步

兩腳平行並立，兩腳尖微向外斜，要保持大腿脛平實，接近水平，大腿與小腿脛平角成 90°，膝蓋不能超過腳尖，胸背直上，不可前傾後仰。

4. 半馬步

像單鞭定勢步一樣，前腿承受 70%重力，屈膝 90°，後

腿微屈，承受重心 30%。此步似馬非馬，似弓非弓，故名。

5. 仆步

一腿伸直，腳面平實，一腿屈膝向下坐，承受重心。如回頭撲食、單鞭下勢等步。

6. 虛步

兩腳前後分開，後腿屈膝微坐半蹲，前腿後跟著地，腳尖虛向上，前虛後實，如懷抱琵琶。

7. 歇步

為過渡步，在拳架中，兩腳交叉靠攏全蹲，前腳全實著地，腳尖外展，後腳前腳掌著地，兩腿靠攏緊貼，臀部坐於後腳接近腳跟處，有左右之分。

（三）身形與身法的靜態各部要求

武當三豐太極拳身形體現於整體性，「一動全身無有不動」。靜態是相對而言，轉身進退時，隨手腳同行，不東倒西歪，前俯後仰。

縱橫高低起落反側背合度圓勻，內在要明陰陽、曉三節、達四梢、運五臟、和六合，外形顧盼七星、暗走八卦九宮，頭要正、頂要貫、項要豎、肩要沉、肘要墜、腕要垂、手要展、胸要含、腰要塌、背要拔、臀要收，襠要圓提、膝要微屈、胯要鬆活、足要抓扣。

（四）動態行功要領

動靜相互為根，「動之則分，靜之則合」，太極拳之要義。行拳推手、打手實戰，均各有妙處，而動靜之根，原理一氣是相通不變的，因此，身形身法必須做到：

1. 貫頂調襠

貫頂，指頭向上虛領頂勁，使神貫於頭頂才能提起精氣，拿住丹田之氣。調襠提肛如忍便，使氣不外溢，調和襠部以理陰陽之氣。

2. 含胸鬆腰

雙肩關節鬆沉，兩肩頭微向裡扣，其氣自歸於丹田，胸感空虛，背肌圓撐，有寬舒之感。反之，挺胸則氣懸胸滿，逆氣上行難歸丹田。腰為全身之主宰。鬆腰，放鬆腰肌使無僵勁，使氣不上浮，可使足部堅實，樁步穩固。其進退旋轉變化皆由腰部支配動作，鬆腰即可求之。

3. 沉肩墜肘

沉肩即兩肩關節鬆開向下垂勁。墜肘中不論在出拳或出掌時，肘尖要向下墜勁，因肩與肘有連帶關係，能沉肩墜肘即可氣達指梢，使內勁彈力外發；反之，聳肩則氣必閉於胸，兩腳無根輕飄浮動，為拳法中之大忌。

4. 尾閭中正

尾閭即尾骶骨，位於脊柱最末端。此處如不中正，脊椎

的直度必然受影響，則精力必難於上達。尾閭保持中正，神才能貫頂。兩股用力，臀部前收，脊骨根尾閭向前托起丹田，隨動作方向的變化始終脊骨根部對準鼻、臍的連線，謂「尾閭中正」。

5. 屈膝鬆胯

胯、膝、踝為下肢三大關節。鬆胯可使腰腿的動作更為靈活協調，因胯是腰與腿的轉動關連之處，關節不鬆開就不靈活，腰腿就很難相順相連。轉腰實際上是轉腰胯。屈膝能使下體沉著有力，定式要有微向內扣之意，前膝弓出踏實，膝尖不可超過腳尖。腿部的弧形轉換虛實是由膝關節和胯關節的旋轉來領導著做順、逆、旋圈動作。

6. 旋踝轉腿

提足、邁腿、走弧形、劃圓圈。鬆踝關節足尖上翹、下落、外撇、內扣先落足跟，前進、後退、左旋、右轉腿不離圓。此種動作有利於足部的踝關節暢通經絡，保持和發展腿部的柔韌性和靈活性。

7. 分清虛實

拳式的連續整體動作是虛實的變化，終點為實，過程為虛。步法的整體變化是防止雙重，雙腿能分虛實，才能隨意起落，伸屈靈活，毫不費力，如虛實不分則邁步重滯自立不穩。

8. 上下相隨

動作中由腳到腿到腰總須完整一氣，手動、腰動、腳動、眼神也隨之而動，各部位都要協調，使動作完整一氣，方可謂上下相隨，有一處不動即散亂也。

9. 連綿不斷

拳術整套動作式式貫串，自始至終連綿不斷，沒有停頓，一氣呵成，周而復始，循環無端為拳術特點。

10. 純任自然

此拳術動作用意不用力，意之所至，氣與力自然而到，為內勁與彈力。違其自然，亂用拙力，則全身僵勁，經絡不舒，血脈阻滯，動作不靈。在疏通經絡行氣用功時要順其自然，不可過於著意用力，急於求成，以防發生氣阻偏差。

第四節　拳譜名稱及動作分解說明

一、武當三豐太極拳拳譜名稱

預備式：雙手捧天，氣沉丹田

1. 太極起式	2. 轉身掤掌	3. 攬雀尾式
4. 順拉單鞭	5. 提手上式	6. 白鶴亮翅
7. 摟膝拗步	8. 懷抱琵琶	9. 白鶴亮翅
10. 摟膝拗步	11. 手揮琵琶	12. 轉身順掌
13. 搬攔捶式	14. 如封似閉	15. 十字披紅
16. 左顧右盼	17. 雙探分掌	18. 攬雀尾式
19. 斜走單鞭	20. 肘底看捶	21. 左倒攆猴

22. 右倒攆猴　　23. 鵲步飛龍　　24. 揉身提手
25. 白鶴亮翅　　26. 進步雙掌　　27. 海底撈月
28. 翻身過海　　29. 撇身劈捶　　30. 轉搬攔捶
31. 上步封閉　　32. 進攬雀尾　　33. 順拉單鞭
34. 左右運手　　35. 單鞭揮出　　36. 高探馬式
37. 十字分腳　　38. 分擺蹬腿　　39. 進步栽捶
40. 撇身劈捶　　41. 進搬攔捶　　42. 提膝蹬腿
43. 要步亮拿　　44. 金雞獨立　　45. 披身打虎
46. 十字蹬腿　　47. 雙手插掌　　48. 雙風貫耳
49. 開合採手　　50. 旋風擺腿　　51. 揮手琵琶
52. 轉搬攔捶　　53. 如封似閉　　54. 十字披紅
55. 左顧右盼　　56. 雙探分掌　　57. 攬雀尾式
58. 斜走單鞭　　59. 野馬分鬃　　60. 攬雀尾式
61. 順拉單鞭　　62. 玉女穿梭　　63. 進攬雀尾
64. 順拉單鞭　　65. 雲手臂發　　66. 相向單鞭
67. 回頭撲食　　68. 丹鳳朝陽　　69. 化手掃腳
70. 一柱擎天　　71. 左右攆猴　　72. 鵲步飛龍
73. 回身提手　　74. 白鶴亮翅　　75. 雙化沉掌
76. 海底撈月　　77. 翻山過海　　78. 二龍戲珠
79. 併步搬攔　　80. 上步封閉　　81. 攬雀尾式
82. 順拉單鞭　　83. 雲手臂發　　84. 單鞭下勢
85. 白蛇吐信　　86. 化掌掩肘　　87. 開合擺腿
88. 進步指襠　　89. 進攬雀尾　　90. 單鞭順掌
91. 雲手單鞭　　92. 高探馬式　　93. 斜穿叉腿
94. 雙化摟步　　95. 大雁操水　　96. 轉身指襠
97. 圓步攬衣　　98. 勾抹順掌　　99. 雲手單鞭

二、武當三豐太極拳動作分解說明

關於圖照及動作的幾點說明：

1. 按學習和閱讀慣例，武當三豐太極拳動作圖解按動作、要點和用法三方面進行說明，而經絡走向、內勁意識、呼吸等應本著自然之道而不詳述。

2. 圖片有些因角度而略異主要是以行拳者面南為正攝，有從側面、背面拍攝，大多作了文字說明。沒有文字說明者，均是面向圖者為南。當讀者練熟後，可以任意選取方位。

3. 本太極拳動步進退均呈弧形。因圓弧太多，在方位幅度、距離長短上均有概數，但在實際運用和走架熟練程度上是因人因法而制宜，沒有固定不變的方位和幅度。

4. 本拳架在行功中，進步之腳在落地之時均是先後跟著地，然後全腳掌落實，凡沒有特殊說明者，皆如此。後退步又均是腳尖先著地，然後全腳踏實。

5. 本拳式動作中，經常提到轉腕旋臂，或旋腕轉臂或翻腕轉臂，都是一個意思，是指一個力走螺旋和黏滾化走的過程。臂內旋，臂外旋，是指拇指所在的一側朝掌心方向旋轉、朝掌背方向旋轉，分別為之。

同時，因肘臂都跟著整體轉動，所以，就有旋腕旋臂等說。本拳架內旋多，外旋相對少。

三、武當三豐太極拳動作圖解

預備式

【姿勢】：面南直立，自然中正，全身放鬆，兩眼平視，頭正直，項鬆豎，頭頂虛靈，彷彿上頂有線懸樑之意；下頷微收，齒輕合，唇輕閉，內舌輕觸上腭；兩臂墜肘下垂，沉肩鬆胸，氣含小腹，肘不貼肋，手心向裡，中指肚輕貼腿側（褲縫）；鬆胯圓襠，兩膝似直非僵（似彎非彎），兩腳與肩同寬，腳尖朝前，十趾隨意動而抓地；呼吸順遂平暢，意守丹田。

【要點】：頭頂懸意不可缺，長腰鬆胯圓襠護肋，胸間不凹不凸背要圓，十趾抓地空湧泉穴。

【說明】：

① 此預備式乃無極式，其基本要領均體現太極拳貫串始終的各項要求，故在行拳過程中均應一貫持守這些法則；

② 此無極式暫未分陰陽虛實，但重在呼吸自然，意守丹田，雖靜猶動，勢如張弓待發之動意，守我之靜，待人之動；

③ 思想集中而虛靜無物，神氣抱一而達無形無象之感，然意存丹田而待動，保持一種平和靜氣，安詳隨和，全神貫注而內斂一種神氣之韻（圖1）。

【動作】：

1.雙手捧天

兩臂分別從兩側，意動、手動、腕、肘整體一起向上緩慢抬起，沿斜前方（與身體成 15°～45°夾角）向上抬至眼高。此時是吸氣和意念吸收地之靈氣之勢和靈氣向上運行之

圖1　　　　　　　　　　　圖2

中，手指領意，勞宮吸天之精華，手臂從褲縫側上行時，由臂之轉滾而手掌逐漸向上，捧天之精華之氣，當到達眼高時，又轉腕向內，向人體正中線前合攏，掌心遂變朝下，十指相對，意念天地之精靈匯聚百會穴（圖2）。

2. 氣沉丹田

接上動作（在十指相對掌心朝下時），沿體前前臂以抱球狀下行，做不明顯呼氣，意念百會真氣下行人中穴，達鵲橋，沿任脈、經天突、璇璣、華蓋、膻中、中脘、神闕，聚回丹田。雙手亦同達下腹，後分別沿帶脈斜下胯邊，回至無極式（圖3、圖4）。

【要點】：

① 這是一個深呼吸過程，意念周天循環，呼吸要徹底，手意牽引要協調，吸盡天地靈氣，真氣存聚丹田。

② 這也是開始進入功態的一個起勢，保持全身放鬆，

圖3   圖4

　　心情平和舒暢動作慢，勻稱一致，呼吸在自然之原則下，由師傅和自己的熟練程度而掌握方式。

　　【說明】：掌經云：「先在心，後在身。」修道即修心，故首先要心無雜念，開始練此功也須遵循「有為」地存想內觀之法。此運行大周天之功是，先扣腳十趾而提湧泉吸地之靈氣，實質一是穩定腳根，二是活動經脈，沿陰蹻上行縮陰提肛，過三關到達百會。

　　此時兩手勞宮及天門九宮打開吸收天之精華而聚匯百會，再由百會沿任脈下到丹田，此中真氣保存，鼓腹蓄氣，廢穢之氣隨放鬆之體散發體外。

　　這一過程意念可強可弱，不可過僵過執，動作要慢，意念、動作、呼吸三合一，要協調。所以，預備式的氣勢就影響和決定整個行拳的效果，需下功夫練習。

圖5　　　　　　　　　　圖6

第一式　太極起勢

【動作】：

1.雙掤撐掌

兩臂分別內動，向上掤起，手心由相對變為向下，上掤同時胯膝下坐，氣在丹田，慢慢屈膝成115°（屈膝度根據架式高、中、低而定，通常以中架為例，以下均同中架）。掤至臂與肩平，要意達指梢而微微坐腕（圖5）。

2.虛步下切

上動不停。重心在左腳，右腳向外輾後變虛，腳尖著地，同時左手隨身體外旋，掌心朝外，屈臂沉肘格架在頭上，右手內旋向右下方切下，至膝下足三里側（圖6）。

【要點】：

1.遵循拳經「一動無有不動」原則，全身首先在放鬆的

前提下，用意不用力地開始柔和運轉，輕靈與沉著俱在，變換虛實，注意上下，一動就開始體現陰陽。

2.行拳中腰身、手、腕、肘、胯、膝均活而不僵，活而不亂，鬆而不懈，剛而不僵，以意引動有規則轉動，身體似屈非屈，似直非直，動作到位，意氣也一定到位。

3.一般按呼吸自然原則，多以起時吸，承（沉）時呼，即上吸下呼，但均不明顯用口鼻，行拳保持勻、細，因其動作緩慢而又深長，所以，一般開始學拳架動作，不必過分注意呼吸方式。時時注意氣沉丹田而意於腰腹，活於胯部。

【用法】：

因為太極拳因人而動，因敵而變，所以在一個招法中可因對方的用力和攻擊方式而採取幾種不同的攻防方式，故此，在介紹其用法時，一般只突出一例，其餘稍加說明或省略。

太極拳起勢在用法上，需符合貴化不貴抗，後發先至的思想，化中有打，打中有化。「雙掤撐掌」主要是應付對方「雙風貫耳」或「雙按推掌」。對方欲出雙拳擊打頭部，我則坐身，使對方落空，同時出雙掌對對方胸前的空處推掌。如果對方雙按掌來，我掤撐相接，黏上而隨力化走，根據對方變招而再出招還擊。多數方式以腳下虛實變換，手法一防一攻而立判勝負。「虛步下切」中含有幾種變化方式，據敵而用，而用時之勢，已不再像虛步下切之定勢了。

第二式　轉身掤掌

【動作】：

1.抱球獨立

接上式。重心移至右腳，右手由足三里外側向右上臂轉畫弧至頭前格開（與頭平），左手掌心由外向內、向下，隨身體起立畫弧至前襠處；左腳隨手弧形輾轉而提起，身體保持正中，背直不屈，兩掌心相對，右腿微屈（圖7）。

圖7

2.轉身架掌

接上動。由腰轉帶動左腿向後（東北），左腳向前落地，腳尖先著地，成左前進步；左手隨身體由下朝上畫弧掤起，掌心朝裡，右掌由眼下經胸前向左腋下推出，豎掌式，掌心向外，定型時，手、腳、身、步到位（圖8）。

圖8

【要點】：

1.正如介紹武當三豐太極拳特點時說過：此拳步法靈活，僅從開始幾動中可以看出步、腿的靈活度，同時要求步、身、手齊到合一。

2.動作連貫性不可分割、斷勁，在定型時，微有內勁到達之意，非單操練時，不得用力或發力。

3.此拳架攻防意義很強，雖練時不專注攻防作用，但要明細其用法。此轉身上步、上掤下打之法，動作顯明，同時可變作左攬雀尾式的用法，惟方向相反，用法不另敘。

第三式　攬雀尾式

【動作】：

1.回身抽掌

接上式。由腰身帶動右手，由豎掌變內旋成仰掌，往右回抽，左手外旋變壓掌和外切掌；左腳回扣（即以腳跟為軸，腳尖向內轉30°），身體變成右靠弓進步（圖9）。

2.虛步擰轉

上動不停。重心移至左腿，右肘下沉，右手外翻，帶前臂滾旋，右腳變虛，以後跟為軸，外擺45°；左手由胯下翻掌向左前方到右上方畫弧，至面前時，腳下右腳變實，承擔重心，左腳虛起，從外低掃圓弧至正南，離右腳一小步未落地；左右手掌心相對成擰合勁（圖10、圖11）。

3.上步靠掤

上動不停。左腳落地著實，右腳急上步於左腳側，向斜前方（東南方）出步，身、肩、膝同到；右手由胸前畫內旋弧至襠前，左手隨擰勁沉肘，轉回頭前掌心朝面（圖12）。

4.撩肘掤

右手由襠前朝外，由下至上，再由肩、肘、手節節貫穿，畫弧上掤至右側前方。左手在後，掌心與右手相對（圖13、圖14）。

圖 9

圖 10

圖 11

圖 12

圖 13　　　　　　　　　　　　圖 14

5. 馬虛掤

　　右手向右前方掤至與肩高，膝與肘相合，手尖與腳尖相對時不再往前；右手掌心轉向朝上，左手掌心朝下。接著右手開始由外向內翻掌，左手由內向外翻掌，重心移至左腳，左手在前，右手在後，向左邊掤過，右腳變虛，右掌心向下，左掌心向上（圖15）。

6. 上步擠

　　上動不停。左手從左腳後收再向右肘處，掌心朝上捅出；同時重心移至右腳，左腳跟左手一起上步，先腳跟落地，承擔重心；右手從左手至左肘下抽回，再沉左肘滑滾向左手，掌心向外（圖16）。

7. 落步按

　　當左右兩手交叉會於右膝時，兩手隨臂轉翻掌，並摟過右膝，收回腰間後從腋下推按出去；同時當手摟過膝蓋時，

圖 15

圖 16

圖 17

圖 18

右腳提起，蹬腳後落地，肘至腳到手到，成馬步雙按掌式（圖 17、圖 18）。

【要點】：

① 此式分解動作多，較為複雜，也是獨特分別於其他拳架的標誌。實際運用要注意手、身、腳、意、氣、力齊至；

② 此式勁力明顯，靠、掤和落步雙按是典型的力點（力點是實際用法上的技擊發力處），要注意體會；

③ 式中連綿性強，不能脫節，要一環套一環，在推手和技擊中配合得好，很具威力，但主要不能散、亂；

④ 此中步伐變化多而快，步幅大小可根據自己架式變換，虛實一定要分清，實腿承受重力要沉襠、斂臀，保持腰胯的靈活。

【用法說明】：

從上一式轉身掤掌（有人稱黑虎掏心）後，回身時若後手被人拿住，則左手從右手上削砍而出，擊打對方腰肋。當對方右邊拳擊來，我用右前臂接黏，沉肘鬆肩而翻掌黏拿，同時坐胯轉上左步右手。左手乃虛招，能實則打，不實則回護頭臉，左手從外用掌砍對方胯，若對方招架，順右腳上步對方襠中，左手護臉頭，右側身膝頂背靠；若不成出右手從下打上，再不成便掤住對方。

掤住對方後，用前臂或手掌魚際等感覺黏上後，順對方之攦化，左手封對方中節或另一手，同時進步，插襠和套步，順力將對方按出或推出。

第四式　順拉單鞭

【動作】：

1. 左右平帶

接上按式。左手朝上微翻掌，向左隨身體帶回，右手在

圖 19

圖 20

距左手尺餘，掌心向上，托時之意，隨身向左移，重心在左腳，左腳以後跟為軸隨手臂向外轉，右腳後跟不動，前腳掌回扣，與手臂同向（圖 19）。

　　當轉至東南角（即左腳尖向東南），右手由仰掌旋臂成向外、向下的抓掌，左掌變托掌，向右以右腳為重心擓帶；腳法與前相反，即以右腳跟為軸向右側隨身、手臂移 45°，左腳以同樣方式回扣 45°（圖 20）。

　　2. 平撩上架

　　左腳收回，隨身起立，左手護右肘，右手從斜前方突出（圖 21）；然後右手翻掌，掌心向下，向左前畫圓捧起，左手由護右肘到身前成十字架手；重心在右腳，左腿隨機提起蹬出，左手畫弧後，拍打左腳腳面（圖 22）。

　　3. 順拉單鞭

　　重心仍在右腳，右手由掌變成勾手，氣下沉，左腳、左

圖 21

圖 22

圖 23

圖 24

手由腰帶動一起向左前方揮邁而出，變成左弓箭步（圖
23、圖24）。

【要點】：

① 在左右平帶過程中，擰勁等暗勁是關鍵，要求也很嚴格。

② 像兩掌二方向相對，意為把持手和肘，時時可採挒制住對方，往返之變是根據對方力的變化而變化，折疊過程中的身、腰、腳均要一致變化，體現整體性，才能制敵。

③ 圖 20、圖 21 的插撩之變，即為變化無方之意，根據對方空處、破綻處而擊，上架十字手，下出進腿，落步而順掌到，動作是圓而連貫，有一定的實用價值。

【用法】：單鞭之用，變化多端，豐富多彩，每一個動作是一個技擊用法的母式，這一母式本身可以發勁擊人外，還可演化出多種招式。

① 動作之左右平帶，就是若對方朝我中上部一拳擊來，我一手黏拳頭、一手托臂肘，運用聽勁掌握對方力向，既可採挒拿脈、反骨，也可把架肘靠而放出對方。

② 若對方力大，肯定會反抗我之力，我則順其力變成擰擺而擊空脇。

③ 若對方中脇擊不成，則上擊咽喉，架肘擊襠腿，乘機進步而放發。關鍵是手腳進肘，身腰要捅跟而上，有一種捅擠之勢。

第五式　提手上式（或回身提手）

【動作】：

1. 回身化走

接上式。重心右移，左腳尖回扣，右腿受重力，左腳和左手同動，左手向下、向懷內畫弧護面；左腳經右腳邊向正

圖 25   圖 26

前邁出，定於正前方（圖25）。

2. 上步插提

身體重心移在左腳，右腳右手同動，右手由上向下與右腳一起側身向正前方，隨身屈膝坐身，在正前方右手經膝前插掌向右腳尖，隨之由腰帶胯、帶腿隨動右手變勾手，與右腳一起隨身上提，上達與肩平，成勾提手式（圖26、圖27）。

3. 落步按封

重心在左面，腰身帶動右胯，腿與手、臂一起下落成馬步，左手隨身化收回腰間，右手隨落而按切在襠前，掌心向內，形成馬步切掌式（圖28）。

【要點】：

①經云：黏即是走，走即是黏。單鞭之後的左手對來敵之變，就是黏化之法，黏後護面，側身上法，護身打下，

圖27   圖28

隨化隨進,其妙法也。

②提手之式,即右手勾與右腳尖,有一根線帶著之意,連呼吸一起同動,落步按封時,呼氣。

③身法要協調,穩固,沉肩鬆肘,意在腰際,帶動全身。

【用法】:左手對敵之攻勢,先黏化,或格黏或化拿,隨後護面進身,偷步旋轉步法,委身擊敵下部,若不中,可隨之蹬襠,踢腿,落步按封。主要對付來勢洶湧之拳腳,沉氣切按。

第六式　白鶴亮翅

【動作】:

1.上步搓掌

接上式。右手和右腳同時由右向左再向身前畫弧形上

步，右腳跟先著地，掌心隨動而滾翻向上，左手從胸前經右肘處往下搓推而出，掌心向下，左腳同時上步，腳尖著地，形成右實左虛步（圖29）。

2. 分掌抖翅

重心後沉，氣沉丹田，雙掌隨呼吸拉絲式分開，右手向右上揚至頭右側，與頭同高，左手下至左膝附近（圖30）。

圖29

【要點】：

① 上步搓掌式先右手黏擦，左手臂有擠靠之勢，然後有搓掌拉絲之意。

② 分掌抖翅首先要有頭手向上之氣勢，由腰意發動，略帶抖意展翅，拉絲有展翅舒伸、身肢拔長的感覺。

③ 沉氣落塵胯身，但上頭要有精神提起朝上之意，下體穩重，兩臂成弧形，鬆肩沉肘，身體中正。

圖30

【用法說明】：

① 如在上式中切掌之後，馬上黏上對方手臂，趁對方收回之際，跟上對方纏臂或拿臂（這也是黏），或進褶擊擦對方中下部，隨即左手身上進靠

擊。

②如果對方左手招架，則我左手向上分開，趁機再擊。

③如果對方拿我右手，我則用左手搓拿擰勁之法解之。

第七式　摟膝拗步

【動作】：

1. 虛步下切

接上動。右手向頭前拂面而下，左手向外、向上畫弧至頭側，同時身體下沉，重心由右腿換到左腳（圖31）。

圖31

【說明】：這是一個過渡動作，但實用價值頗高。當白鶴亮翅之勢時，自己中胸空虛，對方會趁虛而入，我則隨急而用手拂面而下，俗稱「貓洗臉」，把對方擊至我面前的掌腳輕拂過去並黏上之後，隨機變出下一招式的擊法。

2. 起身揉球

腰身慢起，重心變在右腳；同時手臂弧形同動，左腳虛點地，左手抱於前胸，右手在上呈抱球狀（圖32）。

圖32

3.摟膝拗步

重心在右腿，左腳提起，向左前方呈弧形邁出；左手同時翻掌，拂過右腿膝蓋處，置於膝左側；左腳先以腳跟著地，隨著重心漸移而左腳踏實，承受重力，成左弓步；右手隨身體重心前移和腰身左轉而手指在前，經右肩前呈弧形推出（圖33）。

圖 33

【要點】：

① 兩手的弧形拂畫必須隨腰身同動，腰、胯的轉動要穩，重心要分明和穩固。

② 動作過程中，眼神要看著主要手的中指頭肚（和定勢後的前手或高手），或透過中指肚的一、二公尺遠處。

③ 過渡動作也要圓滿、柔和、順暢，不可滯頓，動作中神意要飽滿。

④ 摟膝之手臂呈弧形，不要伸直，推出的右掌要先是五指頭朝前，有牽引之意，呈水波或弧形推出，到定勢，即與左弓步腳尖相對時，微微坐腕，有神達力吐之意。

⑤ 此勢慢動練神意，實用時要快速運用。

【用法說明】：趁「貓洗臉」之勢，一手黏摟對方後，另一手推擊而出，出手成掌，著人成捶，要注意過程中虛實和換步進襠。

第八式　手揮琵琶（懷抱琵琶）

【動作】：上動不停。重心漸移至左腿，右掌坐腕後隨身往前，下推出護在小腹與襠之前；而右腿隨跟而上，至左腳邊落地，承受重心；左手由下向後、向上、再向前，即外旋至前，與左腳同時。左腳提起向前距原地一小步落下，先以腳跟著地，腳尖微翹，後虛平左腳，成左虛右實步，兩掌掌心相對，目視左掌中指肚（圖34，接連接動作圖35、圖36）。

圖34

圖35

圖36

【要點】：

①由摟膝拗步變到手揮琵琶，要自然順和，隨身而上動，有一種上手必進身的氣勢，即右掌下化後撤帶護，是以腰身為軸，腰與跟步同時。

②左手圓弧之形是由身、肩、臂、肘、手貫穿的，左臂不可直，手要直展。

③兩掌心相對之合勁是暗勁的訓練，相距手腕至肘部一臂距離。

【用法】：如果右手被對方所抓拿或黏上對方，隨之虛撤而左進，左手去合拿對方之中節，兩手合力而隨機發動攻擊。

圖 37

第九式　白鶴亮翅

此為過渡重複架式，與第六式相同（圖 35、圖 36 分別同圖 29、圖 30）。

第十式　摟膝拗步

【動作】：

1. 左摟膝拗步，與第七式相同（圖 37）。

2. 右摟膝拗步，動作原理相

圖 38

同，惟方向相反（圖38）。

3.左摟膝拗步，同第七式（圖39）。

【要點】：

① 此式包括左右三個摟膝拗步，中間過渡要求重心的變換、腳步外撇弧度和進步線路的變化要恪守第一個摟膝拗步的要求。

② 動作用法和姿勢要求基本一樣，換接處的重心變換、腳步外撇弧度及進步路線有所不同。

③ 大多原理相同，而方向互變。力求身法靈活平穩。

④ 實用上保持中軸穩定而靈變得法、速快輕靈。

⑤ 慢練對養氣練丹和腰腿之病均有很好療效。

圖 39

第十一式 手揮琵琶

同第八式（圖40）。

第十二式 轉身順掌

【動作】：接上式。提左腳，向左側橫開一尺許，同時左臂呈掤弧形一起橫格，重心由右

圖 40

圖 41　　　　　　　　　　　　圖 42

腿漸移至左腿，右手順身手在左臂下端推掌坐腕，成左弓步
（圖41）。

【要點】：

① 此單式為一個動作，主要是展示手揮琵琶後的變
化，順勢橫勁，上掤下擊的技法，但重心和腰的跟動是最重
要的。

② 手、腳內勁一起到位。呼吸不能明顯，沉氣鼓腹而
成混元一氣，彷彿抱球欲推未推之意。

用法略。

第十三式　搬攔捶式

【動作】：

1.上動不停。腰向右轉靠，意達右肩井穴處；右手與左
手相搓畫圓後，掤向右側；重心轉移右腿，左手由護襠拂至

圖 43

圖 44

左胯側，成右弓步（圖42）。

2.上動不停。身體左轉，重心隨腰漸轉至左腿，右腿提起向前經左腿側畫弧出腿，落在離原地兩腳距的地方；右手畫圓弧與左手叉於胸前，右腳跟先著地（圖43）。漸至承受重心於右腳，腳落全實，左腿隨身體的右轉而上步（圖44）。

3.右手經頭向右側內旋，從右腰間推出。同時，左手護左側，掌內旋360°後，與到達左側

圖 45

身前的右捶一同推出，左掌護於右捶之上（圖45）。

【要點】：

①　此勢在進中上步，進中護化而擊，重心變換虛實靈活，做到「邁步如貓行」，速度均勻，呼吸順暢，上下相合，腳手齊動，身正、步穩。

②　步法和手法要隨腰轉動，搬攔時不可抬肘，右拳出去呈螺旋式，定式為平拳，虎口轉身內，拳自然握實，意達所致，不可強力。

【用法】：若對手從右側擊我，我用右臂從左下向上俯腕纏黏，變拳擊打，或由左向右轉腰身帶臂黏化，並以翻腕捶來打，對方左手隨之擊來，我則用左手拂之於切，右拳旋腕化空手擊打，並同時進身上步，搬化，攔拂擊捶，上步進身同時進行，是頗具威力的太極五捶之一。

第十四式　如封似閉

【動作】：

1. 開合搓手

接上式。右拳意往前出，隨後往後收回，平拳由外旋轉腕漸變至掌，同時，左掌也意在拳上，先往拳背和腕處回搓，隨後往前平掌推出，重心稍向後坐，成合手搓手之開抱式，兩掌心相對（圖46）。

2. 雙揉封閉

接上式。在腰意帶動下，抱球式之雙掌慢慢合攏，並隨著重心的前移而向前推按而出，兩掌成相對豎掌，間距由大漸小，前手（左）不超過左膝（圖47）。

【要點】：

①　此為典型暗勁訓練式子，開合搓揉的要求要神意氣

| 圖 46 | 圖 47 |

一致；

②注意重心隨身子的細微變化，身正鬆肩墜肘，弧臂要符合要求；

③這是欲開先合，欲合先開的有開有合的訓練，注意分法、開合、明暗等勁；

④右拳回收由拳旋纏變掌之勢要認真體會。

【用法】：如果右手被對方所拿（或黏上對手），左手用搓擰（或採拿）解脫，並封住前胸，守護門戶，還可兼做按式勁力。

第十五式　十字披紅

【動作】：

1. 側架十字

接上式。腰身左轉，重心漸至左腳，右手隨身轉之時，

向前推過右手，並隨左手向上掤至側身十字架手（圖48）。

2.十字分披

上動不停。腰身右轉回至馬步中襠，十字架手在面前，左右手各自分兩前側畫圓弧而下，至膝前，掌心朝外（圖49、圖50）。

第十六式　左顧右盼

【動作】：

1.回架十字

上動不停。隨之雙掌內合相叉，由下至上又回到十字正架勢，左手在內，右手在外，高與口平（圖51）。

圖48

圖49

圖50

圖 51　　　　　　　　　　　圖 52

2. 右盼式

接上式。左手由內向下與右
手相挽花，右手繞過左手。此時
重心在左腿，右腿向後弧形撤半
步。隨即右手由胸前摟，左手由
內向下而過至右膝；以腳後跟為
軸，左腳內扣，左右腳尖方向相
同，隨後坐腕吐意（圖52）。

3. 左顧式

上式略停後，右腳內扣，身
體左轉，重心在右；左手由坐腕
弧形摟過襠至左膝；同時，左

圖 53

腳向後弧形撤半步，右手翻掌旋弧，由下向右經面前推掌而
出，重心漸至左腳，成左弓步（圖53）。

【要點】：

①成語有「左顧右盼」，而動作是先右盼再左顧；

②後撤弧形步，先是腳尖著地，後隨重心的到位而全腳著地；

③腰身轉動與手腳要絕對一致協調。

【用法】：十字架封住對方之擊後，可隨即用腿擊之。若對方從右邊腰脇推擊過來，我即用右手拂摟，變步，左掌推擊之，主要對應對方用力轉猛之勢。同樣，若左側進攻則左掌回摟，同腰身一起化轉後右擊。兩個方位的先後是隨敵而變。至於在內練之時，原則上也是先重心在左，然後轉移至右，再移回左，這重心的變化是內勁和氣血在神意指揮下與腰身一起沿內經漸移。

第十七式　雙探分掌

圖 54

【動作】：接上式，不停。左手隨摟膝之後繼續向後內旋腕至內腰間，與右掌一起向前平掌插揷，掌心朝上，右掌與左掌同時方向變化，向左、向下回摟過胸前，隨著重心由左向右到中定馬步時，右手回收至腰間，然後翻掌與左掌一起向前、向外插出，手尖不過腳尖，肘間在腰隙（不離不靠）（圖54）。

【要點】：

①這是一個外動幅度小、而內動力度較大的過程，手

上動作變化不多，而重心變化、腰身回正是很關鍵的；

②手上的變化都是內旋轉腕，插掌練時平掌、用時翻掌成豎掌或坐掌，要認真體會。

【用法】：這是一個回身定正，且可發力抖勁的式子。是在左摟膝擊掌之後正面出擊的方式。一種是回身穩固、變化的雙掌分化後，根據敵情而先插探，後變雙推掌。拳理云：「其根在腳，發於腿，主宰於腰，形於手指。而腳、而腿、而腰，定須完整一氣。……」仔細體會過程，可單一訓練雙插掌時的發勁抖身。另外一種是煉內丹時只沉氣鼓腹，而不像技擊之用的吐氣發力。這一式兩用就是一個內丹的養氣和拳技的練氣之體用。

第十八式　攬雀尾式

【說明】：此攬雀尾式是在本套路中重複較多的式子之一，但在過渡和銜接中又有很大不同，是在拳技運用中遇到不同情況靈活變化的式子。後面動作與第三式基本相同。

圖 55

【動作】：

1. 翻壓插掌

接上式。左掌稍牽引前伸進而轉臂翻腕成壓掌，右掌從腕、臂間向左斜插出至左肩處，同時重心由正馬步漸至左腿（圖 55）。

2.腰身右轉，右臂與右手隨之沉肘，左手、左腳同上。

接下來動作，與第三式中動作2虛步擰轉相同（圖56）。

圖56

【要點】：

① 雖然是重複式子，但相同之中又有不同，就是含有靈活變化之意；

② 過渡銜接的方式是多樣的，方向也較為獨特，尤其在重複銜接處（虛步擰轉），方位有一定原理，實際用法則是可變化的；

③ 「翻壓插掌」已把其用法說明白了，若不曾雙掌出擊（上式），而靈活變為左掌切壓對方一拳掌，然後，右掌斜插對方空虛處（胸或咽喉部位），接下來的變化和用法與第三式相同。

第十九式　斜走單鞭

此式與第4式順拉單鞭基本相同，惟走勢方向是向東南方，是斜角，故稱斜走單鞭（見圖19至圖24）。

第二十式　肘底看捶

【動作】：

1.接單鞭定勢之後，重心開始後坐，右腿微屈，漸漸承受重心，左腳變虛；左手朝下、朝內摟，內摟至胸前，右手呈勾手狀，屈肘從右腋窩經右肩繞至後頭；同時，在兩手弧形畫動過程中，重心漸由右腿變至左腿後，右腿上前一步

圖 57　　　　　　　　　　圖 58

後，繼續承受重心，左腿與左手一起動（圖 57）。

2.上動不停。右手由勾手逐漸變成拳頭，從頭頂百會沿面前中線下行至胸前，至左肘下方，同時左手從胸上由內朝外轉臂旋腕成沉肘豎掌，左腳向前虛出半步，重心在右腳（圖 58）。

3.上動稍停後，腰身左轉，重心在左腳漸實；左手掌心朝下，從腰肋摟過，轉腕，右腳同身體一起向東上步，屈肘，用臂格壓肘勢（圖 59）。

【要點】：

① 此勢有兩次現肘之時，仍需墜肘沉肩；

圖 59

②虛實與上步之變要注意把握；

③轉身上步腕臂圓弧運動要順暢自然，勿使有棱角和明顯停頓處。

【用法】：若對方朝我左方擊來，我用左手腕黏上對方，主要是先用臂纏上左擊之頭，然後手腕旋纏黏抓上對方腕、手等關鍵部位，用身體的後坐隨化，手腕托住對方而用右拳擊打對方。這裡之所以叫「肘底看捶」，其意義是先沉肘，用肘或臂纏黏對方，然後變平托住對方，而在底下擊捶。另外，右手的轉臂護頭，一者是可破解對方抓頭之法，二者為護頭之用，三者為經絡、勁路、神意鍛鍊之用。

第二十一式　左倒攆猴

【動作】：

1. 接上式。右拳由右向左下經右膝成屈臂摟膝狀，與身體左轉同時摟走，放置右膝側，同時左手由腰向後、向上經頭左側，向右側推掌而出，當左掌超過人體中線時，左掌與身體一起右轉，然後一同推出（圖60）。

2. 接上式。腰身左轉，重心移至左腿，左臂與手外旋而上與胸同高，同時右手外旋翻腕，隨

圖60

身拂動成捌，掌心與左掌相對，右腳跟虛點地（圖61）。

3. 重心在左腳，以腰胯為軸，左轉而沉坐，兩手呈分掌勢（兩掌心相對），右腳隨分掌時提起向外蹬（圖62）。

圖 61　　　　　　　　圖 62

第二十二式　右倒攆猴

【動作】：

上動不停。重心仍在左腳，右腳外蹬後，隨身體右轉而右擺腳。落地，與左腳相距尺半許，隨之承受重心，右手隨身右轉而收至胸前，呈採勢，左手隨左腳由左至右轉動，手呈捌勢，腳呈先擺後蹬之勢（圖63）。

【要點】：

圖 63

① 肘底看捶後銜接變化之勢，有一個類似摟膝拗步之式，注意順勢連貫之動作。

② 左右倒攆猴主要是腰身靈活轉動之變，並協調手腳

的進退攻防，這裡是退中有打有防，順勢而化打，也是太極拳中惟一的一個明顯退步用法，可左右連用兩遍。

③ 武當三豐太極拳的倒攆猴之獨特性與其他不同，腿腳之高低根據功底深淺和運用時對方空檔而定，但用時不宜超過胸高。

【用法】：對來勢凶猛的擊法，我主內化而乘機進擊。雖退而腳擊再退，身手腳整體配合，若對方一記重拳對我身偏左打來，我左手黏來，右手捌肘側身，提腿擊打對方膝部，關鍵抓住時機，趁對方收拳和出右拳之際，我已變成右倒攆猴的回擊式子，時機把握得好，定能一擊而中。前面虛腳要配合好。

第二十三式　鵲步飛龍

【動作】：

1. 鵲步捉鳥

接上式。重心在右腿，身體左轉，左手翻拳拂壓，左腿蹬後外擺勢，向左前方落步，距右腳尺許，隨之腳尖落地，承受重心，身體前坐，右手隨身體前坐，插掌於左手之間，右腿隨後跟至左腳，虛尖點地（圖64）。

2. 轉身飛龍

上動不停。身體右轉，右腳後撤至左腳尺半處，先由腳尖著地，後全著地承受重心，隨身右轉之時，右臂隨之動，屈肘至腰間（圖65）。

3. 鵲步現爪

重心在右腳，身體右轉，右手前伸後下沉，左手同左腳一同上步，至右腳前半步落定，承受重心，右腳跟上，虛點

圖 64 正　　　　　　　　圖 64 反

圖 65　　　　　　　　圖 66

腳尖（圖66）。

【要點】：

① 鵲步飛龍式，重在鵲步，是一主重心步與另一跟步，本式兩處用之；

② 飛龍指轉體揉身變化之用，如龍擺架之形神；

③ 與其他太極拳「斜飛式」有相似之處；

④ 轉身斜飛步子可大，但鵲步跟動要小；

⑤ 身法協調是關鍵，不能散亂，龍的首尾是相應的，體現太極拳整體觀念。

【用法】：在左右倒攆猴之後，虛上實下的攻防中突然跟步進攻下盤，插襠、提腿、斜靠，併步推發是靈活而合順的招式。

第二十四式　揉身提手

【動作】：

接上式。身體右轉，右手翻臂轉腕向上畫弧，右腿後撤半步，隨後身體左轉，左手由上外旋向下再向上，變成回身化手，以下同第五式提手上式（見圖 25、圖 26、圖 27、圖 28）。

【說明】：

此「揉身提手」與「提手上式」不同之處是在銜接過程中有一個以腰胯為主的小幅度轉身回身的過程，而且在倒雲手和腳的退步上，與正雲手和進步提手是不同方向，故要認真體會。其用法是一氣血經筋的活動和往返之氣，在體內之舒走，形架上的用法是飛龍靠推之後，用倒雲手和退化之法，引渡到提手上式的攻法上來。

圖 67 正　　　　　　　　　　　　　圖 67 反

第二十五式　白鶴亮翅

同第六式。見圖 29，圖 30。

第二十六式　進步雙掌

【動作説明】：

此進步雙掌式，開始動作與摟膝拗步完全相同，但後面動作不一樣。具體區別如下：

承接白鶴亮翅之後，虛步下切（見圖 31），起身揉球（見圖 32），摟膝拗步（見圖 33）。動作不停。右手隨右身左轉前推之時，重心開始在左腳上，隨右手推出時，右腳經左腳邊呈外弧形斜前邁開尺半許（圖 67 正、反）。

上動稍停，右掌略坐吐、前右腳承受重心後，腰身以右腳為軸右轉，左腳與左手同上，左腳經右腳側呈外弧形斜前

邁開尺許，同時左手隨腰身轉動上步之時，由下至上畫圓弧翻腕推掌（圖68）。

【要點】：

① 前面動作與摟膝拗步基本相同，只是摟膝拗步式的繼續推掌和變形；

② 說明一個跟步而上，上手必上步的道理。在實際運用中，也是在摟膝拗步中所擊不中或力度不到位時，或某種特殊情況下，用快速之進步雙掌。

圖68

第二十七式　海底撈月

【動作】：

1. 身體後坐，重心在右腿上，屈膝坐身，收回左腳，左腳在離右腳尺許處虛尖點地，同時左手下沉，右手五指併攏，從左臂上肘窩處向下插出，左手托右臂肘節處（圖69）。

2. 身體略右轉，重心在右，左腳向左邁開尺許，成馬步襠；同時，左手從右臂下翻掌砍擊出，右掌隨身體右轉而下向上翻架（圖70）。

圖69

【要點】：

① 坐身轉腰要保證中正穩固，虛實分明，頭不可低，鬆胯豎腰；

② 右手斜插低度離地垂直距一尺之內；

③ 五指併攏，在實戰中注意變化；

④ 用法是連貫的撺猴而擊下之法，亦可根據對方來勢進插底盤，同時也是變化解脫左右手被握之法。

圖 70

第二十八式　翻身過海

【動作】：接海底撈月後，腰身右轉上提起身，左手上架、翻掌，兩手掌心相對，一同隨身右轉，左腳朝右腳外落腳，右手翻過身後變成劈掌，左掌變壓掌（圖71）。

【要點】：

① 腰身上提轉體是關鍵內勁；

圖 71

② 兩手相握，即掌心相對，要體會用意；

③ 本式有翻身之形、通背之意，神意要體現出來。

【用法】：對方長拳對我上盤擊來，一者我右手黏其拳頭節，左手托拂中、根節，朝上或朝外捌發出擊。二者若進身時，右手黏拿對方上節，左手拿抓對方中節，既借對方上擊之力，亦用我腰身之意和勁，托甩對方。

圖72

第二十九式　撇身劈捶

【動作】：

接上式。重心逐漸落在右腳，左腳上步至右腳邊落實，右腳和右手同時向右側而出，右手回經胸前再向外撇扳而出，在翻臂經胸之時由掌變拳，掌心朝上成板捶。左手同時由下向左再向上翻向右側，左腳與左手同時隨身而邁出尺許（圖72、圖73）。

圖73

【要點】：

① 步法和手法一樣靈活多變，要做到手腳同動同到；

② 架式越低越能練出功力；

③ 此捶之式可包含有幾種捶法：撇捶（用腰身、臂膀同時出力之捶），劈捶（重在臂和捶向下發力之捶）和板捶

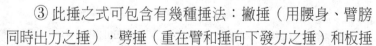

圖 74 正

圖 74 側

（以肘為軸，力主在前臂和捶向斜上反擊之捶），要根據情況靈活運用；

④鬆肩鬆肘，勁力通達拳手。

【用法】：若對方從右側背後襲來，我速轉體，用左掌向前下按開對方之來拳，並速用右拳拳背向前擊打對方面前，同時注意上步插襠和一輔一主擊法和配合。

第三十式　轉搬攔捶

【動作】：接上式，右手右腳同上，右手從胸前向左手外交叉成斜十字手，右腳從左前方提腿，然後腳後跟著地，以後跟為軸右轉，右手沉肘，手護面，周身向右轉（圖74），左手內旋，外拂成攔，接下動作同第十三式（圖75、圖76）。

圖 75　　　　　　　　　　　圖 76

第三十一式　上步封閉

【說明】：上步封閉與第十四式如封似閉區別只在上步
二字上。

【動作】：右拳意往前出，隨後往後收回，平拳頭由外
旋腕漸至變掌，同時，左掌也意在拳上，先往拳背和腕處回
搓，隨後往前平掌推出，如圖 42。隨後在腰身帶動下，重
心由右向左移變，在雙掌合攏之時，右腳跟上，於左腳側，
重心在左腳（圖 77）。

【要點】：

上步是在「如封似閉」的定步基礎上變化出活步跟上，
顯示出武當三豐太極拳有相同拳架，在不同情況下，以及步
法靈活的特點。

圖 77

圖 78

第三十二式　進攬雀尾

【動作】：基本與第三式相同，只是銜接處有所不同。
動作如下：接上步封閉（圖77）式，右腳變實，承受重
心，左腳提起，左肘沉屈，左手內翻，掌心朝左肩，右手在
左肘窩處，身體左轉（圖78）；隨後左腳在原地斜右前方
一尺許落地，右腳開始提腳，向右前方與身體同上。接下來
與攬雀尾式一樣（見圖13～18）。

【要點】：

① 此銜接動作雖然不是一個正式名稱動作，但其實用
意義是不可忽視的，它可以連接任何一個架式，可隨機變化
出許多不同招式，所以要注意其架式和方法要領；

② 一腿承受重心，一腿是腳跟著地後變轉方位，這是
銜接之關鍵；

圖 79　　　　　　　　　圖 80

③沉肘鬆肩、先化後發、迅捷進身、優化擊打距離是秘竅所在。

第三十三式　順拉單鞭

同第四式，如圖 19～24。

第三十四式　左右運手

【動作】：

1.承接單鞭式，左腳尖裡扣，身體右轉，右勾手變掌自右而下畫弧，重心在右，左掌隨右轉身而下畫弧（圖79）。

2.重心漸漸全部移於左腿，右腳向左提起（腳跟先離地），身微左轉，右掌隨轉體至右下向左弧形運轉，當右掌畫弧上至中心線頭前時，小指朝鼻尖，掌心朝外翻，左掌也同時向左上弧形運出，右腳在離左腳一腳處落下（腳尖先著

圖 81

圖 82

地）（圖80）。

3. 重心承在右腳，左腳向左邊邁開一步（約尺半），同時，右手向上，左手朝下，依上述翻掌轉臂原理畫弧（圖81）。

4. 收左腳在右腳邊，此時左手在下肋肘處，右手在上屈肘耳際邊半尺許，再繼續沿圓弧軌跡畫弧，右腳變實承受重心，左腳向左邁出一步（約尺半），重複第二個雲手（圖82）。

動作5、6、7：重複動作2、3、4，這樣重複兩遍就是左右運手。

【要點】：

① 運手時，身體轉動要以腰脊為軸，不可亂擺動，不可傾斜、前俯後仰，做到「立身中正」；

② 兩臂運轉要自然圓活，做到沉肩墜肘，主輔分明，

圖83

圖84

上下清楚，左右手各畫各自半邊身線的圓弧；

③ 當左右手上畫至胸前到頭時，要注意做到「小指朝鼻尖往外翻」，這樣能做到臂、腕、掌的滾翻合理，有助於活動經絡和練習黏法。

④ 運手動作至少兩個以上，根據場地和運動量，可以增加到3～5個。

【用法】：

運手用法活而多樣，除在內丹養氣時中和平氣、活動內經和腹運太極，有助於內丹外，在形架上，攻防意義也很強。低架運手可用下手提攄對方踹踢之腳，上手可捆擊對方拳擊，這樣對方一腳一拳同時打來，使用運手便解。若高架，則一手捆化對方之拳，轉身上步，另一手便出，靈活應付。

圖 85

圖 86

第三十五式　單鞭揮出

【動作】：在第三個雲手之後，當重心在右腳，右手在上，左手在下，而左手繼續上畫弧，交叉到右手前臂處成斜十字，提起左腳蹬踢而出（圖 83），以下均同第四式順拉單鞭（圖 84、圖 85）。

第三十六式　高探馬式

【動作】：

1.接單鞭勢後，身體左轉，提起右腳，在距左腳一腳處放下，先後跟著地，同時，左手朝下內旋，右手隨轉身上步在左手前呈下壓採式，然後與左手在胸前畫立圓（圖86）。

2.上動不停。右腳承受全部重心，在左右手在胸前畫立

圖 87

圖 88

圓之時，提起左腳，隨即右手平推出去（圖87）。

【要點】：

① 換腿時重心要穩，身子要正；

② 高探直立要有沖霄頂勁之精神，有上下對拉、拔長身肢之意；

③ 兩手始終有採挒之勁，右掌出擊以側掌推出為要。

【用法】：俗話說：「打人身要蹭」。高探馬的實際用法是身體向前揮出，像乘馬探身似地，主要指一手黏採對方擊來之手，另一手和身體準確猛狠地制住對方。多以制對方上盤要害處。

第三十七式　十字分腳

【動作】：

1.接上式。落左腳，身體左轉，左手同時與收回右手成

圖89

圖90

十字交叉於頭前，面向東北，右腳隨身畫弧變虛，腳尖點地（圖88）。

2.左右手各自沉臂轉而分開畫弧，隨著身體徐徐下蹲而再交叉於膝前（圖89）。

3.重心仍在左腳，身體慢慢起立，兩手隨起身而分開兩邊（圖90）；同時，右腳由胯帶膝、脛，直至腳提起，隨身體向右的轉動而先蹬後擺。

【要點】：

①十字交叉要轉臂，即臂、腕同動，通常右手在外，左手在內，兩掌心均朝外；

②腰身控制下的起立與手的畫弧要協調一致；

③腳蹬之意是勁意，先達後跟，再達腳尖，而向右擺動幅度較小，即有分腳之意。

【用法】：此式為太極拳中直接明顯用腿之法，故腳法

圖 91　　　　　　　　　　　　圖 92

亦多變，在兩手架封之後，一手黏拿之同時，先蹬未著可分，或分時蹬踢，也可用於舒活大周天之腿腳氣血的進程。

第三十八式　分擺蹬腿

【動作】：

1.右腳徐徐落下，離左腳尺許（後跟先著地），漸落實承受重力，兩手分別向下畫弧於胸前，再度交叉成十字，虛左腳點地（圖91）。

2.重複上式「十字分腳」之動作2（見圖89）後，再隨身起立而提起左腿。再向右邊（東）蹬出後，隨身、腰左轉而擺腿180°，向左（西）蹬出，兩手隨身體轉動畫弧，左手意在左腳之上（圖92、圖93）。

【要點】：

① 左腳的運動是兩邊連環之腿，轉身擺動，蹬擺均要

圖 93

圖 94

動作到位；

　②此式幅度雖大，仍要重心穩固（重心腿微屈）；

　③兩手開、合、封、分要體會用意；

　④身法力求中正不偏。

　【用法】：此分擺蹬腳之法，大多在膝上胸間，故從分、蹬踢靈活運用上，可一腿多用，隨身變化。

第三十九式　進步栽捶

【動作】：

　1. 在「分擺蹬腿」之後，左腳落地時左手成摟膝拗步式，從左膝前畫弧，左手隨轉身轉掌推出（圖94）。

　2. 重心後坐，右腿承受重心，左腳以後跟為軸，腳尖朝外撇45°，後左腳承受重心，右腳提起上至左腳邊；右手下畫弧翻掌；右腳落實承受重心後，左腳朝左前方畫弧邁出；

圖95　　　　　　　　　　圖96

左手隨之翻掌，隨左腿同時摟膝而過，回畫弧至頭側，右手
由掌變拳經頭右側推出，過頭後變拳呈弧形向左腳下擊打
（圖95）。

【要點】：

①這是摟膝拗步的繼續變化，由掌變拳有其實用威力；

②沉腰坐胯，鬆肩屈肘都要保持，身法腰轉和側折
時，頸脊到腰脊仍要保持成直線，不可弓背或低頭。

【用法】：太極五捶之一，皆由掌變而來，出手成掌，
著人成拳，此進步栽捶為配合步法的插套。

第四十式　撇身劈捶

【動作】：

1.腰身右轉，重心漸移至右腿；意以先右靠背，右臂屈
肘，左手隨身向左下畫弧（圖96）。

圖97　　　　　　　　　　圖98

2.右臂沉肘、翻拳，右拳從胸向上從右畫弧翻拳而出，拳面朝上（圖97）。

3.身體右轉，漸提起左腳，與左手一起隨身右轉上步，落於右腳前一尺許；左手由左上向右畫弧，經頭上翻掌壓蓋至右捶上，右捶隨身略下畫弧收回（圖98）。

【要點】：

①此撇身劈捶與第二十五式略有不同，差別主要在承接架式上，此式注重先有背靠，接有屈肘之擊，再有撇劈之捶，要注意體會區別；

②腰意帶動的轉身背靠等系列動作，是整體發放性質，手肘的變化是次要的；

③眼神要關注身邊。

【用法】：基本上與二十五式相同，只是先靠意、屈肘擊是近身利打的先行動作。

圖 99　　　　　　　　　圖 100

第四十一式　進搬攔捶

動作同第三十式「轉搬攔捶」（同圖 43、圖 44、圖 45）。

第四十二式　提膝蹬腿

【動作】：右拳在左掌拂護下，翻腕變掌，兩掌掌根相貼，掌心向外，成張口式（圖 99）；身體左轉，重心在左腳；兩掌隨身左轉而收回左腰間；同時右腿提起，屈右膝提腳伸直蹬出（圖 100）。

【要點】：

① 翻腕變掌是化解和擒拿法，要懂得其用意；

② 連貫配合的轉向收掌和出膝蹬腿要氣沉丹田，運轉靈活，頭正、身直、腳穩。

| 圖 101 | 圖 102 |

【用法】：敵拳若擊我掌，我掌旋化翻拿後隨其力收回，轉身上擊；若近用右膝，運用長蹬腿，若對方側腳而來亦一樣化打，右腿可破敵膝或擊襠、胸。

第四十三式　要步亮拿

【動作】：

1.接上式。身體右轉，收回右腳，右腳斜插左腳之後，身體慢慢右轉下坐成歇步；兩手分別從兩邊右手向上，左手朝下畫弧（圖 101）。

2.虛步下切，身體徐徐慢起，重心在左，兩手分別繼續內外旋，上下互照，如圖第七式中動作一虛步下切勢（圖102）。

【說明】：

①轉腰坐身是回化防守之勢，本只有招勢之功沒有明

顯攻擊之勢，但由此勢可變化出多種擊技法，是典型的以守為攻、以退為進的招式，突出武當拳貴化不貴抗的道家哲學思想。

②這些過渡化，防之勢在內氣鍛鍊上，結合身體起伏，腰身轉動，對氣血鍛鍊是頗有裨益。

圖 103

第四十四式　金雞獨立

【動作】：接虛步下切勢。身體右轉 45°，提起右腳向後再向前畫弧出尺許，落地；同時右手向上畫弧翻掌變捶，置於頭前，左手由上經胸前弧形下壓至襠前，同時提起左腳，眼看右捶下前方（圖 103）。

【要點】：

①這是一個較為含蓄的式子，含胸拔背，護襠沉氣，獨立要穩；

②與前兩式要順暢圓活連貫。

第四十五式　披身打虎

【動作】：

1.左打虎。上動略停，腰胯帶動左腿稍伸直後，向左轉動 90°，至正北面落地，漸承受重心，變至左弓步；左手隨左腿轉時，摟拂過左腿面畫弧至頭前成拳，右手也同轉而由上至下弧形擊捶，放置左膝前，拳眼向內，左拳面朝外，右

圖 104

圖 105

拳面向下（圖 104）。

2. 右披身。腰身右轉 90°
（以後跟為軸，左腳內扣）；右
手向右畫弧，漸成右弓步，左手
同時下畫弧變掌（圖 105）。

3. 右打虎。腰身繼續右轉
45°，左手與左腳由外向身內畫
弧，左腳落地於右腳斜步尺許；
左手在上平肩，左腳承擔重心，
右腳提起，向右前方畫弧邁出尺
許，左右手同時畫弧翻掌變拳，
成右弓步，右拳在頭前，拳面朝
外，左拳拂於右膝上，拳眼朝下（圖 106）。

圖 106

【說明】：

① 行拳要勻和，左右腳落地變換重心時要控制穩重心，負重腿微屈膝，虛腿落地緩和輕慢，體現輕靈又沉著的特色；

② 兩手過渡到打虎式時，弧形要畫得圓，不得呆滯；

③ 右披身勢中變步上勢要圓順自然，手經過膝前要有摟膝之勢；

④ 圓臂屈肘，沉肩平氣。

圖 107

【用法】：此式重在下降、中間黏帶、擊腰上打頭，身、手、腳要配合，中實之後要打擊猛烈，力達拳面。

第四十六式　十字蹬腿

【動作】：腰身拉長上起，左腳提回，左手上畫，與右手架交叉十字（圖 107），以下同十字分腳之勢，但重在蹬腳而不擺（圖 108）。

【說明】：此式作為重複和連接兩式的過渡式子，在蹬腳時要專注與上式稍異。其要點及用法均與前相同。

圖 108

第四十七式　雙手插掌

【動作】：右腳收回著地；雙手分別向下畫弧，從腰間插出，掌心朝上；隨即左腳上前半步，重心在右腳，成右實左虛步（圖109）。

【要點】：

① 手之合勢與腳之上步要協調；

② 手向外插，不可超過前腳尖；

③ 身體微坐，保持重心穩固。

圖109

第四十八式　雙風貫耳

【動作】：左腳落實，承擔重心，身體上提，兩手回時，分別由下向左右內旋翻腕變拳，向上畫圓，至頭前合攏，相距半尺，兩虎口相對，同時提起右膝（圖110）。

【要點】：

① 兩拳向前、向下以及提膝要協調一致；

② 沉氣鬆肩，兩掌由下內旋翻掌，要有整體意，開合

圖110

分明。

【用法】：分開對方雙掌或黏或化，變擊對方頭部耳邊太陽穴，並提膝擊襠或進步插襠變雙推，都是一招實用之法。

第四十九式　開合採手

【動作】：身體左轉，向左前方落下右腳，兩拳變掌隨身轉動時，右手與左手交叉搓掌後，右手掌心朝上往外捌出，左手掌心朝下往左側採分，重心轉移在右腳，成右弓勢（圖111）。

圖111

【要點】：

① 此為自身兩手的開合，先合後開，即變拳為掌後，交叉搓掌為合採，後兩分採捌為開；

② 轉身與開合配合，腰身帶動全身各處動；

③ 斜中寓正，頭正脊直不可丟，虛實重心要分清；

④ 其用法有分掌後採拿捌發或變砍擊等法。

第五十式　旋風擺腿

【動作】：

1. 接上式。身體繼續右轉，同時以右腿為重心提起左腳，作內合腿，擺轉180°，即左腳朝上、朝右做擺擊，在頭高處與右手拍擊腳面，後隨弧形落在西北（圖112）。

2. 上動不停。左腳落地變實後，起右腳，經身前向外做

外擺腳擊，隨身右轉 180°，右腳
外擺 180°（圖 113）。

圖 112

【要點】：

① 此為武當三豐太極拳裡
唯一的雙腿連環的用法，且根據
體力能量還可加上一個相反的右
腳裡合、左腿外擺的跳躍連環
腿，但因其跳躍和速度，會影響
拳架的一致性，同時也因跳躍而
傷氣累丹，故在一般不得法情況
下不常用；

② 擺腿一定要與腰身配合，
用腰胯帶動，而勁達腳面；

③ 保持轉身協調，中心不
偏，重心穩固；

④ 手與腳的相互配合及隨
之畫弧要自然流暢。

【用法】：連環腿擊法是因
地制宜的，在右手格黏和分採對
方攻擊手後，迅速提起左腳擊
打，若對方躲化或另手擊來，我
第二腿隨即又擊，或者有前腿虛
擊，後腳實擊之法。

圖 113

第五十一式　揮手琵琶

【說明】：此式為旋風擺腿後落定的架式，兩手隨身腳

運動後畫弧所落定之勢，也是一個可變多勢的防架，與懷抱琵琶一樣，同第八式（圖 114，同圖 34）。

圖 114

第五十二式　轉搬攔捶

【動作】：同第十二式和十三式（如圖 41、圖 42、圖 43、圖 44、圖 45）。

第五十三式　如封似閉

【動作】：要點及用法同第十四式，如圖 46、圖 47。

第五十四式　十字披紅

【動作】：同第十五式，如圖 48、圖 49、圖 50。

第五十五式　左顧右盼

【動作】：同第十六式，如圖 51、圖 52、圖 53。

第五十六式　雙探分掌

【動作】：同第十七式，如圖 54。

第五十七式　攬雀尾式

【動作】：同第十八式，如圖 55、圖 10、圖 11、圖 12、圖 13、圖 14、圖 15、圖 16、圖 17、圖 18。後接按十八

式動作同樣。

第五十八式　斜走單鞭

【動作】：同第十九式，與第四式相同，與十九式方向一樣。如圖 19、圖 20、圖 21、圖 22、圖 23、圖 24。

第五十九式　野馬分鬃

【動作】：

1.右分鬃。斜單鞭之後，身體稍右轉，左腳以後跟為軸內扣轉 45〜60°，隨後左腿承受重心，右手與右腳在腰身帶領下，隨左轉而上步；右手畫弧，由右下向左上回到身前下部，右腳落於左腳邊，虛尖點地；左手在轉身同時由下而上畫弧，兩掌成抱球狀；動作不停，腰身帶右胯、右腳朝右前方邁出一步，尺半許，右手同時向外，由下至上翻臂畫弧，左手與右手相交，由上至下帶弧而行，成右弓半馬步（圖 115、圖 116）。

圖 115

圖 116

2.左分鬃。右腳尖外撇 30〜45°後承受重心，腰微右轉，右胯收住，左腿提起，虛點地於右腳側，右掌內旋、下

圖 117   圖 118

沉，平肩，左掌隨轉體由下至上與右掌在胸前交叉後，置身前下部與右掌呈抱球狀（圖117），隨後，左腳漸緩向前偏左邁出，具體幅度隨腰身而定，腰身向左轉，腳尖與膝蓋尖方向一致，與右腳尖基本平行，形成左弓腿，同時，左掌隨轉體向前由下至上，翻臂轉腕畫弧形捌出（圖118）。

　　3.右分鬃。動作與左分鬃相同，方向相反，是動作之重複（圖119、圖120、圖121、圖122）。

　　【要點】：

　　① 此式雖在方式幅度上有定位，但沒有一定準確的度數，動用時主要與腰胯定位，後膝腳後一致，才能保證身穩平順；

　　② 動作中開合有序，上下相隨，採捌交錯，要做到連貫和順，圓轉平穩；

　　③ 每一手動作均是圓弧型運動，並且伴隨著轉臂翻腕

圖 119

圖 120

圖 121

圖 122

之內外旋，中間交叉有採意（為合），分開即捌意；

　④ 後腿的提起和邁步，全憑前腿胯根處微外旋內收，

下沉坐實，做到身正、肩平、肘不夾肋和氣落腰圍，小腹與後腿自覺鬆淨，起步自如，邁步輕靈。

【用法】：若對方雙手向我左前按推，我即用被按之手臂向回一鬆，隨即將對方左右腕黏住，用手掤其腕部，上步抄其身後，用肘腕部貼其腕下向外捌出，擠或靠發出。

第六十式　攬雀尾式

同第三十二式「進攬雀尾」。

第六十一式　順拉單鞭

同第三十三式，如圖19～圖24。

第六十二式　玉女穿梭

【動作】：

1. 西南角，身體重心在左，左腳往內扣45～60°，腰身隨之右轉90°；同時右勾手，隨轉拳變掌，向下畫弧經腹前至前右側，左掌隨身右轉時，下收畫弧至左側胯邊；重心已漸移至右腿（圖123），隨之身體繼續右轉，左腳上步，左腳經右腳前向西南方向畫弧，與地面畫270°後落下；左手由下向上畫弧掤出，隨左腳落定承擔重心後，右手同時下沉，從右臂下按推（圖124）。

圖123

圖 124

圖 125

2.東南角，身體後坐，重心由左變右，同時左臂下沉，左手由內向下、向外畫弧捌出，右手意先左坐腕後右回抽，兩掌心相對，相距抱球約一尺（圖125），隨後腰胯回向左腿，重心移左，虛起右腳，左右手揉球翻掌，即由上向下畫立圓，由採變捌後，隨右腳向右後側畫弧至東南方落定，同時，右掌由下至上掤出，左掌由上至下推按而出（圖126）。

圖 126

3.東北角，接上式。身體後坐，腰身微向左轉，虛起右腳，右臂下沉，微屈肘，右手翻掌，左手轉腕，拂於右肘下

側；隨後提起右腳，右手與腰身一起向側前（東北方向）邁出尺半許，隨後落定承重，並以右腳跟為軸，身體右轉，左腳隨右轉上步，在右腳前尺許落定；同時，左掌由下至上畫弧掤出，右掌翻掌，從肩平處往左臂下畫弧推出（圖127）。

圖127

4. 西北角，重心隨身體右轉，漸移至右腳，左腳內扣45～60°，右手由腰帶轉掤掌內旋，與左手掌心相對揉球勢；隨後，腰身左轉，提起右腳，向右畫弧，至西北方落定，左右兩手揉球搓掌後，隨右腳落定，右轉身腰，兩手分別掤推而出（圖128）。此式與動作2用法相同，惟方向不同。

圖128

【要點】：

① 玉女穿梭是打四斜角方向，能典型體現採挒肘靠特色，旋轉靈活，角度大，開合和揉搓中神意要充分轉動，注重「內氣潛能」；

② 身體保持正直，姿勢平穩，動作沉穩活鬆、輕靈，連貫相隨，一氣呵成，手腳協調，忌忽高忽低，俯仰斷停

等；

③臂腕轉動和揉搓（採挒）之時，掤勁不可丟；

④推按之手直中有曲，弓步方向，回腳內扣，虛實變換都要標準到位。

【用法】：玉女穿梭周行四隅，封打四角，連綿不斷，纖巧靈動，有如織錦穿梭，故稱玉女穿梭。因其忽隱忽現，隨動而擊，將拿人擊人和發人之法融貫其中，通常以我之手臂托架或黏或拿對方之手臂，另一手同時向對方肋間進擊，即上封下擊，步法靈活，身法到位，一擊而中。

另外，此架式全身活動，腰意帶動，可使胸背腰脊以及各關節在圓弧運動中得到鍛鍊，結合內丹之呼吸吐納，有助腹腔臟腑器官得到運動，有助內功提高。

第六十三式　進攬雀尾

【動作】：由最後一個玉女穿梭後變勢，即提起左腳，左手沉肘翻腕，然後進步，如同第三十二式（見圖78、圖13～圖18）。

第六十四式　順拉單鞭

動作、要點等同第四式（如圖19～圖24）。

第六十五式　雲手臂發

動作、要點均同第三十四式，左右運手，只是在用法的說明上突出用臂發（同圖79～圖82）。

第六十六式　相向單鞭

動作、要點同第三十五式，單鞭揮出，接在雲手之後，其用法是揮出在左，而隨即顧盼和動作在右邊，故有相向之說（如圖21～24）。

圖129

第六十七式　回頭撲食

【動作】：

1.轉身下勢

① 接單鞭勢，腰身右轉，右勾手變掌，內旋一圈，由下經右肋再朝上翻掌劈出，隨後左手呈弧形回收右胯側（圖129）。

② 重心不變，腰身鬆轉，左腳內扣45°，左手隨轉身由右側向外朝上經頭蓋壓右掌走弧形，當左掌蓋至右掌上時（圖130），右掌又隨臂內旋下經右肋後，再朝右仰掌弧插而出，隨即變成勾手，坐身下勢，左手隨下勢由上而下畫弧而行至左膝邊（圖131）。

2.聲東擊西

① 隨著左手畫至左膝後，左手五指牽引繼續上行畫弧，隨之起身，重心轉移至左腳成左弓步；右手隨之下沉（圖132）；

② 左腳以後跟為軸外撇60°，身體左轉，左腳承受重心，腰鬆坐胯，右腳與右手在腰身帶領下同動，右腳提起後向外朝左邊前方邁出，在離左腳尺半處落下，隨著繼續左轉

圖 130

圖 131

圖 132

圖 133

而內扣落走，暫時承擔重心；同時右手掌畫平圓弧一同達到
（圖 133）；

③略停，腰身左轉，重心移至左腳，右手繼續畫弧朝左上行掌，達左肩外側時，因弧行時轉臂變掌，此時變拳，拳背向上，左手隨轉畫弧至腰間，成左弓步（圖134）。

圖134

3. 回頭看畫

①上動不停。左掌從右肘間向斜前方插出，隨後變成勾手，右手下翻腕下沉（圖135正）；

②接著坐身下腰成仆步，右手掌由五指牽引，隨下勢右行於右膝側（圖135反）。

【要點】：

①「回頭撲食」形象地說明瞻前顧後、指前打後的技法，要求靈活機動，轉身鬆活，手身同至，兼上下起伏，穩

圖135正

圖135反

中有進；

②上打下避，下進上擊，臂腿屈伸與身體起落要協調一致，重心兩腿間的轉換以腰意為領，頭正中直安舒；

③當重心下坐時，頭要頂勁，腰要鬆堅，肩要鬆沉，以腰身帶回肩膀，肩帶肘移，肘帶手黏回，手指領意，節節貫穿，沉作與輕靈

圖 136

同在。成仆步時，要求胯根微沉，膝微屈，虛腳尖不可翹起，整體要「神舒體靜」「腹內鬆靜」；

④上下起伏應似波浪有悠然連綿圓滿之勢。

【用法】：避右擊左，上擊下進，連化帶打加腿擊。

第六十八式　丹鳳朝陽

【動作】：接上式，腰身漸起，略右轉 45°，右手掌隨右膝上起而豎掌，右掌承重心成右弓步，左勾手下沉（圖 136）。

【要點】：

①此為過渡銜接之勢，主在右掌豎插，或變掌成拳或黏或化或發；

②頭頂領意，腰身帶動四肢，鬆肩圓臂，右掌豎起而左勾手沉下。

第六十九式　化手掃腳

【動作】：

1. 隨著右掌豎起，身腰漸起，略右轉，重心移至右腳，左腳隨身體右轉，同時從左從外向右前畫大半圓弧，至右腳前尺許，虛點地，左手隨之在胸腰從左至右畫平圓（圖137）。

2. 上動不停。身體左轉，左手呈壓掌帶回腰間，右手變拳，隨身左轉，重心在右（圖138）。

圖 137

【要點】：

① 身體起立平穩，腰帶掃腳整體一致，手腳同動；

② 動作 2 之小幅度腰轉，帶動手的擊和化，要鬆肩沉肘。

【用法】：起身之際，借腿掃蕩，與身手同用，左手連環用招，上拂下掃，左化右打，其妙法也。亦有腰身轉抖，宜利氣內行之功。

圖 138

第七十式　一柱擎天

【動作】：身體右轉，右手由拳變掌，隨右轉，翻腕，

圖 139

圖 140

變壓帶掌,收回右腰,左手與左腳同動,左手屈肘,向上用拳背擊頂,同時左膝提起(圖139)。

【要點】:

①立身中正,右腿重心要穩;

②前後連續往返的轉動要切實以腰為軸;

③手的出拳變掌收回,伴有大小弧形;

④吸呼平暢不顯,內氣順達。

【用法】:右手帶封對方一手,另一手由下往上,主擊對方上胸和下巴、頸部,並可提膝擊襠。

第七十一式　左右倒攆猴

【動作】:

接上式,身體左轉,左腳回落,左手變掌,內旋左帶化弧,右手與身同轉時,上畫弧與左掌成摟式(圖140),待

圖 141   圖 142

左腳落定後，右腳隨起而擊轉腰身，動作如同第二十一式和
第二十二式（如圖 6、圖 141、圖 142，要點用法均同）。

第七十二式　鵲步飛龍

動作、要點、用法均同第二十三式。

第七十三式　回身提手

動作、要點、用法均同第二十四式。

第七十四式　白鶴亮翅

動作、要點、用法說明均同第九式。

第七十五式　雙化沉掌

動作、要點、用法說明均同第二十六式進步雙掌，只是

圖 143

圖 144

在名稱和用意上多突出化與沉。

第七十六式　海底撈月

動作、要點、用法均同第二十七式。

第七十七式　翻山過海

動作、要點、用法均同第二十八式。

第七十八式　二龍戲珠

動作基本上跟撇身臂捶相似，主要區別在兩手不是拳而是用掌和指。在轉身翻腕旋臂過程中，中指和食指成劍指，隨腕臂之進而向前出擊（圖143、圖144）。

第七十九式　併步搬攔

動作與第三十式「轉搬攔捶」基本相似，重在腿法的靈活和快速運用，在步法上連續承接下式，所以稱併步搬攔（圖144後接圖43、圖44、圖45）。

第八十式　上步封閉

動作要領及用法說明均同第三十一式。

第八十一式　攬雀尾式

動作要領及用法說明均同第三十二式。

第八十二式　順走單鞭

動作要領及用法說明均同第三十三式。

第八十三式　雲手臂發

動作要領及用法說明均同第三十四式。

第八十四式　單鞭下勢

動作要領及用法說明均同第三十五式。

第三十五式突出一個變字，是與上有所不同，變者化也，即在順拉單鞭之後，走化出下一個新式。

第八十五式　白蛇吐信

【動作】：腰身右轉，重心右坐，左腳內扣，左手同左腳一起向正前方畫動，左手內旋，由下至上後托掌推出，虎

口張開，左腳經右腳前呈弧形邁出，虛腳尖以跟著地，右手由上向身體內側旋臂壓下，置左臂肘上，隨後與左手來回搓推一次（圖145）。

圖 145

【要點】：

①轉身後坐、化掌、托掌、出掌要保持鬆活等基本要求；

②虎口張開和五指張開是助氣達到指尖，為練指功；

③來回搓推一次呈掌心相對，意即吐信封喉或戳臉、睛之用。

【用法】：繞開正面進攻，化開主攻手而進胸，插擊上部，猶重以指法封喉和擊睛，像蛇吐信傷人之快之毒（但不提倡使用）。

第八十六式　化掌掩肘

【動作】：以左後跟為軸，重心前移至左腿，身體由右向後轉體270°，同時兩手隨身體轉動而左手變拳，左手拂右拳上，右臂屈肘，當右腳轉至360°位置時，後腳即承擔重心，有背靠肘擊之意，成右弓靠步（圖146正、反）。

【要點】：

①向右、向後轉之幅度是270°，轉時保持平衡，不可前傾，不可後仰，靠勁騰挪；

②以左腳為軸，左腳後跟為軸點，左膝微屈；

③轉後的重心移於右腿；

圖 146 正　　　　　　　　　　　　圖 146 反

④右臂收回時要沉肩墜肘，肘腋間仍要有圓後之意，兩手主觀分明，配合得當。

【用法】：這是一個以轉向變招的打法，若上式白蛇吐信的面、頭部擊法不成，且於兩手封托之處困難，即可隨對方之力，轉身化勁，用插掃腿進襠橫肘擊胸之法。此動作也稱側身肘靠。

第八十七式　開合擺腿

【動作】：

1.腰身左轉，左腳稍外撇，重心前移至左腿，同時兩手分別由胸前變掌向左上右下分捌出擊，左掌心朝上變下，右掌心朝下（圖 147 正、圖 147 反）。

2.身體繼續左轉，提起右腳，從左側上左手拍打腳面，再朝右外擺而出，在原腳前尺許落地；右手同時畫弧，至落

圖 147 正

圖 147 反

圖 148

圖 149

腳時摟膝，左手隨落腳後以摟膝拗步式推出（圖 148、圖
149）。

【要點】：

① 右腳外擺腿是在兩手由合到開後，從下而上踢再分擺的；

② 落腳後順勢一個摟膝拗步式是在動作說明中略說，但在動作中要求跟右摟膝一樣；

③ 踢腳時有身肢拉長，腰膝放鬆之意，立腿穩固，腰腿同轉之感。

【用法】：兩手採捌分開對方進攻路線，側身用腿擊之。

第八十八式　進步指襠

【動作】：接右摟膝拗步之式。以右腳為重心，左腳提起，往內再向外畫走弧形步；同時左手外旋（掌心外翻），下拂反摟，再畫回頭前，當左腳在左前方落定後承受重心，身體左轉，右腳與右手同上，右腳在左前方一步（尺半許）處落腳，右手從摟膝肘的拗掌翻腕轉臂變為捶，弧形往下擊打，拳面朝裡（圖150）。

【要點】：

① 左手內翻變掌是獨特之法，應掌握其用法；

② 「足隨手運」「手隨足運」，當左腳回畫弧後邁出，左手同動，翻掌運行的併在落定後右腳右手的上行，均是遵循這一原則；

③ 協調、均勻、柔和、連續的圓轉。

【用法】：對方朝我左邊擊來，我右手反摟黏併上步，用捶擊打對方下部，左手摟開，左腳暗進，轉身右進便打，既相似於進步栽捶，又略有不同。

圖 150 圖 151

第八十九式　進步攬雀尾

【動作】：接上式。右手往上回抽，左手往下拂掌，兩手如搓擰狀，同時提回左腳，在右前方半步落下，以下與進步攬雀尾第三十二式相同，如圖 151（第三十二式）。

其他均同進步攬雀尾。

第九十式　單鞭順掌

同第三十三式順拉單鞭。

第九十一式　雲手單鞭

此式把第三十四式左右運手和第三十五式單鞭揮出連成一式。

其他要點及用法均同。

第九十二式　高探馬式

同第三十六式高探馬式。

第九十三式　斜穿叉腿

【動作】：

1. 以右腿為重心，稍坐身屈膝，身體右轉，左腿隨右轉蓋過右膝，在右腳斜前方落腳，左手同隨從右臂上穿出，掌心朝上，高與額平，右掌從左肘下拂過，置於左腋前，掌心在肘時朝上，到腋前為朝下（圖152、圖153）。

圖152

2. 隨著重心前移，左腳落地後，提起右腳向左前方踢出，左手拍打腳面，隨之右腳朝外擺畫，右手隨右腳趨勢由左上往右下擺畫而下，手隨摟膝而同慢慢畫落而下。（圖154）

【要點】：

① 鬆胯沉身轉體、蓋步、穿掌、托肘，逐一意到位到。

② 轉身與手畫弧走要同動協調。

圖153

圖 154

圖 155

第九十四式　雙化摟步

【動作】：

1.上動不停。右腳在原地斜前方，尺開外處落停，左手隨身前移（重心向右腳移）時由下往上翻（呈弧形），右手趨重心前移時翻掌畫圓與左手相同時（圖155）。

2.上動同時，重心由左腳移右腳，身微微下蹲，右手往後畫弧上翻轉腕，左手隨左腳一起右

圖 156

轉，隨下蹲同時摟畫，同右手隨身前合攏成十字交叉（圖156）。

圖 157

圖 158

【要點】：

①右臂收回時，轉臂翻腕，隨著滾翻之變是托肘護腋；

②左手要護膝，後化而轉發，隨身而進與右手相合要協調。

③蹲身要保持中正，護檔收臀，注意圓活之翹和沉肩墜肘。

第九十五式　大雁操水

【動作】：

1. 上動不停隨身正起，重心在左腳，右腳慢慢提起，兩手交叉而向上摟畫分開，與十字分腳相同（圖157）。

2. 落步成摟膝拗步式（圖158）。

【要點】：

① 左右手兩種翻臂轉腕都在此式中有體現。動作時，

手行要圓活、流暢，與蹲身起立
協調一致；

②所含三種含義要認真領
會（雖然有的是相似重複，但同
中有變）；

③坐身、起立要頭正身
直，重心穩固，慢練快用。

【用法】：這是摟膝拗步後
的另兩種變形拳勢，前一種即為
突然向前，交叉摟腿手和進腳蹬
腿，另一種就是側身進步用攬雀
尾方式。

圖 159

第九十六式　轉身指襠

這是進步指襠之重複，與其動作、要點等均同（圖
159）。

第九十七式　圓步攬衣

動作與第三十二式進步攬雀尾基本相同，唯步法是走圓
弧，而且到落步下按時剛好一周 360°。

第九十八式　勾抹順掌

這是圓步攬衣之後的單鞭之勢，與第四式順拉單鞭相
同。

第九十九式　雲手單鞭

動作、要點及用法均同第三十四式左右運手和第三十五式單鞭揮出。

第一百式　推窗望月

【動作】：

1. 接順拉單鞭之後，腰身右轉，右勾手變掌，內旋一圈，由下往右肋再朝上翻掌成圓圈畫出，隨後左手從左側由左上向右

圖160

側隨轉身時向右下壓蓋，同時左腳與左手同動，蓋過右腳一步（尺許），接著右手與右腳同上，右手從左肘至腕臂中滾穿而出，右腳落定承擔重心，成右弓步（圖160）。

2. 右手變成勾手，鬆腰坐胯，蹲身下勢，左手隨身下蹲時由上而下畫弧，經身前襠平而至左膝邊，隨後豎掌，由左手五指牽引上行，隨之起身，重心移至左腿，成左弓步，右手隨之下沉（圖161、圖162）。

【要點】：

① 此式為第六十七式回頭撲食開始幾個動作的變形，主要在上步，是先左腳蓋過右腳而上，後是右腳在上步，足見其靈活性；

② 不上步，左手不上畫弧而下沉坐身仆步，也是一種方式，在此包含之中，即是楊式太極拳中的「下勢」，二者可加以區別；

圖 161

圖 162

③ 步間大小與仆下坐身之高度要適度，起伏要保持平穩。

第一百零一式　上步七星

【動作】：重心在左腳，左腿屈胯前弓，隨左手上行畫弧，腰身繼續微左轉，右手與右腳從右向左同動，右手變拳由右往下向左畫弧成抄上拳，面朝上，高與鼻齊，左手拂壓在右肘上，右腳前踢蹬直，坐身保持平穩，頭正，眼看右拳上方（圖163）。

圖 163

【要點】：

① 身體不要搖晃，上體保

持正直，鬆腰胯，活臂腿，重心在左；

②兩臂均呈弧形（無論走行或定勢），左手先是豎掌弧插，後轉腕拂壓，右手之拳用來技擊，但是要如掤如打，不要過分明顯地做成上場擊打之動作；

③左腿屈膝獨立，須「沉肩墜肘」「虛靈頂勁」「氣沉丹田」，肘與膝合，向前的方向一致，完全體現太極拳整體性及基本要求。

【用法】：此式「上步七星」以防禦為主，變著中含有進擊和閃化招勢。「七星」是指人體的頭、肩、肘、手、胯、膝、足這七個部位（這裡是外七星），在作用上，利用這些部位配合上步和整體運功，可以頂、打、撞、擊、靠、蹬、踢等多種方法，若對方用右掌抓住我左腕，我雖臂略沉化，而身即趨前而起，另一右手架、掤、解、拿，變拳出擊其胸，右腳踢彼下部。

第一百零二式　退步跨虎

【動作】：接上式。重心和左腿不動，腰胯鬆活而帶右腿撒回原來地方，即往左踝內側退回原步，右手隨身略右轉，臂回轉後再內旋向上擊出，拳眼朝內，左手從胸前向左下摟回左膝上（圖164）。

【要點】：

①後退時注意右腿落地點，腳尖先落，不要踏在一條

圖164

線；

②右拳回收與出擊均是圓形運動，左手與右手在撤退時呈分開勢，兩臂均保持弧形；

③頭正身穩，腰胯旋轉順遂自然。

【用法】：此式退中有進，化中有打，若對方雙手按來或雙封或雙抓我手腕，我即撤步旋轉解化兩臂，以黏隨折疊之勁引其落空，左手化開對方拳或腿，右手前上擊打對方頭部。

第一百零三式　雙旋擺蓮

【動作】：

1. 接上式。腰身右轉，重心漸移置右腳，同時，右拳漸變掌往下畫弧，左右胯側，左手從外向上，向內隨身轉畫弧（圖165）。

2. 當重心移至右腳後，以右腳跟為軸，提起左腳，在腰與胯帶領下，左腳由左向右隨轉體後擺，轉體共360°，其實身體轉幅的動作有90°，腳擺動作有270°，左腳從原地起後回原地有360°。兩手掌也繼續隨轉體擺腿而畫弧，並與左腳面拍面後，右掌畫弧至頭前額面，掌心朝外，左掌畫弧，至左側與肩平，照掌（豎掌微屈）。

3. 左腳落定，微屈膝，承受

圖165

重心，腰自左向右轉，右腳自左向右上方弧形外擺，膝部自然鬆活，腳高在兩肩之間，腳背略側朝右面，同時兩手掌自右向左迎著右腳面拍擊，成弧形出去和收架，左手在先，右手在後，拍擊腳面時身體由右向左轉，頭正，眼隨兩掌拍擊而視。

【要點】：

①動作1為退步跨虎後變著雙擺蓮的一個銜接過程，暗含化勢，右採左封，需做得鬆活，也為轉體擺腿做準備；

②左腿起腳前是虛步勢，右腿要保持重心穩固，膝屈襠圓，胯鬆腰活，腰隙間順勢動而內隨，氣息調節，勁貫四梢；

③兩肩肘鬆柔屈臂旋擺，畫弧運動，身腰帶擺而圓轉合體，自然架起弧形，手掌拍擊腳面，順勢活潑；

④整個旋體動作，皆以腰胯為動源，臂領腿促，上下協調，重心分明，身體平衡穩定；

⑤右腳擺蓮是橫勁腰意帶動的重要性，要認真體會，主要左膝微屈和高度不過頭。

【用法】：若對方雙手又進我正中，我兩掌分化、托封、採捌對方來勢，以採合勁，捌分力打擊對方，若有人從右側或後打來，我即旋轉兩臂連封帶打，左腳用旋風勢向敵中下部擊去，另有從前來或右來，兩掌順擺對方手臂，急起右腳踢掃而去（主要對準對方中肋間）。

第一百零四式　彎弓射虎

【動作】：接上式。左腿漸下蹲，右腳落地於原處，兩掌隨轉體向左後擺，右臂隨著外旋，掌心朝上翻，屈肘架於

頭上，左手向左前方推出，高與肩平，眼神關及左掌打擊（圖166）。

【要點】：

① 兩手趨右擺腿落下，拍擊腳面後，隨腰身左轉而右架左推，要立身中正，動作協調，勁整而手腳齊到；

② 右肘不可上抬，肩部下沉鬆活；

③ 右接前式腿法，動作要連貫，不可有停頓。

圖166

【用法】：若連擊之中對方又一記打來，我遂用右手黏住其腕同時左掌拂其右肘，或提托推發，或肘腋下擊，或右架下，打肋部，均可奏效。

第一百零五式　丹鳳朝陽

【動作】：

1. 右朝陽，接上式。腰身左轉，左腳外擺 45°，重心在左腿，隨轉身，右手與右腳同上，右手變拳由上向下再向外轉臂畫弧而出，拳與眉高，拳眼向裡，右腳經左踝外側向左前方畫弧，距尺許處虛腳點地，眼視右拳前（圖167）。

圖167

圖 168

圖 169

2.左朝陽。右腳漸實，主承重心，微坐屈膝，右手變拳沿弧形向下往裡壓回腹前，同時腰身右轉，左手與左腳同動，左手由下往上內旋翻掌變拳畫弧擊出，與轉身同時至左側頭前，拳與眉高，拳眼向裡，左腳經右踝外側向右前方畫弧邁出，距尺許處，虛腳著地（圖 168）。

【要點】：

①「彎弓射虎」後轉身上步時坐身、撇腳，上腿要虛實分明，手腳同上；

②虛步式上實（拳）下虛，腳要保持鬆活之趣；

③身體轉動，兩手中一化壓，一旋出打要協調一致，由腰身帶動而行，切忌分散。

【用法】：若對方出胸一拳，我用一手由上壓下，或由裡往外撥，然後另一手腳同上，手打對方頭部（太陽穴），腳踢小腿脛或進步掃腿，另一方向的用法一樣，只是方向和

圖 170

圖 171

手之上下一樣，亦可左右兩用連環快速使用。

第一百零六式　獨立搬捶

【動作】：

1. 獨立抱球上動不停。重心移至左腳，身體前移直起略向左轉，右手與右腳隨身左轉時，右腳提起呈左腳獨立式，左手與右手在胸前畫立圓，交叉過後，右手在下腹前，掌心朝上，左手在頭前，兩掌心相對，呈抱球形（圖169）。

2. 進步搬攔捶右腳與右手隨身體左轉而向左畫弧出動，動作同第十三式搬攔捶一樣（圖170）。

要領和用法均參考第十三式。

第一百零七式　如封似閉

動作、要點及用法均同第十四式（圖171）。

圖 172 圖 173

第一百零八式　十字化手

【動作】：如果連續練習兩遍，可以由第十五式「十字披紅」的動作二十字分披變為太極預備式的氣沉丹田開始，繼續演練第一遍太極拳，如果即將結束，即在如封似閉後，到與十字披紅中動作一側架十字後，收回左腳，身體直立，然後氣沉丹田，完成天地合一之結束式。（圖172～圖177）。

【要點】：

① 整套太極拳行架結束時，仍要心平氣和，鬆活自然，節節放鬆；

② 氣歸丹田，頭頂是意，中正不偏，兩臂兩手自然下垂，由動勢回歸到靜勢，氣息神意漸至收斂。

圖 174

圖 175

圖 176

圖 177

第五節　太極推手說明及圖解

一、太極推手說明

太極推手，是在太極拳架熟練之後，再由兩人按拳架基本手法進行對練。首先鍛鍊掌上功夫，隨之練身腰整體靈活和整體性的聽勁、懂勁、化勁等。這種練習方式是太極拳術練習技擊用招的一個中間過程。它既可以檢驗太極拳架的合適及標準度，又可以鍛鍊身手為技擊服務和獲得肌肉身體和精神情趣的良好效果。太極拳術在歷代祖師、拳家的不斷總結完善下，有一套較獨特完整的拳術理論。它自古以來就是兼顧保健和技擊等綜合功用，透過練習拳架、推手，達到散手運用拳技的本質目的，而且還可以由站樁、打坐等來直養內氣，培植內勁。

古拳經云：「走架即打手，打手即走架。」這裡的走架即是練習套路，過去還稱「盤架子」，是「知己」功夫。打手是指在推手熟練之後，可以運用拳架或推手的任何一式來使用擊法、拿法和發人法的實用技術。因為在練習太極拳拳架時，必須處處時時假想與他人打手，無人若有人，揣摩每招每勢的作用。並要求全神貫注。

想求得拳架在實際運用中能發揮制人作用，可以先用雙人模擬交手之法，來體會雙方拳架、勁道、身法和手法等技術，這就是「仔細留心向推求」。推手方法是「知人」功夫的鍛鍊，一方面檢驗拳架是否正確實用，自己身手之法是否合度自然，另一方面，如果在推手法中，使用擊人法、拿人

法和發人法的技術，「知彼知己」之後達到「人不知我，我獨知人」，則直接體現踢、打、摔、拿之打手。所以，在太極拳推手時，應靈活運用拳架中總結的各種勁道和各種技法用招的動作，善於用心意統一指揮，巧於神氣運作，妙在用勁，貴在化勁。

所以，練習太極拳法，應該首先熟練太極拳架，接著用推手奠定學以致用的基礎，然後使拳架和推手相輔相成。只有在拳架和推手的無數次循環反覆的學習體驗中才能加深理解，逐步培植功力，掌握聽勁、懂勁、化勁的技巧，最後達到隨時能運用化勁和發勁等打手法取得拳技的本質功用。

武當三豐太極拳的推手，遵循「十三勢歌」總規律，以「八字歌」和「打手歌」作為基本技法和標準，用拳架動作為基本母式和手法。實際上本來並沒有固定和俗成的推手方式及套路，大都是拳架拆招和變化的練習，由慢到快地練習，漸次掌握各法招式。為便於推廣以及方便教和學的需要，逐步演化成各種模擬推手套路。推手需要很長時間的鍛鍊，由掌上技術逐步鍛鍊到全身每一部位的「身知」，真正「周身一家」「渾身是手」，明白「陰陽相濟」的懂勁，才算推手過關而達到打手階段。

而由於推手鍛鍊需要無數次反覆體悟，所以，長時間的推手鍛鍊又演化出一些複雜的方式。其實推手的手法方式雖較繁雜，關鍵在於「明理」後「身知」，即要求按照太極拳理論中精典的指導拳架和推手的口訣，像「打手歌」、《八字歌》等原理，練習到自己身上的實際功夫。

下面我們介紹一些武當三豐太極拳推手的基本手法和方式及有關問題。

二、太極推手圖解

（一）基本手法

1.掤

在太極拳中，將向上、向外之勁稱掤。雙方搭手，對方進身作攻勢，以手搭進我逆之方向，我即承其勁力，暗含向上和向外的勁力，既黏搭上對方，不讓其進我身、胸，又不能隨意丟、退、降，這就是掤。掤在「十三勢」中尤為重要。其要點有四：

第一，掤是黏住對方，不能與之相抗相頂；

第二，無論進、退、顧、盼、定，掤勁不可失，「每一動，惟手先著力隨即鬆開」，即沾而不丟頂；

第三，掤勁之勢，手、臂、肘形成一定弧度，既不讓前臂靠近胸腹，又不能抬肘露肘；

第四，掤勁屬暗勁，要活，堅持敵進我退，節節貫串。

2.攦

在太極拳中，將向旁側的橫力稱為攦。當對方向我進攻，我沾住其腕、肘，順其前進之勢而引領向身體左側或右側。這就是在對方勁力之上略加向旁的小力，使對方身體受到更大的旁側方向的合力，以借助合力打擊對方。要點有四：

第一，順對方之勁而動，略改變其方向；

第二，要身法配合轉腰坐胯、含胸拔背而不得僵滯；

第三，當引向側旁時，自己另一側要有上擁之勢，保持靈活之上勢以避免對方順勢而變，有利於自己進一步打擊敵

方；

第四，必須兩手分別沾連對方腕、肘，同時用很輕很小的合力，借對方之力產生更大合力，並防止對方用肩、胯靠打。

所以，只有先將自己安排好。對敵方的勁力採取順應連隨而微施力的原則，才能使對方失去平衡，陷入被動挨打的局面。

3. 擠

擠是向前、向外推之意，是壓迫之勁。在太極拳中，將擠住對方、使其失去運化的外推之力稱為擠，就是用手、臂、肩、背黏住對方身體，隨即用手背向外擠，繼而變為向前推擲，這是明勁進攻，其目的在於使對方失去平衡。所以在擠法中，手臂要用力，借助整體力量而發擲之。這勁力要來自腰腿，腳趾抓地，前腿弓，後腿蹬，丹田發力意想腳下湧泉穴與手上勞宮穴一起發勁，直向對方重心。

4. 按

在太極拳中，用手下壓，按住對方以抑制對方前進的攻擊，即將勁力向下稱為按。主要表現是以手向下，並貫以全身勁力，沉肘墜肘、鬆腰坐胯、氣往下沉。如有向自身側方牽引之可能，可使對方足跟離地失去平衡，甚至傾倒。如有向對方前側方向擠按之勢，則可以向前發放對方。

5. 採

在太極拳法中，將採敵人的勁為採。採的方式，雙方手、肘相持，或腕、肘相接，下沉使對方反抗而上托，我則順勢提帶，使其足跟離地。這是裡採勁，有一鬆即緊、一落即攏、一合即擊之意，先沉後提，或先順後逆，像採花摘葉

的勁力。

　　注意兩手把持對方手、肘，兩手勁力相對而借支點來撥托對方，使其身肢受損或離地失去平衡。

6. 挒

　　在太極拳法中，將轉移敵方勁力還制其身稱為挒。一般為一手沾攬住對方手腕，另一隻手以前臂抵制對方被沾攬之前臂外側，身體旋轉，產生一個離心力，將對方掄得循圓形路線跟蹌，我則隨時整體發力，讓其跌出。

　　這裡挒手運用時，既要承受又要轉移對方的勁力。前者是從人，後者是由己，從人需要順遂，要順應對方勁力的方向去挒，並由自己改變其方向，使動作成圓弧形式。注意動作必須與身體協調一致。武當三豐太極拳中倒攆猴、化掌掩肘裡有挒，彎弓射虎裡也有挒。

7. 肘

　　在太極拳中，一種是面對對方高於胸之手擊來之勢時，一手沾對方手或腕，另一手托拿對方肘而制敵；另一種是用自己的肘去擊人。肘是臂中間彎曲處的骨尖，擊人十分流利，用時連著兩臂，可以靈活運用。太極拳中多處用到。

8. 靠

　　在太極拳法中，用肩、背、胯的外側擊人稱為靠，原本靠乃依靠之意，這就要求運用靠時一定要雙方身體貼近，而且肩、胯都必須相合。同時要得機得勢才用靠法，注意不要受對方轉化而失去自己的重心，所以，靠要穩固重心，還有抖靠爆發等。

　　八法之用要求反覆熟練，靈活自如，一動無有不動，通常有基本規律可循：直來橫去，橫來直去，制掤用採，克擺

用擠，破擠用按，化按用掤（破擠也可以用攦）。在步法中，克肘用靠，用採制肘，用捌化採，用靠破捌，步隨身換，腕隨掌轉等等。

（二）四正推手法

四正推手是以掤、攦、擠、按4種手法編排的推手基本方式，它是練習雙推手的入門功夫。透過練習四正推手，可熟悉掌握掤、攦、擠、按的應用，並可訓練聽勁、化勁和發勁等技能。有定步訓練和動步訓練之別。動步訓練是進退配合及路線呈弧形，相互進退，有有序配合和隨意訓練的層次。實為推手打下基礎，若訓練發勁和制敵，則是打手之法，為散手的基礎雛形。

1. 預備

甲乙對面立正而站，相距兩步。各自由立正提左腳朝左側邁開一步，然後呈太極拳預備式站立。

2. 互掤

甲乙互出右手，伸掌，手背相接；左手搭在對方右肘側。互相注視對方面部。相互掤勁（圖178）。

乙　甲

圖178

圖179   圖180

3. 甲攦

乙弓右膝，右手前臂向前上方掤。甲順乙之先以掤勢，重心向後移，右掌向裡翻，輕壓拂帶撫乙之右腕向右後方；攦左手搭乙之右肘以助攦勢（圖179）。

4. 乙擠

乙隨甲之攦勢，屈右前臂，左手脫開甲之右肘，轉至右前臂之內側，弓步，用右前臂外側擠甲；左手掌心向前撫右前臂裡側以助擠勢，使甲之兩手被擠於胸前（圖180）。

5. 甲按

甲順乙之擠勢，雙手搭乙之右前臂，向後坐，身向後移，化解乙之擠勁，再弓右膝，返回，雙掌向前推按乙之右前臂。乙隨之坐左足，身向後移，化解甲之按勁（圖181）。

6. 乙掤

（1）乙用左手背接甲之左掌，用左肘接甲之右掌；同時乙右前臂脫開甲之雙手，由下向右繞出，掌心托甲之左肘（圖182）。

圖 181

圖 182

（2）乙左手向前上方
將甲之左手掤起，弓右膝，
右手撫甲左肘以助掤勢。同
時，甲左手亦向前上方掤，
形成互掤（圖183）。

然後，變為乙捋、甲
擠、乙按、甲掤的順序練
習，方法相同，惟甲乙互換
方法。如此，反覆練習。

上面介紹的是順時針方
向練習；還有逆時針方向練

圖 183

習，即從預備勢開始，乙先向右捋，依次方法相同，惟方向
相反。這都屬四正推手。

此外，左右足前後可以互換，即甲乙同出左腳在前，練
習方法相同。

圖184

圖185

（三）四隅推手

四隅推手法包含採、挒、肘、靠4種技擊方法。由於其攻防方位為東北、東南、西南、西北四隅，所以稱之為四隅推手法。

1. 預備勢

甲乙相對併步直立，相距一步。雙方互出右手，右臂垂肘，手背相搭；左手各撫對方右肘處。相互注視（圖184）。

2.甲右手向裡翻，採（攬）乙右腕，右足向東撤一步，左手脫開乙之右肘，按於左胯側。乙隨採勢，右足向東上一步，右腳落於甲左腳裡側，左手脫開甲之右肘，按於左胯側（圖185）。

3.甲右手繼續攬乙右腕，左足向東南隅撤一步，左手上揚，準備挒。乙左足向東進一步，左腳落於甲右腳外側，身向右轉，左手揚掌，準備肘靠（圖186）。

圖 186

圖 187

4. 甲右足向東南方撤一步，屈膝成半馬步。右手攬乙右腕，左手抵乙之右臂，捯乙。乙順捯勢，右足向東南方進一步，右腳落於甲左腳內側，弓膝成右弓步，右臂屈肘反掌向下，用肘頂肩靠解開甲之捯；同時，乙左手自右臂裡側扶於肘窩處，以助肘靠之勢（圖 187）。

圖 188

5. 甲揮右掌對乙迎面一擊，化解乙之肘靠。乙出左手，從甲右臂裡側以手背接甲之右腕，化解甲之迎面掌（圖 188）。

6. 乙右足向北挪移一步，同時右手上提，從甲右臂外側從手背腕接甲之右腕；左手脫開甲之右手，下按於左胯側。同時，甲右足向北，上一步，落於乙右腳外側，左手下按於

圖 189

圖 190

左胯側（圖 189）。

7. 乙右手向裡翻，採甲之右腕，左足向東北方開一步，身向右轉。同時，甲身向右轉，左足向北上一步，落於乙右腳外側（圖 190）。

圖 191

8. 乙右足向東北撤一步，屈膝下蹲成半馬步，右手攬甲之右腕捌甲；同時，以左手抵甲之右臂，以助捌勢。甲順捌勢，右足向東北方上一步，伸腿於乙之襠內，弓右膝，右臂屈肘，反掌向下，靠乙；同時，左手扶右臂裡側，以助肘靠之勢（圖 191）。

9. 乙重複 5、6、7、8 之甲的動作；甲重複 5、6、7、8 之乙的動作，惟方向為西北隅（圖 192、圖 193、圖 194、圖 195）。

圖 192

圖 193

圖 194

圖 195

10.甲、乙均重複 5、6、7、8 之動作，惟方向為西南隅
（圖 196、圖 197、圖 198、圖 199）。

如此循環練習。

四隅亦可反方向練習，方法相同。

在熟練四正、四隅推手法之後，可轉入太極推手的實戰

圖196

圖197

圖198

圖199

練習（參考于志鈞《太極拳推手修煉》北京體育大學出版
社）。

第 **4** 章

武當三豐太極拳精進
內功功法匯萃

·打坐淺訓·

修鍊不知玄關，無論其他。只此便如入暗室一般，從何下手？玄關者，氣穴也。氣穴者，神入氣中，如在深穴之中也。神氣相戀，則玄關之體已立。

古仙云：「調息要調真息息，練神須練不神神。」真息之息，息乎其息者也。不神之神，神乎其神者也。總要無人心，有道心。將此道心返入虛無，昏昏默默，存於規中，乃能養真息之息，得不神之神。

初學必從呼吸下手，此個呼吸，乃是離父母重立胞胎之地，人能從此處立功，便如母呼亦呼、母吸亦吸之時，好像重生之身一般。

大凡打坐，須將神抱住氣，意繫住息，在丹田中宛轉悠揚，聚而不散，則內藏之氣與外來之氣，交結於丹田。日充月盛，達乎四肢，流乎百脈，撞開夾脊雙關而上游於泥丸，旋復降下絳宮而下丹田。神氣相守，息息相依，河車之路通

矣。功夫到此，築基之效已得一半了，總是要勤虛練耳。

調息須以後天呼吸尋真人呼吸之處，古云：「後天呼吸起微風，引起真人呼吸功。」然調後天呼吸，須任他自調，方能調得起先天呼吸，我惟致虛守靜而已。真息一動，玄關即不遠矣。照此進功築基，可翹足而至，不必百日也。

《道德經》：「致虛極，守靜篤。」二句可渾講，亦可析講。渾言之，只是教人以入定之功耳。

析言之，則虛是虛無，極是中極，靜是安靜，篤是專篤，猶言致吾神於虛無之間而準其中極之地，守其神於安靜之內必盡其專篤之功。

人心者二，一真一妄。故覓真心者，不生妄念，即是真心。真心之性格最寬大，最光明；真心之所居最安然、最自在，以真心理事，千條一貫。以真心尋道，萬殊一本。然人要用他應事，就要養得他壯大，就要守得他安閑，然後勞而不勞，靜而能應。丹訣云「心走即收回，收回又放下。用後復求安，求安即生悟」也。誰云鬧中不可取靜耶？

遊方枯坐，固非道也。然不遊行於城市雲山，當以氣游行於通身關竅內。乃可不打坐於枯木寒堂，須以神打坐於此身妙竅中乃可。

學道以丹基為本，丹基既凝，即可回家躬耕養親，做幾年高士醇儒。然後入山尋師，了全大道。彼拋家、絕妻、誦經、焚香者，不過混日之徒耳，烏足道哉？

保身以安心養腎為主，心能安則離火不外熒，腎能養則坎水不外崩，火不外熒，則無神搖之病，而心愈安。水不外崩，則無精涸之症，而腎愈澄。腎澄則命火不上沖，心安則神火能下照。神精交結，乃可以卻病，乃可以言修矣。

凡人養神養氣之際，神即為收氣主宰。收得一分氣，便得一分寶。收得十分氣，便得十分寶。氣之貴重，世上凡金凡玉雖有百兩不換一分。道人何必與世人爭利息乎？利多生忿恚，忿恚屬火，氣亦火種，忿恚一生，氣隨之走，欲留而不能留。又其甚者，連母帶子，一齊飛散，故養氣以戒忿恚為切。欲戒忿恚，仍以養心養神為切。功名多出於意外，不可存乾祿之心。孔子曰：「學也，祿在其中矣。」修道亦然，不可預貪效驗。每逢打坐，必要心靜神凝，一毫不起忖度希冀之心，只要抱住內呼吸做功夫。

練心之法，自小及大。如今三伏大炎，一盞飯可也，再求飽不可也。一片涼可也，再求大涼不可也。數點蚊不足畏也，必求無蚊不能也。自微及巨，當前即練心之境。

苦中求甘，死裡求生，此修道之格論也。

學道之士，須要清心清意，方得真清之藥物也。毋逞氣質之性，毋運思慮之神，毋使呼吸之氣，毋用交感之精。然真精動於何時，真神生於何地，真氣運於何方，真性養於何所，是不可不得明辨以哲者而細言之也。

凡下手打坐，須要心神兩靜，空空寂寂鬼神不得而知，其功夫只宜自考自信，以求自得，所謂誠其意者，毋自欺也。誠於中自形於外，是以君子必慎其獨也。

打坐之中，最要凝神調息，以暇以整，勿助勿忘，未有不逐日長功夫者。

凝神調息，只要心平氣和。心平則神凝，氣和則息調。心平，平字最妙。心不起波之謂平，心執其中之謂平。平即在此中也，心在此中，乃不起波。此中即丹經之玄關一竅也。

·打坐歌·

初打坐，學參禪，這個消息在玄關。秘秘綿綿調呼吸，一陰一陽鼎內煎。性要悟，命要傳，休將火候當等閒。閉目觀心守本命，清淨無為是根源。百日內，見應驗，坎中一點往上翻。黃婆其間為媒妁，嬰兒姹女兩團圓。美不盡，對誰言？渾自上下氣沖天。這個消息誰知道？啞子做夢不能言。急下手，採先天，靈藥一點透三關。丹田直上泥丸頂，降下重樓入中元。水火既濟真鉛汞，若非戊己不成丹。心要死，命要堅，神光照耀遍三千。無影樹下金雞叫，半夜三更現紅蓮。冬至一陽來復始，霹靂一聲震動天。龍又叫，虎又歡，仙藥齊鳴非等閒。恍恍惚惚存有無，無窮造化在其間。玄中妙，妙中玄，河車搬運過三關。天地交泰萬物生，日飲甘露似蜜甜。仙是佛，佛是仙，一性圓明不二般。三教原本是一家，饑則吃飯困則眠。假燒香，拜參禪，豈知大道在目前？昏迷吃齋錯過了，一失人身萬劫難。愚迷妄想西天路，瞎漢夜走入深山。天機妙，非等閒，洩漏天機罪如山。四正理，著意參，打破玄關妙通玄。子午卯酉不斷夜，早拜明師結成丹。有人識得真鉛汞，便是長生不老丹。行一日，一日堅，莫把修行眼下觀。三年九載功成就，煉成一粒紫金丹。要知此歌何人作，清虛道人三豐仙。

·道要秘訣歌·

道要歌，道要歌，不知道要必遭魔。看玄關，調真息，知斯二要修行畢。以元神，入氣海，神氣交融默默時，便得一玄真主宰。將元氣，入黃庭，氣神和合昏昏際，又得一玄

最圓明。一玄妙，一玄竅，有欲觀竅無觀妙。兩者玄玄是要機，異名同出誰知道？看玄關，無他訣，先從竅內調真息。神恬氣靜極自然，妙自無生現太極。古仙翁，多半語，恐洩真機無妄舉。或言有定在中央，或言無定自領取。到而今，我盡言，此在有定無定間。有定曰竅無曰妙，老君所說玄又玄。指分明，度有情，留與吾門作賞音。遇而不修為下鬼，為聖為凡隨乎人。初下手，最難行，離了散亂又昏沉。大丈夫，有真學，必將神氣分清濁。先天神兮最清明，後天神兮乃濁物。掃除濁物守清明，閉塞三寶居靈谷。這靈谷，即竅兒，竅中調息要深思。一息去，一息來，息息相依時相偎。幽幽細細無人覺，神氣團沖九竅開。照此行持得竅妙，昏沉散亂從何來？

·大道歌·

君今洗耳聽吾言，道有先天與後天。後天渣質為無用，先天一點號真鉛。昧真鉛，迷本性，此是修行第一病。玉清殿上少人行，吾今指破神仙鏡。命要傳，性要悟，入聖超凡由汝做。靜功悟性動取藥，內有龜蛇顛倒縮。一陽發動便行動，斡轉天關需猛烈。陰生在午陽坎中，卯酉行持要從容。斗柄撥輪來紫府，笑迎仙子客黃公。黃婆宮中會姹女，姹女嬰兒自相配。要築基，須練己。練純熟，明採取。蒙師指我一段功，先將九竅關門通。九竅原在尾閭穴，先從腳底湧泉沖。湧泉沖起漸至膝，膝下功夫須著力。釋氏即此號蘆芽，又如蟲行又如刺。過膝徐徐至尾閭，有如硬物來相抵。方行最上一切功，三段功夫有口訣。從此三關一撞開，泥丸頂上轉將來。金鎖關穿下鵲橋，重樓十二真奇哉。重樓即名絳宮

室，絳宮黃庭有端的。黃庭一室須要精，精在中間一點靈。切莫糊塗為隱秘，黃庭便是真玄關。不識玄關端的處，真鉛採來何處安？君不見，悟真詩，須憑玄牝立根基。真精既返黃金室，一顆明珠永不離。又不見《參同》書，狀似蓬壺比不誣。下閉稱無上閉有，兩孔穴法氣相須。從今講道談玄理，除此為之都是虛。關已開，功已積，製劍要明真消息。鏌鎁尚且鐵為之，何況我劍本來直。天為爐，地為冶，金水相停切莫野。子午行功要鑄成，能剛能柔能取捨。劍已全，採真鉛，採取鴻濛未判先。若還採得後天氣，只是將他命苟延。二七時，有真機，神州赤縣當求之。法財兩用若求得，就好切思細詳別。粉紅雲，野雞色，唇若塗朱膚似雪。聰明智慧性溫良，神光漆彩髮純黑。氣清視正步行端，方用中間算年月。五千四八生黃道，杳杳冥冥生恍惚。依時採取定浮沉，不可毫厘令過越。此際須明三日弦，妙在西方庚辛白。慧劍靈，內心誠，敲竹相通始鼓琴。天梯宜用不可缺，密密深機哪個能？海底巨鰲休亂釣，恐驚去了不回程。爐莫損，候要別，採過後天延歲月。一個時辰分六候，只於二候金丹就，尚餘四候有神功，妙在心傳難洩漏。真鉛來，發神火，西到東來先覓我。運我真汞一點紅，相迎相迕成一顆。過三關，升泥丸，下得重樓入廣寒。又不痴，又不慧，又不醒兮又不醉。若非遍體使精神，怎得夫妻成匹配？丹既定，心喜幸，屯蒙兩卦朝昏應。也知沐浴在其中，卯酉之時不宜進。守城垣，罷戰功，增得靈砂滿鼎紅。如斯十月功夫足，器皿丹房一撒空。入深山，抱元一，萬事俱空不費力，寒暑饑勞不可侵。巍巍九載面牆壁，朝來北海暮瀛洲。忽然功行齊完日，水府三官算壽年。一封丹書下瑤天，青鸞白鶴舞翩翩。

直至通明封拜罷，永作長生不老仙。

·五更道情五首·

題義　五更須活看，只是功夫不息之義，勿謂一更是一更功夫，二更是二更功夫也。餘類推。

＜一＞

一更初，獨牧青牛，勿縱狂行，不放閑遊。我這裡換景移情，攀花折柳，密煉潛修。閉六門無為靜守，擒五賊有法拘囚。匹配剛柔，耐得春秋。氣盛神全，採藥何愁？

二更裡，匹配調和，逐散諸陰，趕退群魔。俺只要招鳳來巢，喚龜還窟，引虎歸窩。看鉛生須知謹守，逢月現認得真嘛。下手莫錯，望遠時過，赤水含珠，造化無那。

三更中，一陽才萌，赤縣門開，真氣方升。這時節微露鉛華，初含玉蕊，半吐金精。鎖心猿龍吟雲應，拴意馬虎嘯風生。採顆芝英，送入黃庭，封固無虞，百日功靈。

四更殘，飲罷醍醐。乘槎張騫，笑煞麻姑。憑這點灌溉三田，融通百脈，潤澤肌膚。周流遍牢關土釜，升降畢謹守如初。念慮皆無，聲色盡除。溫養胎仙，十月功夫。

五更終，添汞抽鉛，換鼎分胎，移上丹田。從今後，陽長陰消，性成命全，體固身堅。靜調神，一周漸大。勤面壁，九載還元。行滿功圓，八百三千。與道合真，便是神仙。

＜二＞

一更裡，鉛汞全，三屍六賊都游散。心猿意馬牢拴定，

鉛鼎溫溫水不寒，諸魔不敢抬頭看。安神息，任天然。龍自吟，虎自歡。這樁妙理行持慣，遍身水火配離坎。成仙成聖何嗟嘆？要做個長生也不難。曾記得，火龍直指得還丹，逍遙自在，自在神仙。

二更裡，丹詔來，乘龍跨鳳青霄外。大還到手人人愛，方信金丹好藥材。母見嬌兒（一作懷抱兒童）共一堆，安穩睡，且妝呆。清虛地，不染埃，從今滅卻冤家債。做一個長生不老，養就了杏臉桃腮。

三更裡，活子時，仙家美景現華池。靈龜吸盡金烏髓，丹鳳銜來玉兔脂。玄明酒，醉如痴，群陰盡。艷陽期，一枝春色金花麗，佳人有意心相許，郎君把玩兩情怡。得遇了還元返本，壽與天齊。

四更裡，更漏深，鉛生癸（一作子）後陰陽分（一作順）。正值一弦金水滿，恰似鶯花二月春。不貪財，不愛名。飲瓊漿，聽玉音，碧天連水清波淨。虛自堂前拴意馬，無影樹下鎖心猿。三回九轉真人現，得遇了先天大道，壽比乾坤。

五更裡，採得他，功名富貴都拋下。一心盼望蓬萊景，十洲三島便為家。免欲火，無牽挂。這長生，在自家。養育恩情休要差，逢人莫說艱難話。刀兵虎，全然不怕。任你是艷色垂簾，再不戀路柳牆花。

＜三＞

一更裡，入禪房。清淨身心不用忙，心猿意馬休輕放。守定靈臺白玉光，無事真人裡面藏。主翁端坐崑崙上，黃婆勾引入洞房。嬰兒姹女配成雙，三家會合曲江上。

二更裡，上蒲團。思念父母未生前，本來面目常發現。採取先天補後天，三關運轉至泥丸，華池神水頻吞咽，水火相交暖下田，偃月爐中至寶煎，三四九轉把丹煉。

三更裡，一陽生，坎離交媾結婚姻，無牽無掛常清淨。海底泥牛直上奔，綿綿一氣透崑崙。金水夫妻來交併，白雪生長在黃庭。煉就金丹不壞身，方才識透玄關性。

四更裡，覓宗風。西為大意在其中，時時常把功夫用。皓月當空徹底紅，照看自己主人翁。方知爐內鉛投汞，玲瓏塔裡現真宗。金丹煉就了真空，千年萬載身不動。

五更裡，合天機。玄關一竅少人知，誰人識得生死地？全憑戊己產嬰兒，金光燦爛現牟尼。至寶收在丹田裡，養就靈根與天齊。陽神妙體同太虛，黍珠一粒包天地。

＜四＞

靜中觀面觀象，搜尋道竅根源。太乙爐中運周天，三昧真火鍛鍊。箭射九重鐵鼓，三關運轉泥丸。擎著寶月配日眠，此時鉛汞相見（右調西江月，按此乃古仙詞唱，祖師借來作五更道情引首，故仍之）。

一更裡，馬穩莫放猿猴跳。氣清神清，自然心地掃。看守黃庭，運轉先天道。清靜閑觀，透出玄中妙。乘一時，才心定。性在天邊海底命，悟著青銅鏡。青銅鏡，無象光明鐵陀硬。你看你變乾坤。採日精，盡都聽法王令。

二更裡，爐內萬朵蓮花放。煉就黃芽，一點從天降。死中撥活，無象卻有象。普照十方，到處皆明亮。看天溝，明耀耀。牧放群羊拍手笑，早把雲夢跳。雲夢跳，腳踏靈臺高聲叫。你看你領金牌，把名表，得證了，無為道。

三更裡，調理巍巍全不動，一枕孤眠，識破黃粱夢。白鴉來朝，太極光明洞。海水枯乾，顆顆珍珠弄。紫陽宮，獨自立（葉利）。水晶宮裡閑遊戲，好個九品無生地，都帥大堂金剛列。你看你上天梯，怎得知珊瑚石，真琉璃。

四更裡，猛勇要把魔王戰。無象宮中，使出雙尾劍。戰退魔王，萬里成一片，體貌縱橫，又入蓬萊院。這消息，誰知道？自己思量自己笑，好個玄中妙。玄中妙，一副棋子盤中鬧。你看你士相卒，擺列炮，進車馬，將軍照。

五更裡，方醒自覺心開悟。急緊加功，再進竿頭步。奔到紫陽宮，透出漕溪路。這些功夫，等閑休分訴。提金容，把劍首，自己收拾休教漏，放出蛟龍鬥。蛟龍鬥，莫把羊兒饑餓瘦。你看你提防誰，賊不偷，守定了，周天候。

＜五＞

倒卷黃河一派通，養來柔弱似嬰童。世人若問長生路，笑指蓬萊碧海東。

一更裡，修行要仔細，休教意馬走東西，走東西。猿猴鎖在方寸地，這青牛老子能騎（重句，下仿此）。金丹花兒勾一，寶劍插在爐裡。龍虎交，會坎離，水火顛倒成既濟。金丹花兒快樂，念念上一聲佛，南無混沌世界佛，南無花開葉兒落（花開葉落比陽生陰盡之時，若是凡花，則花開葉亦生矣。餘仿此）。

一更裡，修行提正念。十字街前煉金丹，煉金丹。不用水火不用炭，只要悟，打坐參禪。金丹花兒勾二，黃婆引去嬰兒，上泥丸，透玄關，嬰兒姹女兩團圓。金丹花兒快樂，念念上一聲佛，南無釋迦牟尼佛，南無花開葉兒落。

二更裡，修行要團圓，姹女嬰兒在兩邊，在兩邊。黃公黃婆為媒眷，將二家結就姻緣。金丹花兒勾三，說起生死不難。說不難，卻又難，不在身邊在那邊。金丹花兒快樂，念念上一聲佛，南無西方如來佛，南無花開葉兒落。

　　二更裡，修行要心專。手提一根無影劍，無影劍。六賊趕至魔王殿，將三屍斬首目前。金丹花兒勾四，我今遇著明師，與咱指一條路，時時刻刻用功夫。金丹花兒快樂，念念上一聲佛，南無大肚彌勒佛，南無花開葉兒落。

　　三更裡，修行要防危，休將六屆賊搬弄你，般弄你。聚氣凝神總不移，燒紙錢，送將出去。金丹花兒勾五，我今得了功夫。採先天，補後天，滾出雲門天外天。金丹花兒快樂，念念上一聲佛，南無接引準提佛，南無花開葉兒落。

　　三更裡，修行莫漏機。黃河倒卷上天梯，上天梯，玄關站定青牛蹄，顛倒顛，取坎填離。金丹花兒勾六，獅子煉成火猴。我今想去雲遊，翻過甲子到瀛洲。金丹花兒快樂，念念上一聲佛，南無十八羅漢佛，南無花開葉兒落。

　　四更裡，修行要用心。雙樹林中點慧燈，點慧燈，照見世尊，他去極樂園，門前等一等。金丹花兒勾七，空中有人提攜，馬車青牛，過玄關，煉顆金丹圓又圓。金丹花兒快樂，念上一聲佛，南無燃燈古老佛，南無花開葉兒落。

　　四更裡，修行要用功，須看西南起巽風，起巽風。水火既濟顛倒用，將藥火齊入爐中。金丹花兒勾八，嬰兒姹女赴龍華。主人翁，認得他，打成一片是作家。金丹花兒快樂，念念上一聲佛，南無大鵬金翅佛，南無花開葉兒落。

　　五更裡，修行金雞叫。迷人不是這條道，這條道，鐵樹開花蕊不少，完滿了，自有根梢。金丹花兒勾九，說起人從

皆有。說起有，卻又無，說無說有永不休。金丹花兒快樂，念念上一聲佛，南無孔雀明王佛，南無花開葉兒落。

五更裡，修行太陽紅。須防火候一場空，一場空，霞光萬道金蓮湧，完滿了，自然成功。金丹花兒勾十，我今來在家裡，見主人笑嘻嘻，我問真人在哪裡？金丹花兒快樂，念念上一聲佛，南無長耳定光佛，南無花開葉兒落。

念罷五更到天明，正東閃上小桃紅（葉橫）。小桃紅，東生西落催人老，躲三災，報答師恩。金丹花兒勾十一，我今來在深山裡，搭一座，草茅庵，降龍伏虎自然置。金丹花兒快樂，念念上一聲佛，南無阿彌陀佛，南無花開葉兒落。

念罷五更一坦明，一道紅光是至真。黃龍透出三關頂，到今日跨鶴飛升。金華十二一齊開，玉皇老子丹書來。穿仙衣，坐蓮臺，練就金身全不壞。念念上一聲佛，南無無量受福佛，南無花開葉兒落。

·上天梯·

金虎吐鉛，月之圓，存乎口訣。時之子，妙在心傳。採先天之功，全憑戊己。奪後天之氣，龍虎初弦。青龍白虎相爭戰，玉兔金烏一處搏。防只防身中無慧劍，怕只怕急水灘頭挽不住船，等只等黃婆勾引，候只候少女開蓮。此事難言。五千日內君須算，三十時辰暗裡盤，子前午後分明看。鉛陽未動，癸現於前，真鉛真陽隨後邊。藥到臨爐，此時休怠慢，急速下手擒入關，隨後用六百抽添。十月胎圓，嬰兒出現。面壁九年，獨露真詮，才做個閬苑蓬萊物外仙。

·積氣開關說·

其端作用，亦如前功。以兩手插金鍬，用一念歸玉府，全神凝氣，動俾靜忘。先存其氣，自左湧泉穴起於膝脛，徐徐上升三關，約至泥丸，輕輕降下元海。次從右湧泉穴，俾從右升降，作用與左皆同。左右各運四回，兩穴雙升一次，共成九轉，方為一功。但運谷道輕提，踵息緩運，每次須加九次，九九八十一次為終。其氣自然周流，其關自然通徹。倘若未通，後加武訣，逐次搬行。先行獅子倒坐之功，於中睜睛三吸，始過下關，後乃飛金精於肘後，掇肩運聳，自升泥丸，大河車轉。次撼崑崙，擦腹搓腰八十一，研手摩面二十四，拍頂轉睛三八，止集神叩齒四六通。凡行此功，皆縮谷閉息。每行功訖，俱要嗽咽三分，方起搖身，左右各行九組。此為功法。可配靜功，互為運行，周而復始，如此無間，由是成功。上士三晝夜而關通，中士二七以透徹，下士月餘關亦通。功夫怠惰，百日方開；若骨痛少緩其功。倘睛熱多加呵轉。一心不惰，諸疾無侵。其時泥丸風生，而腎氣上升。少刻鵲橋瑞香，而甘露下降。修丹之士，外此即誣。若非這樣開道，豈能那般升降而練己配合也哉？

·玄關一竅歌·

玄關一竅通真訣，乾坤辟破蓬壺闊。黃庭有個元翁客，抱琴待守天邊月。二水清兮三水濁，金花開，兌頭缺，峨眉山上紫霞飛，霞飛化了紅爐雪。龍吟逼，虎嘯迫，靈龜吸盡金烏血。騎龍掛劍醉歸家，運轉三關朝北闕。

·金丹歌·

金丹一粒重一斤，世人知得永長生。築基掃盡塵間事，鍊己只是養元神。黃庭土釜先天汞，萬慮皆空絕世情。離了己身不是道，執著己身也是空。我今洩漏天機理，說與學道諸英雄。目前現有長生路，千萬凡夫迷本宗。掃盡靈臺無一念，身閒清靜運玄功。呼吸虛無神守舍，百脈歸源如水清。身中自有真鉛現，一顆紅光似月明。玄關往來無定位，陰陽升降有時辰。年中取月月取日，中秋現出月光輪。三旬只在家裡坐，時刻不離紫微星。南面對觀北斗柄，正是日午打三更。西北安爐煉靈藥，東南立鼎法神功，鼎爐相對真做手，慧劍掛在水晶宮。黃婆勾引為媒聘，靈龜入爐深更深。醍醐灌頂真橐籥，採取先天一氣真。一息一紐天谷穴，河車搬運上崑崙。過了鵲橋入華池，降下重樓十二層。尾閭夾脊三關過，金公歸舍入黃庭。鉛來投汞貓捕鼠，汞去投鉛兔見鷹。九轉神丹入金鼎，十月胎完造化成。寒暑不知真造化，體變純陽是真金。塵中積行三千滿，白日飛升朝玉京。

·金液還丹破迷歌·

還丹訣，還丹訣，吾今仔細與君說。旁門小術路三千，除此金丹都是僻。萬般渣質皆非類，真陰真陽正栽接。陰陽交，鉛汞接，嬰兒姹女空中烈。龍虎上下轉升騰，海底靈龜弄星月。長黃芽，飛白雪，水中金露先天訣。真黃婆，真橐籥，金丹就是長生藥。先築基，後進藥，百日功夫牢抱著。若追二氣歸黃道，三家相見仙胎結。性要鍊，命要接，休在人間虛歲月。若將鉛汞歸真土，添汞抽鉛永不滅。烏八兩，

兔半斤，二物同入戊己村。兩頭武，中間文，四大擒來一處烹，十月功勤火候足，純陽煉就壽無窮。換鼎移胎三五載，九年面壁出陽神。玄是祖，牝是宗，先天先地萬般根。點開透地通天眼，翰轉天關斗逆行。竅要開，氣自通，雷轉斗柄聲正轟，海底雲汲龍翻浪，泥丸風生虎嘯聲。若會陰陽顛倒法，乾坤造化立時成。講悟真，說參同，此理原來是一宗。此藥雖從房中得，金丹大液事不同。饒服氣，空煉精，閉尾閭，望飛升，不得金丹總不成。鳥獸類，知全形。龜納鼻息能調氣，鹿運尾閭亦煉精。又有鶴胎常穩抱，夜伴雲鬆靜養神。畜生倒有千年壽，為人反不悟長生。遍世人，貪名利，不怕閻羅鬼簿情。人有生滅畜有死，三寸氣斷鬼為鄰。先天藥，後天藥，此是陰陽真妙物。先天藥，能超脫。後天藥，延命殼。世人若會裁接機，長生不死還大覺。性要修，命要全，採得先天種泥丸。童兒修，精氣全，靜裡一氣口升天。只有無為身不破，才是修真大羅仙。幼年間，喪了陽，半路出家性顛狂。乾爻走入坤爻裡，變成離卦內虛張。取將坎位中心實，返本還原復作陽。真水火，配陰陽，世人莫要亂思量。饒你無為空打坐，不免亡身葬北邙。習靜功，守中黃，到老差殊枉一場。縱然明瞭真如性，陰魄投胎入鬼鄉。延命藥，返魂漿，金丹就是藥中王。若將一粒吞歸腹，返老還童壽命長。又休妻，又絕糧，持齋說法往西方。任你旁門千萬法，除斯同類總成狂。我把天機都洩漏，還丹端的是仙方。累代神仙從此得，脫離塵世上天堂。我勸後來學道者，休聽邪師說短長。若得口訣金丹藥，延年住世壽無疆。以此修出長生路，報答師恩謝上蒼。著斯訣，作慈航，行滿功圓感玉皇。破迷金液誰人作？萬古流傳元化張。

·龍虎還丹指迷歌·

饒君到處問仙梯，一陽初動始稱奇。水淹崑崙翻碧海，虎嘯岩頭是祖基。直指逍遙捷徑處，一輪明月照須彌。水中虎，火中龍，八卦五行顯耀中，捉得龍兮生紫霧，伏了虎兮金光露。二象何緣立道根？只因久假曹溪路。男配女，陰配陽，交媾分明戰一場。戊己土，作黃房，神氣清兮是藥王。煉得紫金丹粒就，跨鶴乘鸞朝玉皇。

虎藏碧海伴兒眠，龍自扶桑日裡旋。待等一陽春意動，虎放金光龍吐涎。腰懸寶劍收龍霧，虎見龍歸自其潛。二物相隨歸戊己，一爐真火慢烹煎。子至午，火候嚴，卯酉加臨莫放閑。吞祖氣，啖瓊漿，色內真空哪個詳？煉之只在生身處，十殿冥王共此方。速頓悟，莫痴貪，休道老人說異端。饒爾翻談三藏法，不悟無生也是閑。打破這個鐵饅頭，自在逍遙億萬年。

·太極長生法·

《張三豐太極煉丹秘訣》卷三載：

「《真訣》曰：坎卦陽生，當正子時，非始非終，艮卦腎氣交肝氣，未交之前，靜室中披衣握固，正坐盤膝，蹲下腹肚，須臾升身，前出胸而微偃頭於後，後閉夾脊雙關，肘後微扇一二伸腰，自尾閭穴，如火相似，自腰而起，擁在夾脊，慎勿開關，即時甚熱氣壯。漸次開夾脊關，放氣過關，仍伸面腦後，緊偃以閉上關，慎無開之，即覺熱極氣壯，漸次開關入頂，以補泥丸髓海。須身耐寒暑，方為長生之基。次用還丹之法，如前出胸伸腰閉夾脊蹲而伸之。腰間久不

起，當靜坐內觀，如法再作。以火起為度，自丑行之，至寅終而可止。乃曰肘後飛金晶，又曰抽鉛，使腎中氣生肝氣也。且人身脊骨二十四節自下而上三節，與內腎相對，自上而下三節，名曰天柱。天柱之上，名曰玉京，天柱之下，內腎相對尾閭穴之上，共十八節，其中曰雙關。上九下九，當定一百日，遍通十八節而入泥丸。必於正一陽時，坎卦行持，乃曰肘後飛金晶。離卦採藥，乾卦進火燒藥，勒陽關始，一百日飛金晶入腦，三關一撞，直入上宮泥丸，自坎卦為始，至艮卦方止。自離卦採藥，使心腎氣相合，而肝氣自生心氣，二氣純陽，二八陰消，薰蒸於肺，而得肺液下降也。含真氣曰得黍米之珠，而及黃庭，方曰內丹之材，即百日無差，藥力全。凡準卦採藥用法，依時內觀轉回精細，若乾卦進火燒藥，勒陽關自兌卦為始，終在乾卦。如此又一百日，以肘後飛金晶，自兌卦至震卦方止。離坎採藥之時，法如舊，以配自坤至乾卦行持，即二百日無差，聖胎堅。勒陽關法，自坤卦至乾卦方止。如此又一百日足，泥丸充實，返老還童，不類常人。採藥就，胎仙完，而真氣生，形若彈圓，色同朱橘，永鎮丹田，而作陸地神仙。三百日後行持，至離卦罷採藥，坤卦罷勒陽關，即行玉液還丹之道。故至冬至後，方曰行功，三百日胎完氣足而內丹就，真氣生。凡行此法，方為五行顛倒，三田返復。未行功以前，先要匹配陰陽，使氣液相生，見驗方止。次要聚散水火使根源牢固，而氣行液住，見驗方止。次要交媾龍虎，燒煉丹藥，使採補還丹而鍛鍊鉛汞，見驗方止。十損一補之數足，而氣液相生，見驗方止。上頂行持，乃小乘之法，自可延年益壽，若以補完堅固，見驗方止，方可年中擇月。冬至之節，月中擇日，

甲子之日，日中擇時。坎離乾卦，三時為始，一百日自坎至艮，自兌至乾，二百日後，自坎至震，自坤至乾，凡此下功，必於幽室靜宅之中，遠婦人女子，使雞犬不聞聲，臭穢不入鼻，五味不入口，絕七情六慾，飲食多少，寒熱有度，雖寐寤之間，而意恐損失，行功不勤，難成乎道，如是三百日看應驗如何。」

·太極超凡法·

《張三豐太極煉丹秘訣》卷三載：

「真訣曰：超者，超出凡軀，而入聖品；脫者，脫去俗胎，而為仙子。是神入氣胎，氣全真性，須是前功節節見驗正當，方居清靜之室，以入希夷之境。內觀認陽神，次起火降魔，焚身聚氣，真氣升在天宮，殼中清靜，了無一物。當擇幽居，一依內觀，三禮既畢，平身不須高升，正坐不須斂伸，閉目冥心。靜寂朝元之後，身軀如在空中，神氣飄然，難為制御。默默內觀，明明不寐，山川秀麗，樓閣依稀，紫氣紅光，紛紜為陣，祥鸞綠鳳，言語如簧，異景繁華，可謂壺中真趣，而洞天別景，逍遙自在，怡然不知有塵世之累。是真空之際，其氣自轉，不須用法依時。若見青氣出東方，笙簧嘹亮，旌節車馬，左右前後，不知多少。須臾南方赤氣出，西方白氣出，北方黑氣出，中央黃氣出，五氣結聚而為綠雲。樂聲嘈雜，喜氣熙熙，金童玉女，扶擁自身，或跨火龍，或乘玄鶴，或跨綠鸞，或騎猛虎，升騰空中，自下而上，所遇之處，樓臺觀宇，不能盡陳，神祇官吏，不可備說。又到一處，女樂萬行，官僚班列，如人間帝王之儀，聖賢畢至。當此之時，見之旁若無人，乘駕上升，以至一門。

兵衛嚴肅，而不可犯，左右前後，官僚女樂留戀不已，終是過門不得。軒蓋覆面，自上而下，復入舊居之地。如此上下不厭其數，是調神出殼之法也。積日純熟，一升而到天宮，一降而還舊處，上下純無滯礙，乃自下而上，或如登七級寶塔，或如上三層瓊樓，其始也。一級而復一級，七級上盡，以至頂中，輒不得下視，恐神驚戀軀不出。既至七級之上，則閉目便跳，如寐如寤，身外有身，形如嬰兒，肌膚鮮潔，神採瑩然。回視故軀，亦不見有所見之者，乃如糞堆，又如枯木，憎愧萬端。輒不可頓棄而遠遊，始乎一步二步，次二里三里，積日純熟，乃如壯士展臂，可千里萬里而形神壯大，勇氣堅固，然後寄凡骸於名山大川之中，從往來應世之外，不與俗類等倫。或行滿而受天書，駿鸞乘鳳，跨虎騎龍，自東自西，以入紫府，先見太微真君，次居下島，欲升洞天，當傳道積，行於人間，受天書而升洞天，以為天仙。凡此行法，古今少有成者。蓋以功不備而欲行之速，便為此道。或功驗為證，止事靜坐，欲求超脫。或陰靈不散，出而見仙，人不見形，來往去住，終無所歸。止於投胎就舍，而奪人軀殼復得為人，或出入不熟，往來無法，一去一來，無由再入本軀，神魂不知所在，乃釋子之坐化，道流之屍解也。故行此道，要在前功見驗正當，仍擇地築室，以還一切，腥穢之物，臭惡之氣，往來之聲，女子之色，不止於觸其真氣，而神亦厭之，既出而復入，入而不出，則形神俱妙，與天地齊年，而浩劫不死，既入而復出，出而不入，如蟬脫蛻，遷神入聖，此乃超凡脫俗，以為真人仙子，而在風塵之外，寄居三島之洲者也。《道要》曰：不無盡法，已滅息矣。」

·太極玉液法·

《張三豐太極煉丹秘訣》卷三載：

「凡用艮卦飛金晶入腦，止於巽卦而已，此言飛金晶三百日後也，離卦罷採藥，坤坤罷勒陽關，只此兌卦下手勒陽關，至乾卦方止，既罷離卦，添入咽法煉形。咽法者，以舌攪上腭兩頰之間，先咽了惡濁之津，次退舌尖以滿，玉池津生，不漱而咽。凡春三月，肝氣旺而脾氣弱，咽法日用離卦；凡夏三月，心氣旺而肺氣弱，咽法日用巽卦；凡秋三月，肺氣旺而肝氣弱，咽法日用艮卦；凡冬三月，腎氣旺而心氣弱，咽法日用震卦（飛金晶法咽亦不妨）。凡四季之月，脾氣旺而腎氣弱，人以腎氣為根源，四時皆有衰弱。每四時季月之後十八日，咽法日用兌卦，仍與前咽法並用之。獨於秋季，止用兌卦咽法，而罷艮卦之功。以上咽法，先依前法而咽之，如牙齒玉池之間而津不生，但以舌滿上下而閉玉池，收兩頰，以虛咽而為法。止於咽氣，氣中自有水也。咽氣如一年（三十六次至四十九次為數）。又次一年（八十一次），又次一年（一百八十一次）為見驗，乃玉液還丹之法。行持不過三年，灌溉丹田，沐浴胎仙，而真氣愈盛。」

·太極合道法·

《張三豐太極煉丹秘訣》卷三載：

「《真訣》曰：此法合道，有如常說存想之理，又如禪僧入定之時，當擇福地置室，跪禮焚香，正坐盤膝。散髮披衣，握固存神，冥心閉目，午時前微微升身，起火煉氣，午時後微微斂身，聚火煉丹，不拘晝夜，神清氣合，自然喜

悅。坐中或聞聲莫聽，見境勿認，物境自散。若認物境，轉加魔障。魔障不退，急急向前，以身微斂，斂而伸腰，扣以胸微偃，偃不伸腰，少待前後，火起高升，其身勿動，名曰焚身。火退魔障，自散於軀外，陰邪不入於殼中。始此三兩次已。當想遍天地之間，皆是炎炎之人，火畢清涼，了無一物，但見車馬歌舞，軒蓋綺羅，富貴繁華，人物歡娛，成隊成行，五色雲升，如登天界。及到彼中，又見樓臺聳翠，院宇徘徊，珍珠金玉，滿地不收，花果池亭，莫知其數。須臾異香四起，妓樂之音，嘈嘈雜雜，賓朋滿座，水陸俱陳，且笑且語，共賀太平。珍玩之物，互相獻受。當此之際，雖然不是陰鬼魔障，亦不得認為好事。蓋修真之人，棄絕外事，甘受寂寞，或潛跡江湖之地，或循身隱僻之隅，絕念忘情，舉動有戒，久受劬勞，而歷瀟灑。一旦功成法立，遍見如此繁華，又不謂是陰魔，將謂實到天宮。殊不知脫凡胎，在頂中自已天宮之內，因而貪戀認為實境，不用超脫之法，止於身中。陽神不出，而胎仙不化，乃日出昏衢之上，為陸地神仙，僅可長生不死而已，不能脫質升仙，而歸三島以做仙子。到此可惜。學人自當慮，超脫雖難，不可不行也。《道要》曰：不無盡法，已減省故也。」

·煉丹火候說·

＜上＞

夫功夫下手，不可執於有為，有為都是後天。今之道門，多流此弊，故世罕傳真。亦不可著於無為，無為便落頑空。今之佛門，多中此弊，故天下少佛子。此道之不行，由

於道之不明也。

　　初功在寂滅情緣，掃除雜念。除雜念是第一著築基煉己之功也。人心既除，則天心來復。人欲既淨，則天理常存。每日先靜一時，待身心都安定了，氣息都和平了，始將雙目微閉。垂簾觀照心下腎上一寸三分之間，不即不離，勿忘勿助，萬念俱泯，一靈獨存，謂之正念。斯時也，於此念中，活活潑潑。於彼氣中，悠悠揚揚。呼之至上，上不沖心，吸之至下，下不沖腎。一闔一闢，一來一往。行之一七、二七，自然漸漸兩腎大蒸，丹田氣暖。息不用調而自調，氣不用煉而自煉。氣息既和，自然於上、中、下不出、不入，無來無去，是為胎息，是為神息，是為真橐籥、真鼎爐，是為歸根復命，是為玄牝之門、天地之根。氣到此時，如花方蕊，如胎方胞，自然真氣薰蒸營衛，由尾閭穿夾脊，升上泥丸。下鵲橋，過重樓，至絳宮而落於中丹田。是為河車初動。但氣至而神未全，非真動也，不可理他。我只微微凝照，守於中宮，自然無盡生機，所謂「養鄞鄂」者，此也。行之一月、二月，我神益靜，靜久則氣益生，此為神生氣，氣生神之功也。或百日、或百餘日，精神益長，真氣漸充，溫溫大候，血水有餘。自然坎離交媾，乾坤會合，神融氣暢。一霎時間，真氣混合，自有一陣回風，上沖百脈，是為河車真動。中間若有一點靈光，覺在丹田，是為水底玄珠，土內黃芽。爾時一陽來復，恍如紅日初升，照於滄海之內，如霧如煙，若隱若現，則鉛火生焉。方其乾坤坎離未交，虛無寂滅，神凝於中。功無間斷，打成一團，是為五行合配。至若水火相交，二候採取，河車逆轉，四候得藥，神居於內，丹光不離，謂之大周天，謂之行九轉大還也。此時一點

至陽之精凝結於中，隱藏於欲靜情寂之時，而有象有形。到此地位，息住於胎，內外溫養，頃刻無差，又謂之十月功夫也。

＜下＞

夫靜功在一刻，一刻之中，亦有練精化氣、練氣化神、練神還虛之功。夫在內不獨十月然也，即一時、一日、一月、一年皆然。

坐下，閉目存神，使心靜息調，即是練精化氣之功也。

迴光返照，凝神丹穴，使真息往來。內中靜極而動，動極而靜，無限天機，即是練氣化神之功也。

如此真氣朝元，陰陽反覆，交媾一番，自然風恬浪靜。我於此時，將正念止於丹田，即是封固火候。年、月、日、時久，久行此三部，功夫不但入圓十月也。故曰：運之一刻，有一刻之周天。運之一時、一日、一月、一年，即有一時、一日、一月、一年之周天也。然一刻中，上半刻為溫、為進火、為望、為上弦、為朝屯、為春夏，下半刻為涼、為退符、為晦、為下弦、為暮蒙、為秋冬。一時則有上四刻、下四刻之分，即一日、一月、一年皆同，此之謂攢簇陰陽五行。一刻之功夫，奪一年之氣候也，到此乃是真空真靜。或一、二年至十年、百年，打破空虛與太虛同體，此為練神還虛之功也。

前功十月既滿，須時時照顧嬰兒。十步、百步，千里、萬里，以漸而出。倘或放縱不禁，必致迷而不返。仙經曰：「神入氣成胎，氣歸神結丹。」所謂「一點落黃庭」是也。但人雜念少者得丹早，雜念多者得丹遲。

此法簡易，奈人不肯勇猛耳。若能恆久行持，必然透金貫石，入水蹈火，通天達地。再行積行累功，服煉神丹大藥，必然形神俱妙，白晝飛升，全家拔宅。此又在功德之淺深如何耳。設或不服神丹，只顧陽神沖舉，回視舊骸，一堆塵土，夫亦白日羽翰，萬劫長存，可與宇宙同泰者矣。

第**5**章

武當三豐太極拳經典拳論

一、張三豐太極拳論

訣云：太極者，無極而生，動靜之機，陰陽之母也。

太極之先，本為無極。鴻濛一氣，混然不分，故無極為太極之母，即萬物先天之機也。二氣分，天地判，始成太極。二氣為陰陽。陰靜陽動，陰息陽生。天地分清濁，清浮濁沉，清高濁卑。陰陽相交，清濁相媾，氤氳化生，始育萬物。

人之生世，本有一無極，先天之機是也。迨入後天，即成太極。故萬物莫不有無極，亦莫不有太極也。人之作用，有動必有靜。靜極必動，動靜相因，而陰陽分，渾然一太極也。人之生機，全恃神氣。氣清上浮，無異上天。神凝內斂，無異下地。神氣相交，亦宛然一太極也。故傳我太極拳法，即須先明太極妙道，若不明此，非吾徒也。

太極拳者，其靜如動，其動如靜。動靜循環，相連不斷，則二氣既交，而太極之象成。內斂其神，外聚其氣。拳未到而意先到，拳不到而意亦到。意者，神之使也。神氣既媾，而太極之位定。其象既成，其位既定，氤氳化生，而謂

七二之數。

太極拳總勢十有三：掤、攦、擠、按、採、挒、肘、靠、進步、退步、左顧、右盼、中定。按八卦、五行之生剋也。其虛靈、含拔、鬆腰、定虛實、沉墜、用意不用力、上下相隨、內外相合、相連不斷、動中求靜，此太極拳之十要，學者之不二法門也。學太極拳，為入道之基，入道以養心定性、聚氣斂神為主。故習此拳，亦須如此。若心不能安，性即擾之。氣不能聚，神必亂之。心性不相接，神氣不相交，則全身之四體百脈，莫不盡死。雖依勢作用，法無效也。欲求安心定性，斂神聚氣，則打坐之舉不可缺，而行功之法不可廢矣。學者須於動靜之中尋太極之益，於八卦、五行之中求生剋之理，然後混七二之數，渾然成無極。心性神氣，相隨作用，則心安性定，神斂氣聚，一身中之太極成，陰陽交，動靜合，全身之四體百脈周流通暢，不黏不滯，斯可以傳吾法矣。

二、張三豐拳經及行功心解

1. 十三勢說

太極拳，一名長拳，又名「十三勢」。

長拳者，如長江大海，滔滔不絕也。十三勢者，分掤、攦、擠、按、採、挒、肘、靠、進、退、顧、盼、定也。

掤、攦、擠、按，即坎、離、震、兌，四正方也；採、挒、肘、靠，即乾、坤、艮、巽四斜角也，此八卦也。進步、退步、左顧、右盼、中定，即金、木、水、火、土也，此五行也。合而言之，曰十三勢。

2.張三豐傳王宗岳太極拳經歌訣

順項貫頂兩膀鬆，束脇下氣把襠撐。

威音開勁兩捶爭，五趾抓地上彎弓。

舉動輕靈神內斂，莫教斷續一氣研。

左右宜有虛實處，意上寓下後天還。

拿住丹田練內勁，哼哈二氣妙無窮。

動分靜合屈伸就，緩應急隨理貫通。

忽隱忽現進則長，一羽不加至道藏。

手慢手快皆非似，四兩撥千運化良。

掤攦擠按四方正，採挒肘靠斜角成。

乾坤震兌乃八卦，進退顧盼定五行。

極柔即剛極虛靈，運若抽絲處處明。

開展緊湊乃縝密，待機而動如貓行。

3.太極拳經釋義

太極者，無極而生，動靜之機，陰陽之母也。動之則分，靜之則合。無過不及，隨曲就伸。人剛我柔謂之走，我順人背謂之黏。動急則急應，動緩則緩隨，雖變化萬端，而理一貫。

由著熟而漸悟懂勁，由懂勁而階及神明。然非用力之久，不能豁然貫通焉。

虛領頂勁，氣沉丹田。不偏不倚，勿隱勿現。左重則左虛，右重則右杳。仰之則彌高，俯之則彌深。進之則愈長，退之則愈促。一羽不能加，蠅蟲不能落。人不知我，我獨知人。英雄所向無敵，蓋皆由此而及也。

斯技旁門甚多，雖勢有區別，概不外壯欺弱，慢讓快耳。有力打無力，手慢讓手快。是皆先天自然之能，非關學力而有所為也。察四兩撥千斤之句，顯非力勝，觀耄耋能御眾之形，快何能為？

立如平準（車輪），活似車輪（平準）。偏沉則隨，雙重則滯。每見數年純功，不能運化者，率皆自為人制，雙重之病未悟耳。欲避此病，須知陰陽。黏即是走，走即是黏，陰不離陽，陽不離陰，陰陽互濟，方為懂勁，懂勁後，愈練愈精。默識揣摩，漸至隨心所欲。

本是捨己從人，多誤捨近求遠。所謂差之毫釐，謬以千里，學者不可不辨焉。

欲令天下豪傑延年益壽，不徒作技藝之末也。

4. 太極拳論

一舉動周身俱要輕靈，尤須貫串。氣宜鼓蕩，神宜內斂。每一動，惟手先著力，隨即鬆開，猶須貫串一氣，不外起承轉合。始而意動，既而勁動，轉接要一線串成。勿使有缺陷處，勿使有凸凹處，勿使有斷續處。其根在腳，發於腿，主宰於腰，形於手指。由腳而腿而腰，總須完整一氣，向前退後，乃得機得勢。有不得機得勢處，身便散亂，其病必於腰腿求之。上下前後左右皆然，凡此皆是意，不在外面。

有上即有下，有前即有後，有左即有右，如意要向上，即寓下意，若物將掀起，而加以挫之之意，斯其根自斷，乃壞之速而無疑。虛實宜分清楚，一處自有一處之虛實，處處均有一虛實。周身節節貫串，勿令絲毫間斷耳。

5. 十三勢歌訣

十三總勢莫輕視，命意源頭在腰際。
變轉虛實須留意，氣遍身軀不稍滯。
靜中觸動動猶靜，因敵變化示神奇。
勢勢存心揆用意，得來不覺費功夫。
刻刻留意在腰間，腹內鬆靜氣騰然。
尾閭中正神貫頂，滿身輕利頂頭懸。
仔細留心向推求，屈伸開合聽自由。
入門引路須口授，功夫無息法自修。
若言體用何爲準，意氣君來骨肉臣。
詳推用意終何在，益壽延年不老春。
歌兮歌兮百卅字，字字眞切義無遺。
若不向此推求去，枉費功夫貽嘆息。

6. 十三勢行功心解

以心行氣，務令沉著，乃能收斂入骨。以氣運身，務令順遂，乃能便利從心。精神能提得起，則無遲重之虞，黏依能跟得靈，方見落空之妙。所謂頂頭懸也。往復須分陰陽摺疊，進退須有轉合。意氣須換得靈，乃有圓活之趣，所謂變動虛實也。發勁須沉著鬆靜，專注一方。立身須中正安舒，八面支撐。行氣如九曲珠，無微不到；運動如百煉鋼，何堅不摧！形如搏兔之鵠，神如捕鼠之貓。靜如山岳，動似江河。邁步如臨淵，運勁如抽絲，蓄勁如開弓，發勁似放箭。曲中求直，蓄而後發。力由脊發，步隨身換。收即是放，斷而復連。往復須有摺疊，進退須有轉換。極柔軟，然後極堅

鋼，能黏依（呼吸），然後能靈活。氣以直養而無害，勁以曲蓄而有餘。漸至物來順應，是亦知止能得矣。心為令，氣為旗，腰為纛。先求開展，後求緊湊，乃可臻於縝密矣。

先在心，後在身。身雖動，心貴靜，氣須斂神宜舒，腹鬆淨，氣斂入骨。神舒體靜，刻刻在心。切記一動無有不動，一靜無有不靜。視動猶靜，視靜猶動，牽動往來氣貼背，斂入脊骨。內固精神，外示安逸。須要從人，不要由己，從人則活，由己則滯。邁步如貓行，運勁如抽絲。全身意在蓄神，不在氣，在氣則滯。尚氣者無力，養氣者純剛。氣若車輪，腰如車軸。

機由己發，力從人借，發勁須上下相隨，乃能一往無數，立身須中止不偏，方能八面支撐。彼不動，己不動，彼微動，己先動。以己依人，務要知己，乃能隨轉隨接；以己黏人，必須知人，乃能不後不先。

似鬆非鬆，將展未展，勁斷意不斷，意斷神猶連。

7. 張三豐傳王宗岳打手歌

掤攦擠按須認真，上下相隨人難進。
任他巨力來打我，牽動四兩撥千斤。
引進落空合即出，黏沾連隨不丟頂。

三、武當三豐太極拳體用全訣

太極拳術重用意，腰如車軸心行氣。
鬆靜穩勻緩合連，走架莫忘此中理。
起勢守靜待人動，氣沉丹田精神提。
掤攦擠按攬雀尾，沾連黏隨勤練習。

單鞭抹勾向胸逼，旋腕一鞭勁須齊。
提手上勢合著封，敵若抽手進身擠。
白鶴亮翅擠靠分，懸頂坐身寸蹾踢。
摟膝拗步摟手打，心眼身手步合一。
手揮琵琶主採挒，穿纏沾化借他力。
進步搬攔捶胸肋，搬攔得法顯技藝。
如封似閉守中攻，墜身脫銬長勁逼。
十字手法變無窮，撑裏鑽翻開合奇。
抱虎歸山破後敵，心清眼明手要疾。
肘底看捶纏繞黏，乘隙一拳莫失機。
倒攆猴兒迎面撲，開勁斜去稱其式。
海底撈月破擒拿，折腰一沉攻莫遲。
翻身過海似扇開，力由脊發勁貫指。
撇身捶掌連環劈，側身擊敵如霹靂。
雲手橫行封化打，妙用臂速運腰際。
高探馬上纏腕採，仰之彌高掌探鼻。
左右分腳肋下點，攙來架去何隙襲。
轉身蹬腳腹上踹，懸腿蹬伸分打敵。
進步栽捶破前踢，摟他撲地腰脛擊。
提膝頂陰腹襠躥，輕黏慢拿活旋腿。
左右打虎勢威武，下採上打披身退。
下帶上擊變循理，下脇襠腰上胸椎。
雙風貫耳雙環捶，探而後摜步要追。
開繞合擊並腿使，旋風二腿驚如雷。
野馬分鬃腋下展，鬆手一分把敵摧。
玉女穿梭巧轉貴，護臂穿打四敵潰。

轉勢靈走九宮步，側進身靠再發威。

下勢蓄勁避銳氣，俯之彌深無所畏。

金雞獨立借勢起，掃撩撞閉踢人爲。

壓掌托肘穿喉化，順勢轉靠震心碎。

戲珠吐信推窗月，叉喉刺瞳不留尾。

連馬穿掌葉採桃，分花迎面喉間刺。

十字腿起分手攔，上驚下取最得勢。

提腿上打致命處，下傷二足中空擠。

進步指襠捶下路，摟腿寸靠把襠指。

上步七星防上打，掤架之下直拳馳。

退步跨虎閃正中，如虎勁敵受扼制。

轉身擺進護括掃，前後應敵旋風勢。

彎弓射虎如發矢，挑打胸間拳氣使。

帶化突發丹鳳朝，變化無窮金雞立。

再搬再進可封閉，循環隨意無爲理。

收勢意氣歸丹田，天地合一鬆清靜。

體用大意心君主，節鬆氣聚神固凝。

無法有法易中理，心靜神怡適太極。

四、各家太極拳經典拳論、拳訣選錄

（一）武當拳法秘訣

拳不在多，惟在精熟。練之純熟，十三勢即變之無窮。拳由博而約，由純熟而隨變，多出無數，不外心、身、手、力齊出，方爲拳術把勢。故十三勢歸存心君腰意。各有字訣：敬、緊、徑、勁、切之內勁心法；起、承、轉、合之身

法腰意；聽、化、拿、發之神作動態；黏、沾、連、隨之手法訣竅；敷、蓋、對、吞之呼吸神意；擎、引、鬆、放之靈擊技巧。故精於武當拳法者，所記皆此也。

出手接手黏，起腿身連靠。閃開即進步，顧住即攻上。得實即發放，化打發相連。捨己須從人，順掌握主動。

手從腿邊起，意到腳身跟。側身步輕移，肩鬆勁貫指。藏勢彎左膝，靈動變虛實。殘軟近黏其，一貼即吐力。虛實相結合，手到腳也到。長拳帶短打，四兩破千斤。

直腕消肩處，進步力莫遲。內來援回救，步對其襠擊。外關奇相隨，回勢奪之機。順化牽連用，擒攔黏捺宜。逼彼吸猛勢，擠發未發時。吞吐對之奇，吸採靠抖吐。

腿不丁不八，靈活意腰胯。兩股收而夾，正腰旋軸架。平視頭頂拔，勁從心中發。兩肘含兩腋，雲手護脇家。三尖相對照，肩沉拳緊壓。神清心意得，己勝為仙家。

（二）武式太極拳李亦畬傳

走架打手行功要言

昔人云：能引進落空，能四兩撥千斤，不能引進落空，不能四兩撥千斤。語甚概括，初學未由領悟，予加數語以解之。俾有志斯技者，所得從人，庶日進有功矣！

欲要引進落空，四兩撥千斤，先要知己知彼；欲要知己知彼，先要捨己從人；欲要捨己從人，先要得機得勢；欲要得機得勢，先要周身一家；欲要周身一家，先要周身無缺陷；欲要周身無缺陷，先要神氣鼓蕩；欲要神氣鼓蕩，先要提起精神，神不外散；欲要神不外散，先要神氣收斂入骨；

欲要神氣收斂入骨，先要兩股前節有力，兩肩鬆開，氣向下沉，勁起於腳根，變換在腿，含蓄在胸，運勁在兩肩，主宰在腰。上於兩膊相擊，下於兩胯、兩腿相隨。勁由內換，收便是合，放即是開。靜則俱靜，靜是合，合中寓開；動則俱動，動是開，開中寓合。觸之則旋轉自如，無不得力，才能引進落空，四兩撥千斤。

平日走架，是知己功夫，一動勢，先問自己，周身合上數項不合？少有不合，即速改換走架，所以要慢，不要快。打手，是知人功夫。動靜固是知人，仍是問己。自己要安排得好，人一挨我，我不動彼絲毫，趁勢而入，接定使勁彼自跌出。如自己有不得力處，便是雙重未化，要於陰陽開合中求之。所謂「知己知彼，百戰百勝」也！

（三）楊式太極拳拳譜流傳

1. 懂勁先後論

夫未懂勁之先，長出頂、匾、丟、抗之病。既懂勁之後，恐出斷、接、俯、仰之病，然未懂勁，故然病出，勁既懂，何以出病乎。

緣勁似懂未懂之際，正在兩可，斷接無準矣，故出病；神明及猶不及，俯仰無著矣，亦出病。若不出斷接俯仰之病，非真懂勁，不能不出也。

胡為「真懂」？因視聽無由未得其確也，知瞻眇顧盼之視覺，起落緩急之聽知，閃還撩了之運覺，轉換進退之動知，則為真懂勁，則能階及神明。及神明，自攸往有由矣！有由者，由於懂勁，自得屈伸動靜之妙，有屈伸動靜之妙，

開合升降又有由矣。由屈伸動靜，見入則開，遇出則合，看來則降，就去則升，夫而後才為真及神明矣！

明也，豈可日後不慎行坐臥走，飲食溺溷之功！是所謂及中成，大成也哉。

2.太極圈

退圈容易進圈難，不離腰頂後與前。
所難中土不離位，退易進難仔細研。
此為動功非站定，倚身進退並比肩。
能知水磨催急緩，雲龍鳳虎象周旋。
要周天盤從此覓，久而久之出天然。

3.亂環訣

亂環法術最難通，上下隨合妙無窮。
陷敵深入亂環內，四兩千斤著法成。
手腳齊進橫豎找，掌中亂環落不空。
欲知環中法何在，發落點對即成功。

4.十三字行功訣

掤手兩臂要圓撐，動靜虛實任意攻。
搭手攦開擠掌使，敵欲還著勢難逞。
按手用著似傾倒，二把採住不放鬆。
來勢凶猛挒手用，肘靠隨時任意行。
進退反側應急走，何怕敵人藝業精。
遇敵上前迫近打，顧住三前盼七星。
敵人逼近來打我，閃開正中定橫中。

太極十三字中法，精意揣摩妙更生。

5. 十三字用功歌

逢手遇掤莫入盤，黏沾不離得著難。
閉掤要上採挒法，二把得實急無援。
按定四正隅方變，觸手即沾先上先。
攄擠二法趁機使，肘靠攻在腳跟前。
遇機得勢進退走，三前七星顧盼間。
周身實力意中定，聽探順化神氣關。
見實不上得攻手，何日功夫是體全。
操練不按體中用，修到終期藝難精。

6. 八字法訣

三換二攄一擠按，搭手遇掤莫讓先。
柔裡有剛攻不破，剛中無柔不爲堅。
避人攻守要採挒，力在擎彈走螺旋。
逞勢進取貼身肘，肩胯膝打靠爲先。
（避人攻守五行體，七星八卦用爲先。
妙在全憑能借力，引進落空奧無邊。）

7. 虛實訣

虛虛實實神會中，虛實實虛手行功。
練拳不諳虛實理，枉費功夫終無成。
虛守實發掌中竅，中實不發藝難精。
虛實自有虛實在，實實虛虛攻不空。

8.十八字訣

> 掤在兩臂，攦在掌中，擠在手背，
> 按在腰攻，採在十指，挒在兩肱，
> 肘在屈使，靠在肩胸，進在雲手，
> 退在轉肱，顧在三前，盼在七星，
> 定在有隙，中在得橫，滯在雙重，
> 通在單輕，虛在當守，實在必沖。

9.五字經訣

> 披從側方入，閃展無全空。
> 擔化對方力，搓磨試其功。
> 歉含力蓄使，黏沾不離宗。
> 隨進隨退走，拘意莫放鬆。
> 拿閉敵血脈，扳挽順勢封。
> 軟非用拙力，掤臂要圓撐。
> 摟進圓活力，摧堅戳敵鋒。
> 掩護敵猛入，撮點致命攻。
> 墜走牽挽勢，繼續勿失空。
> 擠他虛實現，推開即成功。

10.八字歌

（注：相傳為張三豐大弟子——宋遠橋之後裔公開，係張三豐之傳承）

> 掤攦擠按世間稀，十字藝人十不知。
> 若能輕靈並捷便，沾連黏隨俱無疑。

採挒肘靠更出奇，行之不用費心思。
果能沾連黏隨字，得其環中不支離。

11. 十六關要論

蹬之於足，行之於腿，縱之於膝，
活潑於腰，靈通於背，神貫於頂，
流行於氣，運之於掌，通之於指，
斂之於髓，達之於神，凝之於身，
息之於鼻，呼吸往來於口，渾噩於身，
全體發之於毛。

12. 用武要言

要訣云：捶自心出，拳隨意發，以意身勁催手，手隨心把，心以手把，總要知己知彼，隨機應變。

心氣一發，四肢皆動，足起有地，動轉有位，或黏而游，或連而隨，或騰而閃，或摺而空，或掤而擺，或擠而捺。

拳打五尺以內，三尺以外。遠不發肘，近不發手，無論前後左右，一步一捶。遇敵以得人為準，以不見形為妙。

拳術如戰術，擊其無備，襲其不意；乘擊而襲，乘襲而擊。虛而實之，實而虛之；避實擊虛，取本求末。出遇眾圍，如生龍活虎之狀，逢擊單敵，似巨炮直轟之勢。

上、中、下一氣把定，身、手、足規矩繩束。手不向空起，亦不向空落，精敏神巧全在活。

能擊能就，能剛能柔，能進能退。不動如山岳，難知如陰陽，無窮如天地，充實如太倉，浩渺如四海，眩耀如三

光。察來勢之機會，揣敵人之長短，靜以待動，動以處靜，然後可言拳術也！

借法容易上法難，還是上法最為先。擊手勇猛，不當擊梢，迎面取中堂。搶上搶下勢如虎，類似鷹鵃下雞場，翻江潑海不須忙，丹鳳朝陽最為強，雲背日月天交地，武藝相交見短長。

發步進入須進身，身手齊到是為真。法中有訣從何取，解開其理妙如神。

古有閃、進、打、顧之法：何為閃？何為進？進即閃，閃即進，不必遠求，何為打？何為顧？顧即打，打即顧，發手便是！

心如火藥手如彈，靈機一動鳥難逃。身似弓弦手似箭，弦響鳥落顯神奇。起手如閃電，電閃不及合眸，擊敵如迅雷，雷發不及掩耳。

左過右來，右過左來，手從心內發，落向前面落，力從足上起，足起猶火作。上左須進右，上右須進左。發步時，足跟先著地，十趾要抓地。步要穩當，身要莊重，去時撒手，著人成拳。上下氣要均停，出入以身為主宰。不貪不歉，不即不離。拳由心發，以身催手。進人進步，一肢動百骸皆隨，一屈統身皆屈，一伸統身皆伸，伸要伸得盡，屈要屈得緊。如卷炮卷得緊，崩炸得有力。

不拘提打、按打、擊打、衛打、膊打、肘打、胯打、腿打、頭打、手打、高打、低打、順打、橫打、進步打、退步打、截氣打、借氣打，以及上下百般打法，總要一氣相貫。

出身先拈巧地，出手先佔正門，此是為戰鬥要訣。以手當槍，高打高顧，低打低應，進打進乘，退打退跟，緊緊相

隨，升降未定，沾黏不脫，拳打立根。骨節要對，不對則無力；手把要靈，不靈則生變；發手要快，不快則遲誤；舉手要火，不火則不快；打手要狠，不狠則不濟；腳手要活，不活則擔險；存心要精，不精則受愚。

發身要鷹揚猛勇，潑辣膽大，機智連環，勿畏怕遲疑。如關臨白馬，趙臨長坂，神威凜凜，波開浪裂，靜如山岳，動如雷發，心細膽大。

要訣云：人之來勢，務要審察，足踢頭前，拳打膊下，側身進步，伏身起發，足來提膝，拳來肘撥。順來橫擊，橫來捧壓，左來右接，右來左迎，遠便上手，近便用肘，遠便足踢，近便加膝。

拳打上風，審顧地形。手要急，足要輕，察勢如貓行。心要整，目要清，身手齊到始為真。手到身不到，擊敵不得妙，手到身亦到，破敵如摧草。

善擊者，先看步位，後下手勢。上打咽喉下打陰，左右兩肋並中心，前打一仗不為遠，近打只在一寸間。身動時如山崩牆倒，腳落時如樹紮根，手起如炮直沖，身如活蛇，擊首尾應，擊尾則首應，擊中則首尾皆呼應。打前要顧後，打左要顧右，打高要顧低。操演時，面前如有人，對敵時，有人如無人，面前手來不見手，胸前肘來不見肘，手起足要落，足落手要起前手起，後手緊摧，前腳近，後腳緊隨。

心要佔先，意要勝人，身要攻人，步要過人。頭須仰起，胸須現起，腰須豎起，丹田須運起。自頂至足，一氣相貫。

膽顫心寒者，必不能取勝，不察形勢者，必不能防人。先動為師，後動為弟，能教一思進，莫教一思退。膽欲大而

心欲小，運用之妙，存乎一心而已！一理運乎二氣，行乎三節，現乎四梢，統乎五行（形乎六合，顧兼七星，身變八法，步走九宮），時之操演，朝朝運化，始而勉強，久而自然，拳術之道學，經於此而已矣！

（四）吳式太極拳流傳

八法秘訣

掤勁義何解，如水負行舟，先實丹田氣，次要頂頭懸。
全體彈簧力，開合一定間，任有千斤重，飄浮亦不難。
攦勁義何解，引導使之前，順其來時力，輕靈不丟頂。
力盡自然空，丟擊任自然，重心自維持，莫被他人乘。
擠勁義何解，用時有兩方，直接單純意，迎合一動中。
間接反應力，如球撞壁還，又如錢投鼓，躍然聲鏗鏘。
按勁義何解，運用似水行，柔中寓剛強，急流勢難當。
遇高則澎滿，逢窪向下潛，波浪有起伏，有孔無不入。
採勁義何解，如權之引衡，任你力巨細，權後知輕重。
轉移只四兩，千斤亦可平，若問理何在，槓桿之作用。
挒勁義何解，旋轉若飛輪，投物於其上，脫然擲丈尋。
君不見漩渦，捲浪若螺蚊，落葉墜其上，倏爾便沉淪。
肘勁義何解，方法有五行，陰陽分上下，虛實須辨清。
連環勢莫擋，開花捶更凶，六勁融通後，運用始無窮。
靠勁義何解，其法分肩背，斜飛勢用肩，肩中還有背。
一旦得機勢，轟然如搗碓，仔細維重心，失中徒無功。

附　錄

武當三豐太極拳功理功法文選

一、武當武術概說

中華武術淵遠流長，其中武當武術作為中華傳統武術的一個流派，以其豐富的武術內涵、獨特的內家風格、融通於道家哲理和練養的武術理論，以及廣泛的社會基礎而閃現著不可忽視的文化、藝術等社會價值。

筆者生於武當東隅的荊楚天門之地，少年崇尚武術，因學業偶有接觸，從當地民間功法中略得體會後，專致於武當武術的學習實踐，鍾愛於太極拳而頗有心得。於是在老師道友們的指導下，本著實踐——認識——再實踐——再認識的原則，欲使武當武術這顆中華傳統武術的明珠更加鮮艷迷人，讓世人了解得更清楚明白。所以貧道不吝拙見，借此機會，把我所認識和接觸的武當武術給大家一個認識討論的課題，不妥之處請批評指正。

（一）武當武術的歷史

我們看待武當武術的歷史，只能從學術界、史學界公認的、權威的歷史資料中聯繫當時社會時代背景等各方面因素

後得出結論。又因武術受我國封建文化習俗的影響而使真正的武術內容處於若隱若明的狀態，因武術本身爭論較多，保守性強，而使正史難載，造成僅在民間傳播而瀕臨失傳。種種跡象，給武當武術的歷史研究帶來諸多困難。

武當武術是隨著中華武術的產生而出現，武當山因其獨特的地理環境，在遠古時代的巫術和真武崇拜時期就開始了地方武術。但武當武術真正形成一個流派，應該是在宋元之際的張三豐之後才形成、發展和壯大的，才真正稱得上是一個獨特的武術文化內容。一些武術專業研究者對武當武術的認識，是從或公開自己脈絡清晰可考之傳承、或證據充足的原始手抄之資料記載、或雖是江湖軼史卻也有實物說明中進行的，這些都是證明武當武術歷史的最好材料。

下面僅列舉部分公認的權威代表說法。

清·黃宗羲《王徵南墓志銘》：「少林以拳勇名天下，然主於搏人，人亦得以乘之，有所謂內家者，以靜制動，犯者應手即仆，故別少林為外家，蓋起於宋之張三峰。」

《清史稿》五〇五《藝術傳四·王來咸》：「內家者，起於宋武當道士張三豐，其法以靜制動，應手即仆，與少林之主搏人者異，故別少林為外家。」

黃宗羲父子乃清名學者，治學縝密平實，窮經而求證於史，非妄言之說，《清史稿》正史更不庸置疑。這可以推斷武當內家拳的產生是宋代武當道士張三峰，後有學者考證這個宋與明之張三豐是兩個人。我們姑且不論是幾個張三豐，但在明史上有記載的張三豐和宋史上無名的而野史上有聞的張三峰確應是有此一人，而且是集道家修鍊於大成和將太極易理於武術上顯技的高人異士，他就是武當派武術的創始

人，是太極拳集大成和中興者（即使當時也許不稱太極拳，但它的實質、雛形早已定性）。在武當武術中，以內家拳為主，而內家則以太極、形意八卦為代表。

近代大批學者、專家公認此論更見一斑。

徐哲東《國技論略》：「南派太極、八卦、形意等門，得力於導引之術；北派少林，彈腿、長拳、短打、地趟各門，得力於手搏之術。南派源出武當之張三豐，其中以太極門為主，又有八卦、形意兩門，與太極皆為一派；北派門類甚多，其尤著者，為彈腿、查拳、少林、八番、長拳、迷蹤、二郎、短打、地趟、八極、批精。」「拳術中之所謂南派者，亦稱武當派，其源出於張三豐。」

郭希汾《中國體育史》：「內家拳始自張三峰……少林拳即俗所稱之外家，其術以搏人為主，其淵源所自，實始於達摩之十八手。」

張之江《太極拳圖解》序：「武當派太極拳法，源出於道學，運用丹法之功，崇先天而黜後天……」

李樹春《太極拳講義》：「竊考太極拳為武當正宗，法天地自然之理，參太極陰陽之妙，為內家拳術之最平易最能發達體育者也。」

以上是五四以前文言時代的代表。

80 年代仍健在的武林老耆宿吳圖南、萬籟聲均贊同此說。

吳圖南《內家拳太極功玄玄刀》：「誠以張三豐先師，既精於外家與少林，復能加意陶冶融會貫通，斯為內家，實為上乘。」

萬籟聲《武術匯宗》：「太極拳乃張三豐祖師所遺留，

又名長拳，亦名十三式。……然綜其手法用勁，要亦不出少林、武當之淵源耳。」

在80年代全國武術觀摩賽上，自報武當家門的金子弢的傳奇學拳經歷和從太乙擒撲二十三式的功法特點，證明武當拳的風格和源流。當今健在的呂紫劍，以及孫式太極傳人李文彬、李天驥等都對武當武術情有獨鍾，著書立說，對武當武術有公正認識和深入的研究。

武當趙堡太極拳的傳人們，一致考證所承傳的武當太極功夫又是一個有說服力的佐證：「老君設教，必予真傳，玉皇上帝，正座當筵，帝君真武，列在兩旁，三界內外，億萬神仙，傳與拳術，教成神仙。」如果我們排除其宗教因素，就老子陰陽哲理和張三豐隱仙派傳承均可以判斷出太極拳與張三豐及武當拳的聯繫。

（二）武當武術的特色

武當武術是以有別於少林「外家」（北派）之對稱的「內家」（南派）而著名的。其內家之名歷來眾說紛紜，各持己見，或以佛道產地而稱，或以拳架攻防特點而分，或以功法原理上分，或以軟硬功分，或以地域南北分等等。其代表說有：

徐哲東《國技論略·考異第二》：「黃氏（黃宗羲）之言曰：『少林以拳勇名天下，然主於搏人，人亦得以乘之，有所謂內家者，以靜制動，犯者應手即仆，故別少林為外家』，據此則似內家主靜，外家主動，故內家、外家，猶言內功外功也。」

黃百家《內家拳法》開篇稱：「自外家至少林，其求精

矣，張三峰既精於少林，復從而翻之，是名內家，得其一二者已足勝少林，王徵南先生從學於單思南而獨得其全。」

清·曹秉仁《寧波府志》：「蓋拳勇之術有二：一為外家，一為內家。外家則少林為甚，其法主搏人，而跳踉奮躍，或失之疏，故往往得為人所乘；內家則松溪之傳為正，其法主於禦敵，非遇困危則不發，發則所當必靡，無隙可乘，故內家之術尤善。」「張松溪，鄞人，善搏，師孫十三老，其法自言起於宋之張三豐。」

近代金一明《武當拳術秘訣》：「外家拳，少林派，以調呼吸、待百骸、進退敏捷、剛柔相濟為上乘。內家拳，武當派以強筋骨，運氣功，靜以制動，犯則立仆為主。」

凌秀清《形意五行拳圖說》：「北宋時有張三豐者，隱武當山為黃冠，窮心達摩之術者若干年，得其玄奧，乃盡棄少林之成法，而一以練氣為主。有從之者，即授以形意拳為練習的初步。成效既著，學者群起，世人遂名之曰內家，而稱少林為外家。」

集形意、八卦、太極於一體而爐火純青的一代武術宗師孫祿堂在《太極拳學自序》中指出：「此拳在假後天之形，不用後天之力，一動一靜，能任自然，不尚血氣，意在練氣化神耳。」

我們認為，道家主張自然、清靜、虛柔、節讓、養生以全形，體現在武術上，就是以靜制動，以柔克剛，穿化內避，借力消勁，後發先至，得機決勝。這都為內家提供了理論體系和技術運用的依據。因此，我們說武當武術內家拳之特色主要體現在：以道家哲理為指導，以養生全形為宗旨，以技擊禦搏為末技，以道德為門風，以自然為神韻，有後發

先至之戰術原則，有輕靈圓活的技擊方法，倡貴化不貴抗的技擊效果。

《武當山志·武當武術》中具體記載了黃百家的《內家拳法》的主要內容，從中可以看出內家拳的風格，而且從眾多的太極拳經、太極拳譜中更能突出我們前面所述的內家拳特色。形意、八卦的靈活運用，在架勢上雖有區別，但實質原理同出一轍，故行家有「形意的手，太極的腰，八卦的步」之說。還有人提出後面加上「武當的神」，這種武當神韻只有行家的一定修為才體會得到。這都最能突出體現內家精華。

具體說來，縱觀社會流行的各種武術，從審美角度欣賞，各家有各家的不同風格和神韻，有的疾如閃電，有的猛如風雷，總之，疾、迅、猛、烈、脆、硬、堅……可概括為其他各家之風格，惟武當派拳法以柔綿見長，處處體現出圓、圈、旋的有機交合的運化之勢。

如八卦掌沿圓走轉，縱橫交織，循環往復，隨走隨變，左右旋轉，勢勢連綿；形意拳之「如水流之曲曲彎彎，無風不入」「其形似閃」，連化帶發，剛柔相間，內旋回帶，勢如連環；而太極則以腰為軸，帶動四肢百骸處處劃圓運動。大弧帶小弧，大圓套小圓，周身形成平圓、立圓、斜圓、八字圓、雲圈圓等等，這些圓的不斷變形，自然而然的變化，既表現出一種力的含蓄柔韌美，也散發出無窮生機和活力。

還有「別開生面」的武當劍法，以其特有風格而獨步武林。因敵變化、不拘成法是武當劍戰略指導思想，其理論吸取我國古代太極、八卦等變易之理，主張「劍法通乎易術也」，故「劍無成法，因敵變化而制勝」「用劍之要訣，全

在觀變，彼微動，我先動，動則變，變則著」。它講究乘虛踏隙、避青入紅的戰術原則，即避實擊虛，以斜取正，迂迴包抄，兩劍成犄角之勢，「使敵人不能善其後」。這種兩劍三角、以逸待勞、後發制人的劍術就是世人所稱的「內家劍法」。武當劍的技法要領是身與劍合、劍與神合，以及走化旋翻、輕穩疾快的劍法特點，達到「翻天兮驚飛鳥，滾地兮不沾塵，一擊之間，恍若輕風不見劍，萬變之中，但見劍光不見人」的境界。

（三）武當武術的傳承

北崇少林，南尊武當。數百年來，星移斗轉，滄海桑田，武當武術如江河之分支，山脈之綿延，繁衍生化出許多支幹流派。縱觀武當武術的史蹟，我們可以判定武當內家拳的傳播路線：一條是沿道教內部自內傳續；另一條是向社會有選擇性地擇人擇時傳播。

在道門，武當武術作為道人修身養性、延年益壽的導引術，主張閉門清修，將高深之武術技擊視為不急之末學，師承保守，這使得其影響受到限制。而在社會上傳播，需有合適人選和合適的社會環境，所以張三豐以後傳播內家拳的情況比較複雜，偶爾也「消聲匿跡」。但因武當內家拳名聲所致，並未過長時間的沉默，又成燎原之勢。

武當武術在道門內的傳播過程中，道門中有以武衛道、以武演道的風尚和武道同源之說法，均對武當武術的傳承和發展起著潛移默化的作用。加之道人修鍊打坐之靜功，久而久之也需舒展肢體活血行氣，由後天帶動先天，而太極拳正是參於太極陰陽之理，動靜相間，剛柔相濟，融養生和技擊

於一體的拳系，所以，道門內傳承一直是綿綿不絕的。據《張三豐全集》及有關軼文記載，張三豐在道門中先後傳授金陵人沈萬三，寶雞人楊軌山，五龍宮主持邱玄清，太和四仙盧秋雲、周真得、楊善澄、劉古泉，南岩宮主持開武當榔梅派的孫碧雲，四川內江人明玉，還有淮安弟子王宗道等。

明・正德年間，武林高手宋遠橋同俞蓮舟等七人到武當深造太極拳功，張收宋等為弟子，世稱「武當七子」，他們是宋遠橋、俞蓮舟、俞岱岩、張松溪、張翠山、殷梨亭、莫谷聲。張三豐所傳道派甚多，後經世流傳的北京白雲觀藏《清・諸真宗派總簿》中，所列三豐派凡八支，其名有六：三豐祖師自然派（兩支），三豐派（三支），三豐祖師蓬萊派一支，此外，還有清微派、陰陽派、榔梅派（本山派）等都奉祀張三豐為祖師，這樣的道派不完全統計也有十多個派別，多自三豐派分支而傳衍發展的。

張三豐之後，武林中的傳統說法也有種種不同派別。武當太乙神劍門記載，張三豐在武當山創立的有四大法門：龍門主道（即靜修），天罡門主劍（劍術），清虛門主手（拳法），太乙門主字（以字理悟拳理）。松溪派的記述說，張三豐當年按武當山八大宮而開八大道派，依宮分別為淨樂派、迎恩派、遇真派、玉虛派、紫霄派、五龍派、南岩派、太和派。各派均有修鍊法訣和派譜，這都是武當山鼎盛之時複雜傳承後的記載。

從道史和《太和山志》有關情況來分析，當時八大宮均是由朝廷招賢各地道觀的道學精英分別主持武當山各宮，他們來皇封「大岳」的武當山後，各承武當一宮派也是情理之中，這樣更有利於武當道教的發展。

最值得一提的是，張三豐傳南北兩派太極拳。

張三豐在明朝雲遊天下，行蹤不定。據傳，貴州有他傳授吐納導引的太極動功。而在陝西傳授拳藝，收弟子多人，其中有名叫王宗者受藝最精。王宗傳溫州陳州同，陳州同將此藝傳播鄉里，再傳張松溪，後張松溪攜張翠山又慕名到武當山拜藝於張三豐門下，後開松溪派武功。張松溪授徒三四人，以四明之葉近泉得真傳，葉又將此藝帶回四明，其高足有吳昆山、周雲泉、單思南、陳貞石、孫繼槎（這些人又各有所傳）。其中單思南傳王徵南，王傳黃百家，至此，與《王徵南墓誌銘》及清初武林概況相合。

張松溪派世稱南派太極功，他曾出家於武當遇真宮，後開遇真派，並歷遊長江、黃河一帶，吸收各家拳法，形成更豐富的武當松溪派（遇真派）體系，拳術、器械、醫藥、內功，尤其是神意綜合太極拳，均獨步一時。後來常遊於川鄂黔湘一帶，四川系山人何氏得其傳，繼有傳人，現四川南充地區傳人較多，當代著名的武術界人士王維慎就是松溪派正宗傳人。

還有影響廣大、恢宏壯觀的北派太極更是遍地開花，並把武當武術之代表的太極拳光大到幾乎家喻戶曉，婦孺皆知。具體傳承是：因張三豐在武當山授業弟子較多，有武當道門弟子隱名遊山西，將太極拳藝授給太谷縣的王宗岳（諱林楨），王晚年傳溫縣趙堡鎮之蔣發，蔣發後將此技傳給趙堡鎮邢喜懷和離趙堡三五里的陳溝村陳王庭，此二人各開支派。

趙堡一支：邢傳張楚清，張傳陳敬柏，陳廣收門徒，其顯者有張宗禹。張傳子張彥，張彥傳張應昌、陳清平。陳傳

和兆元，和傳和敬之，再傳和慶璽，下傳鄭悟清和鄭伯英。張應昌又傳張汶，下傳張金梅，後傳張敬之，下傳侯春秀。趙堡當代三支是鄭悟清傳鄭均、劉瑞、吉昌秀、宋蘊華等；鄭伯英傳鄭洪烈、張宏道、馬殿章、紫學文、趙增福等；侯春秀傳侯占國、侯轉運、劉會峙、李萬斌等人；和學儉亦有傳人。可以說英才輩出，燦若星辰，各有千秋。

陳王庭一支：陳系九世，一直家傳至十四世陳長興。陳長興傳外姓楊露禪，楊開楊派傳承。楊家後來祖孫三代努力，分別傳於吳式、常式、李式等，又有綜合趙堡和楊式而開派的武式，武式又傳出孫式等等。以致繁星滿天，由本世紀初形成廣泛影響，成普及之勢，在世界上也產生巨大迴響。

近代武當山廟觀內的武當武術傳承情況更富有傳奇神秘色彩。據筆者了解，武當山道士習武強身是普遍性的必修課，古往今來一直未變，只是有偶爾的形式變化，有偷著練與公開練的，有懷著不同目標練的，有練不同功拳的，有成就大小不一的，但諸多不大願公開而已。

清末民初的武當山道總徐本善就是一位身懷上乘內家功夫的高手，他平時並不顯露武功，但在懾服兩百餘鬧廟會的地痞時，一腳踢斷石欄杆，並抓起四尺餘長、重約四五百斤的石欄杆，攔嚇鬧事地痞。其高足有：李合林、蘆合林、李合起、冷合斌、梁合起、水合一、陳合龍等，其中以李合林為最，李後傳部分內家拳，即金子弢公布的太乙擒仆二十三式，就可證明其高妙。

經過對武當武術的搶救和挖掘，現有武當山道士得傳有太極拳、太和拳、三回轉、金砂掌、太乙擒仆二十三式、九

宮掌等。從老道長王教化、朱誠德、郭高一、呂道明處傳承下來的各類內家功夫大有其人。武當山現任道教武館館長鍾雲龍道長，就是一部武當武術的活字典。

他全面繼承了近代武當山道觀內道人的練習拳種功夫，並吸取各家精華，為武當武術的傳承和發揚光大做出很大的貢獻。還有集武當山廟內和武當派民間傳承於一體的三豐武館館長游玄德，繼往開來，把武當內家拳術全面推向社會，影響到海內外。

筆者不才，有幸得郭高一道長等前輩的傳授，習練武當太極拳、九宮掌和太乙火龍掌等技藝，藝技平庸，忝為武當門下，只在身體力行地為武當武術事業盡一份心意。

還要提及的是武當劍的傳承情況：武術界有「少林刀、武當劍」之說。目前，武當劍第十二代、十三代傳人有嫡系傳承和經譜說明，可上溯到武當武術祖師張三豐。據目前發現有關武當內家劍術之源流較完整和可信的證據是 1922 年宋唯一大師所著《武當劍術》。從其中撰寫《武當丹派劍術系譜序》所載：

張三豐祖師傳劍於張松溪為丹派內家劍術第一代（為武當下乘丹字第九派）；第二代泰安人趙太斌；第三代湖北均州人王九成；第四代湖南衡山縣顏昔聖；第五代呂四娘，浙江鄞縣人；第六代李大年，陝西華陰縣人；第七代陳蔭昌，安徽人；第八代張野鶴（雅號碧月俠）；第九代宋唯一。宋傳李景林，李又遇武當嫡派異人皖籍陳士鈞學習「人盤」劍術，李廣傳武當劍，授業多人，其中，李天驥、孟曉峰為十一代傳人，吳志泉、馬杰為十二代傳人……

其他武當內家拳技的傳承，80 年代以來，經全國性武

術選考成果和武當拳法研究會挖掘整理，現正式規範認可的拳種 18 種，氣功 9 種，均有明志可考。此外，還有一些師承武當派，但據實不足而待證。

（四）武當太極拳概況

宋、元時期，武當丹士張三豐創立太極丹功體系後，作為七十二福地之一的道教名山武當山，道教活動進入鼎盛時期：道人數量與日俱增，太極功法廣為傳承。由教內外相互吸收、促進，道教理論的豐富和發展以及玄機秘法和武功要義修鍊均有很大程度提升，這樣武當就產生了獨樹一幟的武當武功。那些將人體生命科學付諸實踐的道士們將健身的導引術稍加衍變，在引導練氣之時，用意誘入具有技擊內涵的動作，於是便產生既養生健身、又護身卻敵的進退之法和練神導氣之功，這一結果造就了後世的武當內家太極拳。有人說，這種武當內家拳取正為太極，取反為形意，取斜為八卦，細析此話也有相形之理。因為它具有鮮明的道教哲理特點和內家武功的根本法則，所以久經不衰地流傳至今。

自從張三豐創立內家拳體系後，得其傳者（顯著者王宗岳）在充實完善其理論和形式上並未追求完全統一。因為太極拳最高境界是：「拳無拳、意無意、無意之中是真意。」是地道的道家玄妙哲理，跟丹道原理一樣，先有為（有法）到後無為（無法）。達到這個層次是需要一個過程的，這個過程中須先有形有象，有開展架式，後有緊湊之心意功夫。在習練過程中，因人的習慣、動作、心意悟性及功夫深淺等差異而使太極拳在外型架式上逐步形成差異，這樣就使得太極拳即使是同一流派，但在演練和架式上也出現不同式樣，

變成不同風格。但其總核心是不會變的。

　　武當太極拳在道門內一直秘傳，因多方原因，難免有所改動或變形。既有本山太極拳（演化成「榔梅魚門拳」），也有「武當太極拳」，同以武當太極拳為名的 108 式而架式不同的就有兩家，即徐本善秘傳 108 式和楊再興 108 式。有清末武當道人培元塵所傳之「武當猶龍派太極拳」，還有清末白蓮教領袖王聰兒手下元帥王德勝所傳「武當神功太極拳」，現居杭州王寶仁是其嫡傳。「武當太和拳」，教內李永光道長得傳，教外周忠明、韓石明精此技。

　　「武當太乙神劍門字拳」也是由張三豐祖師創立的以字為訣，體悟太極陰陽，以字劃拳，內練神劍，當代關亨九先生（1901～1994）承傳其藝。

　　「武當太乙鐵鬆派」，是在武當太極功夫基礎上引入寒山內功拳法後，新開的長白山地區武當派別支，其傳人有13 代李兆生、14 代劉鐵成等。

　　筆者所承傳武當太極拳，全稱是「武當三豐原式太極拳」，係師承武當山原紫霄宮道人郭高一之拳架，後又由遼寧北鎮閭山人號稱「北方大俠」劉煥軍證實，加上王光德主持的心法修正、指點而成，雖不敢斷言係徐本善前輩的 108式原形，但從師承上可以推斷其淵源聯繫：

　　筆者嗣傳師承郭高一道長，師爺唐崇亮（1869～1984）曾出家武當山三天門，當代被授譽為「愛國愛教長壽老人」，其武術內丹醫術均造詣頗深，其生平事蹟《中國道教》《河南日報》等報刊上均有報導和記載。師太是王信亮當年在武當山三天門、八仙庵當家，後住紫霄宮，與徐本善為同時代人。唐師爺 29 歲出家武當山，正是徐本善年富力

強，為道總主事之時。唐師爺雖不是徐之高足和正式門人，但慕名而學其拳也是不無可能的。二者劉煥軍老師是北鎮閭山人，那裡曾是張三豐祖師原籍，近代出了大俠宋唯一。他受家傳，早年知曉閭山道觀的奇人異士，同郭師早年在閭山雲遊訪道時分別在前後山住過，郭師後入雲臺觀，學藝訪友三年，後因「文革」中斷，待政策落實後回武當山紫霄宮，任武術總教練。

武當三豐太極拳體用兼備，共三架（上、中、下）十三式（內五行外八卦）。外勢渾然一體，綿綿不斷，似行雲流水，理論和大架完全符合《東方修道文庫•太極道訣》中的太極圖譜等內容。中架突出身法腰胸靈活和下肢穩而不死，下架係提高功力之技擊架。詳細拳法內容筆者應學生和道友要求在整理之中。這套完全順乎張三豐「太極十要訣」和「太極拳法訣」的傳統太極拳，風格獨特，精當有緻，上下起伏，左右翻騰，一圈套一圈，無處不圓，鬆其胯，順其勢，虛靈頂勁，含胸拔背，沉肩墜肘，正腰落胯，虛實分明，上下整體一致，腳隨身轉，手腳身合，步起弧形，三尖相對，隨曲就伸，用意不用力，行如抽絲，用似閃電……可以說其基本要求與現行楊、吳、趙堡等要求是一致的，只是具體動作和細微手法、步法略有不同，尤其在內勁修鍊上、內功的培植上多一些傳統練式。

一趟太極拳架，每勢都取法合乎自然，反對矯揉造作，樸實無華。從雙手捧天、氣沉丹田的太極起勢和合太極，形象端莊穩重，外靜內動，巍然沉靜，神舒體逸；攬雀尾圓活犀利，進退靈動，變化多端；單鞭舒展穩重而有腰身滾動，又有通臂勁力之意運行；白鶴亮翅左靠右展，呼吸深長，神

態安適大方，瀟灑脫落；摟膝拗步，虛實分明，轉動輕靈，牽引神意；如封似閉，蓄而後發，含而不露，開合有致；倒撢猴鬆靜俐落，從容不迫，旋轉自如，內含變動；左顧右盼，兼顧八方，機警靈動；打虎式目光似箭，凶猛威武；玉女穿梭滾卷起落，纖巧精密；搬攔捶先化後打，身手合一，巧合機關；高探馬定而不呆，橫豎有意；野馬分鬃渾然大方，斜中寓正；雲手悠然鬆活，沉靜雄渾⋯⋯每個架子在自然連綿之中表現出定型的藝術形象，貫之以神，便動靜相間，靜似山岳，端莊穩重，動似江河，氣勢磅薄，做到輕慢圓勻穩，而處處貫穿精神，時時生有意韻。

（五）武當武術價值及發展

新中國成立後的武當武術曾幾度沉浮，至 70 年代末，才重新重視武當武術的搶救、挖掘、整理，對此，筆者作為一個武當武術的信徒是很有一番感慨的。

武術本身應該是研究搏鬥中人體力的運動規律及其表現形式的科學，它是人類謀求生存和發展過程中，運用肢體與器械，發揮力量和技巧，戰勝對方，保全自己，不斷地進行攻防鍛鍊以至實用的一種強身技擊的運動。

隨著人們對武術文化內涵的分析，武術的細緻內容越來越明晰，而且社會發展變化對武術也產生新的影響。

所以，重新剖析武術含義，對當今武術作明確分類，以便研究繼承和學習。有學者對傳統武術進行分類：兩大類三大派。兩大類是軍事武術和民間武術，三大派是群體格殺術（團體臨戰殺敵的武術）、單兵搏殺術（綠林戰術）、仿武藝術（表演武術）。此種分類也不無道理，實質是實戰與練

習表演之分。而當今武術，首先看其存在形式和社會功用，然後再進行分類：武術應該具有技擊性、健身性和藝術性，以此三個基本特徵來看待今天的武術，就可以對武術文化說一句公道的話。

武當武術正是基於這三點而留傳至今的，但是有些功能特性在不同時期有不同表現，須正確對待。像技擊性，過去軟兵器時代，完全憑一雙手腳與人、獸搏鬥，技擊要求很高，但如今就相對地減弱了這一功能。過去的真功夫是很少表演和讓人欣賞的，而今人們娛樂欣賞則少不了要有拳技打鬧的味道。

主倡健身性的武當太極拳等內家拳一直長存不絕，就在於它綜合表現了三個特性並且突出了健身之共性，所以筆者認為武術三元化體系很值得武術涉及者對待。武當武術之代表太極拳就是融三性為一體的最佳項目。因為太極拳的技擊實用價值是不可否認的，前輩人的業績彷彿昨天。楊無敵的形象讓武林人士肅然起敬，孫祿堂的功夫也是讓人記憶猶新；太極拳的健身強身作用是有目共睹的，張三豐祖師的話猶若在耳：「欲天下豪傑延年益壽，不徒作技擊之末也。」中外太極愛好者多是從健身出發而習之，治了病，強壯了身體，太極拳的名聲越傳越廣；再從藝術性欣賞角度來講，太極拳能快能慢，優雅柔和大方，造型優美，有很高的表演價值。武當山是太極拳的發祥之地，其意義之重大是可想而知的。作為武當道教包括武當武術的傳人，更感身上責任之重大，看到國家對武術工作的重視，看著它即將走進奧運殿堂，更是萬分欣喜和自豪。

筆者曾在武當山道教和武館常住，基本了解武當山武術

的情況（當然武當武術不一定全在武當山，這是徐才老師說過的話），武當武術的發展前途可喜。

1982 年，在武當山所在地丹江口市成立了中國武當拳法研究會。並在 1983 年創辦會刊《武當》雜誌，以披露道家玄機、奉獻內家真諦為宗旨，以挖掘整理武當武術和道教文化為主要內容。研究會主持歷屆武當內家拳功理功法研討會。1987 年 6 月首屆武當山武術擂臺賽在武當山舉行。武當內家拳法曾作為湖北省體委武術研究重點課題。全國各地武當拳協會組織有幾十家，許多深藏在民間的武當內家拳術得以重放異彩。研究會系統整理和出版了多種多本武當武術系列叢書，對武當武術文化中的問題進行了明晰論證，對一些歷史的誤會予以糾正。武當山本地也特別注重武術文化的繼承和發揚，除配合各級組織舉辦各類型的武術培訓班外，還引進人才，挖掘人才，興辦武當武館。同時，注意對外交流、推廣武當武術，武當武術從武當山走進學校。全國大批武當傳人分別應邀出訪，交流武術。各地武當武術傳人也培養了一大批武當新秀，這都是一些可喜的局面。

同時，武當武術在發展中也因組織管理、資金等問題而顯露出不足來，如過分追求名稱相似或花俏、胡編亂造一些新套路、武館廣告言過其實等現象，都是武當武術工作中值得注意的問題。我們期待著武當武術更輝煌的明天。

二、太極拳呼吸的幾個練養階段

內家拳之首席代表太極拳，歷來以特有的養生和技擊的功理功法深受人們青睞。略懂拳理的人都知道：太極拳這種動氣功是由口、鼻吐納之呼吸，配合意念經竅之導引，以及

手腳伸屈、開合來達到養生和技擊之目的，其科學原理已在前人書籍和老師們的文章中多有論述，其作用效果也由眾多的名師高手和無數得益養生好處的愛好者異口同贊而不容置疑。筆者不才，有幸在郭高一老道長和老師們的指導下，學習武當三豐太極拳（有稱「原式太極」）得益於太極拳的妙處後驀然回首，欲究呼吸的運用在太極拳中的關鍵作用，練養特點和修持方式，結合師傳和個人粗淺體會，略加總結，整理於下。供各位方家斧正、指教。

（一）始順自然識太極

太極拳術是歷代先師們實踐總結的精華，且現代醫學、生理學及人體科學均已證明：它有助於臟腑機能、筋骨結構和經脈組織和運行、調節和暢通。欲學太極拳，先雙向選擇師傳，相信「入門引路須口授」之古訓，持之以循序漸進之恆心，再從盤架子，即套路、基本功（樁功）訓練開始。學拳的第一步就是注意理解每個式子的作用和意義。即使師傳當時未曾言明，也要仔細揣摩（從太極核心的陰陽原理去多加分析），並做到外形上正確標準。學拳階段是自然呼吸，進入初級階段就是順腹式呼吸（也可以把此兩合一，稱初級階段，只在意念注意呼吸上的輕重之別）。無論何種呼吸必須首先樹立「在意識的導引下，使呼吸之氣和運作完整貫串，協調一致」之原則，持守深長、細、勻之法寶。

太極拳是以其獨特的訓練方式──慢來完成其運動的，而且動作柔和悠然，伸屈圓活，特別適合呼吸與意念的配合運行。所以意識、呼吸、動作必須同步訓練。

隨著動作的啟動「一動無不動」，意識和呼吸也在腦海

的螢幕上拉開序幕。首先有一個心理上的定勢背景——全身已放鬆，彷彿全身每個毛孔都可隨之自由呼吸，有此心理基礎，然後意識和呼吸專注在鼻和氣的走向上。先是用鼻輕輕慢慢地吸，吸氣時小腹慢慢鼓起，微微隆凸。意念是鼻所吸之氣進口腔、過鵲橋、下重樓、入膻中，達至丹田實腹。這是「氣沉丹田」。

外形動作一般是配合屬陰的姿勢運動，通常為起、上、右、縮、屈、蓄、虛等。隨接始呼，亦然深、長、細、勻，出氣無聲，意念氣下前陰至會陰，達尾閭、上夾脊、沖玉枕、頂上百會，再下印堂至鼻口過重樓，由膻中分達四肢。呼氣時丹田之氣有一股已同時分灌四肢，隨外動而運走，使外四肢動作順暢、鬆活、圓通，而這股走「小周天」線的氣流在「膻中」穴匯合後一起向兩臂至兩手即「勞宮穴」運行。配以完成屬陽部分的動作，諸如承、下、左、伸、直（似直非直）、開、發、實等，如此循環往復、運行流暢、勻速、連綿不斷。逐步達到「遍體氣流行，一定繼續不能停」之境界。

這一階段一般不提倡用口呼吸。口自然微合，內有舌舐上腭，以利氣流暢行。要達到練盤架子（套路）自始至終呼吸出入氣不得耳聞有響，體會到「以氣運身務令順遂，方能便利從心」之意境，再可進入下一層次的訓練。當然，這一呼吸形式只供初級階段和鍛鍊身體、醫治慢性病等習練者使用，又必須經師傅口授親傳。

（二）逆腹提運巧築基

如果欲學技擊功夫和提升太極拳健身層次，可以進行第

二步呼吸訓練。這須在動作熟練、盤架子標準、拳理明白後方可進入角色。這是太極拳呼吸方式中，運用頻率最高、訓練時間最長、技養效果最好的一種關鍵性過程，按我們道家修行術語稱之「築基」功夫。

如果說第一步自然呼吸、順腹式呼吸是屬「無為」，那麼第二步則是「有為」了。因為「逆腹式呼吸」是先吸氣時小腹微微凹進，把氣流壓向各臟腑內而使內摩擦內臟，流散鬱氣，調整機體，益於健身，並且由意識把氣引向經脈肢體，有效地為肢體運動和技擊服務。呼氣時小腹微微隆起，這樣內臟與胸腔膈膜的按摩更利於鍛鍊五臟六腑，且「氣宜鼓蕩」「氣沉丹田」，使身體重心穩固，氣勁集中，身體輕靈，有助勁力發放。所以在運動中，吸氣時慢慢收腹，前腹彷彿貼住脊背，這樣內臟壓力把氣壓向四肢，而下肢應兩腳趾抓地，讓湧泉之氣上行，並提肛收前陰，注聚於腰際（或腎部），再由腰間發意，與氣力趨往運行至發端。這便是古人言之「一吸便提」吸氣時輕提谷道，隨即將意識把氣流一股於周天（如上面所云直至返丹田），一股趨於四肢百骸，接著始呼。

「一呼便咽」，慢慢鼓腹，即「一呼氣沉丹田」，使氣由丹田和腰際（充實帶脈）向四肢運行，這樣隨意、氣、動作都通達至掌或腳的梢尖部。這同樣要求輕、慢、深長細勻，不使耳聞，用意不用力（絕非無力，可逐漸暗含力意訓練），注意在一個四合後期的呼氣將盡時，意、氣、力均達至梢節，要使氣暢通，使力含而不吐，似出非出。

這一層次的意念和呼吸均重於前一步，意氣力的運行、發放路線要根據師傳口訣強化訓練。逆腹式呼吸運用熟練的

後期，通常是不著意鼻子（或口）的呼吸，只有意念及腹部鼓凹。由吸（陰）開始，在動作由陰轉陽時開始呼（陽），慢慢使氣沉丹田，鼓蕩運氣，以完成一個動作。如此滔滔不絕地呼吸，吐絲綿綿地演練拳路，至築基功力逐漸提高。其呼吸途徑可簡化成八字訣：吸提→貼脊→呼咽→鼓蕩。

（三）開合鼓蕩練養氣

透過長時間的「逆腹」運氣之「築基」訓練，已感覺腰身靈活，血脈暢通，能達到古拳經「行氣如九曲珠，無微不到」之「呼吸通靈，周身罔聞」的境界。加上平日打坐、站樁的配合等內靜功增加功力，太極拳的訓練可昇華到「練精化氣」之深層。

這一步分為兩方面的鍛鍊：練氣和養氣。一方面是開合鼓蕩的練氣，是在逆腹式呼吸的基礎上，專注於技擊實用訓練的呼吸方式。古經云：「練氣之學以運使為效，以呼吸為功，以柔而剛為主旨，以剛而柔為極致。及其妙用則時剛時柔，半剛半柔，遇虛則柔，遇實則剛，柔退而剛進……在具體訓練方法上，既可增用口鼻內呼吸的方式（或遵師囑），在上步之基礎上增加一段閉口塞鼻的運氣行使過程，最後還在動作完成即發放時，有呼吐表現，並配合勁力放出，即：吸提→貼脊→閉運→咽鼓→（沉蕩）→呼吐。

在這個過程中吸、提緊湊，至貼脊稍慢，閉運是意氣力一同慢行，時間可長，根據自己能量，實是一個蓄勁運使過程，咽時已在鼻上有不經意的微氣出，鼓腹、沉氣較呼吐慢，呼吐短促，可伴喉發「嗯」音。這一方式在訓練時意識極強，「無人意有人」之慢練，而實用技擊則「有人似無

人」快發。拙作《對敷、蓋、對、吞之淺解》所述呼吸訣在推平等行功走架中的運用，便是這一階段的體用和昇華。

另一方面是在透過呼吸大幅度之「武火」練氣後的「文火」溫養階段，這也可作築基後的繼續養練。這層呼吸方式基本沒有什麼特別，只是在行、走、坐、臥之空閑時間，經常保持虛心實腹，意守腰間兩腎部位，「氣宜直養而無害」，保證氣血在體內流暢盤架子用意不用力，不需用口、鼻上著意呼吸，更不用口之配合以及吸氣後閉忍的運行之法。

（四）練氣化神合太極

訓練有素者進入此層次的呼吸鍛鍊，已是提升內功培養技擊水準的新境界。這一層已不須用口、鼻去開合呼吸，而是被稱為「內呼吸」或「體呼吸」。開始意念全身皮膚毛孔在呼吸，而運行盤架子行功走架時均以「喉頭永不拋」和腹臍凹凸之獨特呼吸形式。這質的飛躍便是道家所言：練氣化神。而且不拘時間地點，不拘行走坐臥，均可用意識去打太極拳，其動作也是隨心所欲。正如古拳經所云：「練氣化神，後氣不動，後氣不動而神清；神清而後操縱進退得其宜，如是始可言命中制敵之方。」

（五）隨意呼吸意馭氣

這一步為練神還虛。即：「拳無拳，意無意，無意之中是真意」的出神入化的神功境界。需數十年不輟苦勞方可達此上乘。表面呼吸已是隨意自然，不顯不露，似有似無全在意中，但只要一吸氣運力便可意氣達全身每一個部位，發於

手腳尖端，周身無處不太極，彷彿氣透發尖，意出有氣。有師曾言此神奇境界非我等語言能表達清楚，只覺全身通透之感，這種與道合一、返璞歸真的無上功力，其原理不外是前述各階段的修鍊積累，逐步加深功底而積柔成剛，以剛而柔之極致。

以上究呼吸而論太極拳，但須與動作身體（外部）意念指揮（內部）統一而使太極技藝臻高完美。我輩愚鈍，略知此理，僅曉皮毛，亦難達此境，尚在求索磨練之中。

三、習練太極拳內勁功力之體會

一代太極大師陳照奎先生曾說：「沒功夫，技巧也是空的；功夫不出，什麼技巧也不頂用，關鍵是出功夫。」這裡講的「功夫」就是內勁功力。眾所周知，除養生外，太極拳還具有影響較大的技擊作用。技擊正是靠內勁功力來達到其目的的。像樹武當立內家之張三豐祖師名垂千古，楊氏三代威顯武林，推廣海內外，普及大眾化；陳家溝繼往開來為世人矚目，都是靠內勁功力顯名創派、提高知名度的。

太極拳講究功夫與技巧，功力是技術性力量的基礎，而技巧又是內勁功力發揮得恰到好處的保證。所以，我們練習太極拳技擊，必須培植內勁功力，如果訓練內勁，達到具有隨心所欲的高強功力，加之配合以無極和太極的神奇技巧，便是所向披靡的拳技。

太極拳內勁功力是考察一個拳手的必檢之課，是衡量一位太極技擊家功夫高低的重要標誌。一位太極拳手必須至少精通一門（一式）太極拳，並融合多式太極拳或其他拳術之精華，互相吸收，為己所用，方能成為高手。任何一位卓有

成效的太極拳家絕不只熟悉一門拳術，而且已觸類旁通地把其他拳術都融合在自己的拳技中了。所以我們不能簡單地、機械地將其劃歸為哪一類太極拳。本來在體用太極拳時各自會形成一個獨特風格特點的拳種。因武林重名氣而推出陳、楊、吳、武、孫等多式太極拳，還包括現在整理和承認的趙堡太極拳及挖掘尋根的武當太極拳。

我們不必去爭辯是誰發明了太極拳，也不必評說哪一式太極拳的優劣。任何一門事物的起因與它相連的事物都有必然的聯繫，像武術相互吸收、太極拳的演變等，絕不是孤立存在，而是互相融合滲透、吸收變通以至改造創新。都有它存在的價值。正因為如此，太極拳的發明是歷史文化（傳統武術）積澱後，經智者、高手、賢哲們編創，並明顯地把道家文化和太極陰陽說全面地結合於人身、肢體的運動，以利保健和技擊。

太極拳內勁在內不在外，它是在長期的意識統率下，使呼吸與動作相結合鍛鍊，在精神意念貫注之中，體內形成的一種沉重又輕靈、既剛硬又柔軟的勁力。這種可剛可柔的太極內勁功力，它練習運勁時柔和，而發落到點時剛強。因此，太極拳的內勁功力帶有剛的一面，這是太極拳內勁質量的剛，不是硬、蠻、呆的無變化的拙力之剛，是積柔成剛，可變剛而復柔。正如拳經曰：「看似至柔，其實至剛，看似至剛，其實至柔，剛柔相交，無端可尋。」剛柔相濟，變化無窮，隨意舉動，自成法度。此「剛」是隨機隨勢迅速地將隱蓄於體內的全身之力聚於一點，在剎那間迅如奔雷地爆發出來，而且這疾用驟至的力不是發後斷勁的，它仍然是變柔和之力繼續運勁。

太極拳的這種內勁功力是內力在鬆柔（像沉肩墜肘）基礎上，經過有規律和一定方式的長期訓練獲得的。當具有了一定的剛力基礎，再把內勁功力過渡到動作自然、輕鬆的技巧之中，長時間的經常習練柔化運動，久而久之便練得掤勁彈力隨心用，胸腰疊化與氣行。

我們回過頭來看看武術上的一般勁力，它也是由肢體的運動表現出來的一種融於武術技擊的力。這種力量也是在意識支配下，由氣息吐納和肌肉舒縮有序化的配合而產生的。意識支配是指神經系統對呼吸和肌肉的控制，有序化的配合是指對氣息吐納和肌肉舒縮按照武術技擊動作的一定順序和規格，同時起勁，同步運行，同時到達一定部位。

太極拳的內勁功力，正是按照這一勁力原理，透過自身特別是由內及外的訓練來培養內勁功力的，它不同於外家的由剛硬、直出、快猛、吐氣開聲等強度大的訓練和發放方式，而是由緩慢、輕鬆、柔和、屈旋，並由走螺旋、劃圓弧、腕纏絲、胸腰伸長疊化而全身由內到外地產生勁力。

太極內勁功力特別注重內在意識的鍛鍊，主張「用意不用力」，而且意念神經的指導又有獨特的運行路線，配以外型肢體的圓動（全身無有不動），達到練就一種渾元一體的圓勻力場。活動在這個圓勻力場內的身體就是一個不凹不凸的太極體，且是應付一切外來侵入的無端的圓形體。一系列渾然一體的動作，時時慢練心悟，突出以柔化、借力、黏走化發的攻防方式，形成以掤、攦、擠、按、採、挒、肘、靠、進、退、顧、盼、定為主要特色姿勢的勁路，加以靈活多變的手、眼、身、勁、步的同步習練，從而顯示出太極拳獨到的攻防技擊特色。

太極拳內勁功力中的剛發，是在得機得勢時，即「中實」之後的突發。這時內勁力的來源是靠後足蹬地的反作用力推動整體，在後足蹬地發內力的瞬間，後胯往下沉，前腿髖骨力向前指，前腳猛然往下一踩，彷彿能踏到地裡一樣。同時把內部呼吸猛然往下一沉，壓縮橫膈膜，使腹腔突然膨脹，要求小腹突然一震，腰部用力，這時是意念到力由根部腳起，集中於腰腎，意念經夾脊骨、膻中，再肩井布於兩膊，施達於手指。這樣發力，實際上是力求在瞬間調動和集中全身各處潛在的強大的內功力量。恰到好處地對準其被引化落空的極不平衡處，如激光衝射出去。這種高壓式的內勁功力，是無堅不摧的。發勁時必須做到沉著鬆淨，專注一方，腰脊用力，前腿弓、後腿蹬、腳趾抓地，上下相隨，完整而富有彈性。將全身所蓄之勁一呼即出，由腳而腿而腰至肩、肘、手，疾似電掣，勁在連接梢處，三節齊到力增加。

在懂得原理後，我們在平日的行功走架，以及推手鍛鍊時，都必須遵照上述原理，反反覆覆多次練習，由運勁、發勁、節節貫串地把剛勁練熟，有意識地整體行功。學發勁也由慢到快，由快到熟，由熟到隨心所欲。

太極拳除適時地剛發外，更多的是以小力勝大力，以慢勝快的柔術應敵（這是太極陰陽的兩方面）。它的柔化原理，即以柔克剛過程也就是一種靈活、輕便、敏捷而力整的內勁功力的體用。雖然這種內功力度不一定要強大於對方之力，但運用太極原理和技巧，可以擊倒對方而達到制勝之目的。

太極拳手與對方接手時，總是先用比對方弱小的力去掤住，便順著對方來的方向黏化（這樣既不引起太大的反作用

力於自身，又能借對方之力，運用合力來打擊對方）。通常用手、腕、前臂去搭接對方的拳腳進攻，透過極為靈敏的反應，用手纏絲、臂腕轉動、滾卷，便黏隨上對方拳腳，順其力進我身體，而我一般是塌腰、收腰、坐胯、轉腳，在對方那股剛猛、短驟之力將竭時，我則迅速發力反擊。

反擊時的特點是在接觸對方身體後，開始伸臂發勁，而發勁則是在與對方相接觸處，或對方空檔處，或不平衡處，有意識地在敵身上加力，而力不是瞬間快發快收，要使對方身體產生傾斜失重的加速度，這種柔運驟發繼柔運的特殊勢能使對方倒入我意而制敵。

與此同時，自身是以分清虛實和由重心偏移來產生偏心力矩作為力量源泉。也就是說，太極拳手自身的手腳之虛實一定要掌握分寸，這樣，因虛實變化而產生重心移動是發力的基礎。

上面所述的前弓後蹬發勁要訣，始終注重自身重心下降和平衡，這樣就是靠兩腳的隨勢，隨時地變換虛實，並協調身、手等各部位，以保證身體平衡和偏心力矩打擊對方。

培養太極拳內勁功力是平時日積月累不斷地鍛鍊而逐步提升的。具體訓練方法是在各自師傳基礎上，廣泛吸收現代成功經驗，明白和掌握其中的科學及力學原理，先從盤架子入手，掌握呼吸、意念與內勁功力的直接關係，分曉它們三者缺一不可的表面的、內在的整體重要性。再從熟練上花時間下氣力，按照上述原理，遵循太極拳法則，選擇個別動作，逐個逐個認真練好，練出功力來，切莫囫圇吞棗，一個練好後再練下一個，這樣有助於我們提升太極拳的靈活性、運用的隨意性和變化莫測的應敵性。同時，加強推手練習，

多實踐發力訓練和試行發力，力爭不斷地把太極拳技提升到一個新層次。

筆者水準學識有限，功遜力淺，只能從功法原理結合自身體會談一點粗淺認識，希望得到同行老師和朋友們的批評指正。

四、對「敷、蓋、對、吞」的淺解

筆者從師武當山原紫霄宮武術總教練郭高一老師學習三豐太極拳，在體用太極拳時，得呼吸行氣「敷、蓋、對、吞」四字訣（最初據說見武派傳人李亦畬錄書，作者待考），由平日鍛鍊領悟，又結合趙堡、吳式太極拳架和參考書體會，在求道訪友、略有所感後，對此呼吸在太極拳的行功走架有了一些粗淺認識，現拋磚引玉把愚解與同行共同研習探討，希望得到老師、朋友們的指教！

古傳太極拳經對四字訣有如下闡釋：

敷者，運氣於己身，敷布於彼勁之上，使不得動也；蓋者，以氣蓋彼來處也；對者，以氣對彼來處，認定準頭而去也；吞者，以氣全吞而化也。此四字無形無象，非懂勁後練到極精地位者，不能知，全是以氣言，能直養其氣而無害，如能施於四體，四體不言而喻矣。

此四字是對敵鬥爭（走架、推手、技擊）的動作描繪。從字面彷彿與呼吸無關，其實從古經所言「全是以氣言」去體會揣摩，從呼吸和神意方面去專注領會，並把此呼吸原理結合「撒放秘訣」或攻防打手動作之中，就會覺得出四字訣是太極打手呼吸的最妙和佳處。是用心意結合動作、力度來共同完成一個頃刻間微而不顯、意而不聞的呼吸開合過程。

首先應該在心靜、氣斂、神聚、身靈和勁整的五字訣前提下表現為手、眼、身、勁、步協調一致的情況下，進行走架和攻防過程。然後以心意為主，內在呼吸，外在動作相配合，意氣運行，貫串圓活力的運氣力度，演繹相連的系列著法。

　　下面擬出一個直觀圖例來說明它們的巧妙配合及關係。

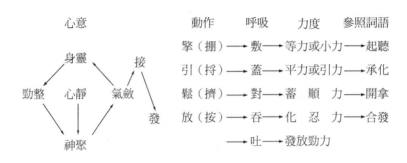

　　當與對方一交上手，我出手相搭，暗使掤勁。力度是比對方小力和相近等力，用李亦畬老師的撒放秘訣就是「擎起彼身借彼力」。而此時接觸對方的手是黏上對方，自己在意念上是敷貼（像膏藥黏上一樣）對方，即意念和眼神及氣力都塗抹在與敵黏接處，敵進我順應，隨對方的變化而變化，並注意改變他的勁力，保證不破壞我的平衡，快速反應，力爭能主動出擊。呼吸上表現在輕吸而聽聞不到，這是一個聽勁的過程。

　　隨著神與氣高度集中地履蓋在對方作用我的地方，心理意識一定突出有強大的蓋壓對方的氣勢，彷彿一種鋪天蓋地從上至下的氣流罩住對方，對方此時已乖乖地由我黏連著，動作變化是擺手引進，順化之力，並「引到身前勁始蓄」。

此時鼻腔是不著意微呼，並在心中轉變已制定出攻擊方案，為下步蓄勁做前期準備。

當聽勁後懂得對方勁力作用於我的落點時，「發落點對即成功」。心意認準，神目凝視，對準落點也就是我的始發點。外形上的轉化，內勢裡意力神注，要「人不知我，我獨知人」，這黏走之力使對方在此落空失著，而我「鬆開我勁勿使屈」，即雖然體外鬆肩、坐胯或轉腰，而勁力不能減小（驟減）和屈服（變屈過度），不能讓對方覺出「重裡現輕」。在鼻呼吸上是短期忍氣，這就是「對」。

「吞」就是緊接承受對方的一定勁力，或用身法吸入對方來勁，沉忍後蓄內力，含勁咽哽下喉，是鼓蕩前的收腹，彷彿把對方的勁力全部吞化，並在外觀上已經與「對」一起接下對方的著落處，只是重在吞化蓄力上為下部發放做了充分的準備。

我在發勁和推手中體會出，似乎還應在四字後加一個「吐」字。「吐」即發放之意，或是按勁，或是發力，是蓄沉後的爆發，乾脆俐落的抖勁、吐勁。這是得機得勢中實後的主動出擊，有時在「對吞」過程已化解了對方進招，但馬上又進入新的攻防招式裡），而此時做到「放時腰腳認端的」，突出整勁的發力過程，這是只有成功沒有失敗的招式。

整個呼吸過程是頃刻間的一個深呼吸，除在最後的發放、吐勁時有外聲的哼、哈、咳等氣力音表現外，其餘幾乎沒有呼呼外音表現，更談不上大呼吸和腹式開合。這與初期的行氣鍛鍊和養生略有不同。有的只是在心意指揮下的特定動作——收腹、轉腰和鼓蕩吐氣發力，這都是隨對方與自己

相應動作所決定的特殊配合。

這些說起來慢、用起來快，彈指轉身間，由意念指揮的系列流程，外形動作的接發程序均是在一個回合的呼吸中完成。儘管中間有細微的呼、吸、忍，都是為最後的發吐作鋪墊的。儘管說和寫分成四、五字訣，但體用時絕沒有界線和間隔，絕不能分開使用，更沒有節奏，而是氣流完整貫串、動作協調一致、呼吸與動作配合得天衣無縫，並自始至終按照太極拳的基本原則和要求去完成行功走架。

由此訓練五字訣的呼吸和發勁，日積月累練習心意體會和身手功夫，將有助於太極拳對自己養生和技擊水準的提升。

五、「喉頭呼吸」與「暗含力意」之對話

在一定運動量的行拳過程中，常常口裡含津，這就需要咽下這「金津玉液」，而「喉頭」在咽津、吸氣過程中起著至關重要的作用。當「舌舐上腭」的口、鼻自然而然地呼吸（微呼吸）中喉頭咽氣是讓氣流接通任脈，暢行全身，理順體內氣流，氣沉丹田和分達全身。「達鵲橋」「下重樓」「退陰符」的有為呼吸過程，時刻離不開「喉頭」。很顯然「拋」是向上行動作，而「不拋」則是指向下行壓下，實即包含咽下一說。所以，愚認為呼吸過程中，喉頭吞津、咽氣的方式和鍛鍊，是一種太極內家拳功的獨特形式。

另一種情況是不能過分抬頭或仰頭，如果那樣，一則會阻撓後玉枕關血氣不暢，二則眼睛失神和看不見正前方目標，造成失誤。所以，從外形上也不能「拋喉頭」。故古經之「喉頭永不拋」是前人經驗的總結。至於小腹之凹吸凸呼

現象，這是較高層次的呼吸階段，是完全意念於腹部丹田的結果。如果是走完全柔化以至積柔成剛的路子。

據前輩說：練柔化為主功的時間較長，而成功後的效果是巨大的，於養生是絕對優勢，但是對技擊的效應是緩慢的。一旦如吳圖南先生所言的「就呼吸言之，不論其為胸呼吸、腹呼吸、外呼吸、內呼吸、正呼吸、反呼吸，以及皮膚呼吸……欲其流暢不窒，捨宗氣之充足，無以完成其任務，故宗氣之為用亦大矣哉！」

當然，無論練的膜、胎呼吸，還是另一種類型的「喉頭呼吸」，都是為達到吳先生所述的一種境界：「培其元氣、守其中氣、保其正氣、護其腎氣、養其肝氣、調其肺氣、理其脾氣、閉其邪惡不正之氣，勿傷於氣，勿逆於氣，勿憂思悲怒以頹其氣，開其清氣，降其濁氣，使氣清而平，平而和，和而暢達，能行於筋，串於膜，以至通身靈動，無處不行，無處不到。氣主則膜起，氣行則膜脹，能起能怯，則膜與筋齊堅固矣，然後自然氣由內臟到分肉，由分肉到腠理，由腠理到皮膚，由皮膚到毛細孔，營皮膚呼吸，則能減少肺臟之勞動，所謂太極拳之氣能全體發之於毛者，即指此也。然後再能延長出來，由體表之等電離子層和生物電離子層，能使這種氣達到（推手時）對方之身體，而且使這種氣跟對方之氣結合到一起，來指揮對方之呼吸，這就是我們所說的太極拳的氣功。」

「喉頭呼吸」和」「喉頭永不拋」的狀態，據我的體驗是除前面所言的呼吸之意念順周天運氣之外，還指有個別抽出的式子或發勁單式的訓練呼吸方式，也有賴於喉頭呼吸的剛柔相濟的強化訓練，把剛而不僵、變僵為剛、剛而復柔的

鬆柔功夫融會貫通。

逆呼吸熟練後「可暗含力意訓練」，有時會出現全身僵滯的現象。其實，我總認為「暗含力意訓練」是一個意會神傳的妙法，很難說得明確、恰當，我還是盡意表述清楚。首先在「用意不用力」的前提下，此力是指與放鬆、靈活有矛盾的力，是從腰身發動，一直引伸到肢體梢端之力，後面「絕非無力」是指支撐四肢身體靈活運動的力和意，心意引動力。訓練到一定層次後，正確把握這兩種力，逐漸暗含力意。此力意是指意念之力，是綜合意和力的一種心理意識。

在動作中主要是在放鬆八段九節的基礎上，在有些動作將盡時，意念一個誘導發氣的過程，像明白坐腕、坐掌原理而行拳不用拙力，只要一個意念活動和指導手腳的鬆動細作過程。

如吳式太極拳的摟膝拗步，當手（手指在前）向前伸到盡頭時就要有一個誘導發氣或意念力的心理意識。

我練太極拳也有些姿勢在將盡（近）定勢處，掌心有一個向外凸吐和伸指的細微動作。只要以心行氣，意識到不練發力是不需注入內勁的，就是只有意念的坐腕和意念抖、吐，是鬆慢輕靈的微動，而不是發力訓練的注入內勁。當然發力訓練肯定是順力勁，且是隨心引氣合力而意識統一控制下加重意念而訓練罷了，這也是隨太極拳鍛鍊層次的逐步提升而增加這一意力訓練內容的。

六、《內家拳法》五字訣闡釋

清代內家拳傳人——黃百家之《內家拳法》記載了五字訣「……由十八而十二，由十二而總歸存心之五字（敬、

緊、徑、勁、切）。故精於拳者，所記止於數字。」與之相近時代的《寧波府志・張松溪傳》：「其尤秘者，則有敬、緊、徑、勁、切五字訣，非入室弟子不以相授，蓋此五字不以為用，而所以神其用，猶兵家之仁、信、智、勇、嚴云。」

此段文字是定名內家拳後，內家拳拳理拳法的最公開明了的正式記載。且不引《清史稿・藝術傳四・王來咸》《寧波府志》及黃宗羲《雷南文集》來證明其真實可靠性，單究此字意在理法上的內涵，筆者承授業於內家拳法（太極拳九宮掌等）後，仔細剖析其豐富的拳學含意，願與諸家一同探討之。

「敬、緊、徑、勁、切」五字訣，首先看它總體體現的內家特色：直接描述動作的詞是最後一個「切」，而前面四個字可以初步理解為形容心情、神氣、速度方式、力量等，而它們又密不可分、相關甚緊，以至排列順序也講究先君後臣，而缺一不可；先整體後局部，由內主而達內外統一的一種氣勢和一種境界，其特點充分體現在內而不在外，即在內心而非外形。在內部又以「敬」為首，而且暗含著始終貫串一「靜」字，因為除「切」字外，其餘四字均在訓詁上有「靜」之音意。即含有一層心靜的意思。這也是與後來拳家們總結和公開披露之「心靜……神聚」等五字訣神奇之偶合。

拳家們試比較一下「內家拳五字訣」和太極拳幾個秘本拳譜之「五字訣」，可以發現：其實質一樣的內家拳理法體系，雖然在傳承過程中稍有變更，但主旨和根本還是同出一轍，一脈相承。「敬、緊、徑、勁、切」與「心靜、身靈、

氣斂、勁整、神聚」比較，前者涵蓋面廣，指代全面、豐富，層層遞進，心身手並用，整體有法度，氣勢非凡，並且包含了後者；而後者專一、細緻，講整體和重內性，但總給人以缺少前者的「一種氣勢」的感覺，概因傳承者在理解深度、保守態度和當時語音語意之差異，而出現今天兩個略有不同、各具風格的「五字訣」。我們將以嚴肅認真的科學態度，以實踐和理論相結合的方式來分析它們。

內家拳首先提倡在平靜而不怠慢之心態下，十二分戒慎而敬肅地對待之（道教之恭敬一切，陳鑫《陳式太極拳圖說》中有三次提到「敬」字，以後乃至當今各家太極拳專著中訓練要求上都少不了一個「敬」——「靜」字）隨之收束神思，斂聚自己之神情。

通俗地說，在尊敬對方平和之氣氛中，即外在的謙恭隨和，而內心則集中和注意，但不是緊張和害怕（這「敬、緊」就是一組內外形態的統一體）。這樣，如果在對敵中，就是緊盯對方，注視對方面部表情，準確判斷對方動向，時時保持張弓待發之狀態，用太極拳行話說，就是像上緊的發條，緊而不僵，時時保持彈力，反應靈敏，內心一種神專氣斂而外形自然輕鬆之表現。因為鬆與緊這一對矛盾整體是不能絕對分開的，提到緊就必定包含著鬆。在外形上的鬆，而內神上的緊，正像鐘錶上的發條與指針一樣。此正符合眾所周知的太極拳拳理。

而如果用鬆字卻體現不出內神之意境，只會是一個外形的自然狀態，並且鬆不一定能靜，而「緊」字就包含有「靜」專神之意和鬆態之神緊，所以「緊」字恰到好處（這與「鬆開我勁勿使屈」並不矛盾，這裡的鬆是誘敵之勁和引

化，而「勿使屈」就強調不能丟掉該緊的神意）。

「緊」字還能體現防守堅固有序、反擊迫切急猛之意，這都是其他文字不能代替的。

在進攻速度和方式上能襯出意境的就是「俓」。我們不妨從字形的意會法上去解釋，會驚奇地發現，「俓」它包含著豐富的技擊原理：兩人一交上手後（彳：雙人旁寓意）就肯定會互相掤搭纏繞、聽勁、在摩擦捽拿中進行較量，在這個過程中會出現進攻防守，即進退、打化、折疊和變化（巛之含義），而關鍵是「得橫」之前提，以及中土不離位（坙之寓示），懂勁後，以最短的距離，在自己重（中）心穩固（土不出頭為工），自己不偏不倚中「四兩撥千斤」地攻發取勝。這裡「工」象徵四平八穩，上不離位而「撥」一點頭，才成不顯山露水「人不知我，我獨知人」貼身近打技擊法，並且「巛」在形象上既像臂掤之態，又暗含折疊三次中代表進退變化，還寓含技擊人之三節和自身三節屈伸之變化。這樣，把太極拳，即內家拳之「中在得橫」「得橫即得勢」「三節相隨」等原理盡含其中。

而就其「俓」之本意，也是最短距離的「小路」「近路」直截了當地打擊對方，也符合太極拳黏沾連隨之以迂為直、捨遠就近、後發先至之拳理。並且在「緊」字反應之基礎上更近一層，包含「即」「就」之意。

此「勁」非彼「俓」，此「勁」更精進，「勁」實乃力量之現。「勁」較「俓」中加注力量，即在捷俓、截俓之機，運用上巧妙而靈活的力度。因為「勁」之本意有「堅強有力」之說，而內家拳包括太極拳所運用的各種勁路，是非同一般之力的。像黏沾勁、長勁、化勁、寸勁等，都是一種

積極向上的精神情緒之心意功夫。此「俓、勁」之意正解開我十幾年前得之於民間鄉村武師手抄本「徹」之謎。此寫法中還包含有「中定」與「左右虛實」之意義，完全符合太極拳論的原理。在與人交手的較量過程中，既要用力，又非單純用力，即我們常說之「拙力」與「勁」。這種得勢得橫後，纏繞黏隨乃至化發之各種隨機應變的技巧之力，就是內家拳裡不可缺少且關鍵之「勁」。

奧妙無窮變化多端的「切」字，既有外家手法之直截的切割、截打之法，又有內家注重的貼近後，相交而合擊發放的獨特手法，具體體現「引進落空合即出」之技巧。因為從形象上分析，太極拳這種圓形拳，它的力量出發是圓邊上的任意一點的切線上，外來力量一旦合上切點，即可沿切線方向隨發飛出。即人體用手臂和身體三維立體圓的圓形運動，來化解來自對方的任何力量，這種沿切線化力之妙，就是「切」字之真實寫照。

如果說在此之後的拳家總結出「敷、蓋、對、吞」四字秘訣，是在此五字訣中理解而出的話，「切」字比「對、吞」更富有涵蓋面，全面地包融了兩字的意和法。

此《內家拳法》五字訣比後來的《太極拳譜》上的各種「四字秘訣」「五字訣」均生動、具體，且形象、準確和精當地體現內家拳拳理拳法，特別是在發音與密咒、聲波與內功上的奧妙體用（筆者將在另一篇文章中闡秘）都是其他字訣不可代替的。這對於指導我們練好內家拳有著不可低估的地位和作用。

筆者一孔之見，願拋磚引玉，貽笑大方。

七、淺談太極拳輔助手法之特色

太極拳理法中，主要手法和輔助手法這一組陰陽統一關係的技法，在太極拳拳架、推手和散手中是至關重要的。由於這一組變化多端的技法直接影響著太極拳風格和功夫的層次，根據太極拳原理和拳經技理，對其輔助手法和特色略作分析。

（一）相輔相成多面手

首先，我們分清太極拳中主要手和輔助手（次要手），主要手法和輔助手法。主要手和輔助手（次要手）是手在手法運作過程中，因其用意、用力以及位置的主次而區分的。主要手是在太極拳拳架中，每一動作之意和內勁氣力在先，並在主要位置即制敵關鍵發放的那一隻手。通常在定勢時，主要手在前或在高處（即離自身中心稍遠），而且眼神要達此手。輔助手或稱之「次要手」（以下稱「次要手」），則是相關運動中幫助主要手法完成一個動作，控制主要手後方，配合主要手的攻防，通常在定勢時在後或在下在側，不為主要眼神所盯（但神意也要到達此手）。

主要手和次要手是相對的，是不停變換的，也是不可分離的。外家拳主要手往往表現在主攻上，次要手則主要表現在防、封、化上。而太極拳的主要手和次要手是體現在整體性上，主要手先黏拿，次要手隨之封防（兩手通常分別控制關鍵環節），而一同放發或化發，體現整體勁。

主要手法和輔助手法，是指在拳架或實用技擊中，動作變化完成而擺成攻防架式的一個定勢，這一姿勢的手法，就

是主要手法（主要手法中，包括以上所說的主要手和次要手）。主要手法具有攻防兼備、上下兼顧、神意圓滿、可發可擊、已封待打和整體發力同動等特點。輔助手法則是在完成主要手法之前的過程中，在手、身、腿等處相配合而採用的具有防禦、化解和黏沾連隨的中間過程動作。主要手法和輔助手法實際上是一套組合拳勢，絕對不能分開，它們也不是固定不變的，因太極拳主張黏沾連隨，捨己從人或隨敵所變，使得主輔手法變化無窮。加之太極拳有明、暗、化三種勁力和八法之變（個別流派的上、中、下三路八法共二十四法），更豐富了主、輔手法的多樣性。

同時由於太極拳等內家拳通常不用雙手同時出擊，所以在行拳和用招上形成位置上一前一後，或一上一下；功用上一招封一打擊或一化一攻；名稱上一主一輔的手法體系。而輔助手法也因其獨特的功能而呈現自己的特色。

（二）輔中運變隨時性

輔助手法因服從主要手法的目的而在運作過程中常常隨時就勢地變成主要手法。因為太極拳講究捨己從人、引進落空、借力打力，輔助手法開始是處於從屬位置被動地黏接引化，帶著黏勁，不丟掤勁，隨對方給力，這中間的變化是靈活的，一旦掤勁遇敵，可能變成主手而使用主要手法。尤其在推手鍛鍊和實用技擊中這一特色是首要的。輔助手法隨時拿發，在有機可乘、我順人背之際而發放對方。

此時的輔助手法，即使沒有運作到套路中規定的主要手法之位置，或者在因對方用力的變化過程中，乘對方空檔改變原套路中的主要手法招式而用新的另一招制勝，甚至在原

主要手法沒有奏效時連續再用另一輔助手法也可以制敵，這就是隨時的靈活性。

如武當三豐太極拳中，本打算用進步搬攔捶破解對方進攻，對方採用踢腳加拳的猛烈長架，我側身搬捶黏化對方拳，抬腳上步化開對方踢腳，而另一攔手上步之時對方已退出大步，此時搬捶右腳再上步已是不及，而左手攔化與上步則可隨身黏上，變成左野馬分鬃擊發對方。如果對方閃騰迅速，我只有再上右側用隨敵所變的招式進攻……按理分析，就是搬攔捶定勢用捶發是主要手法，而在攔手之際變為用野馬分鬃發放，即由原攔手之輔助手法變為主要手法。類似的實用例子很多，觸類旁通即知。

（三）托拿封援配合性

托、拿、封、援，是輔助手法本身應具有的四種有代表性的手法特徵。因重在配合主要手法，並在功能上多有為下一步主要手法的運用掃清障礙，或創造我順人背的條件，所以輔助手法的配合性尤為重要。

太極拳講究人體三段九節，三節之用在太極拳推手，實戰中是制勝關鍵。而三節之用通常只要靠兩手借勢而發。在運用主次二手中，輔助手法的運用多表現在配合主手來黏拿中節和根節，並在主要手法使用之時，化解對方勁道的方位，運用托、拿等手法控制對方輸出力量路線的中段和根部，連同主要手法整體借力而發放對方。

如武當三豐太極拳中的倒攆猴之用即是如此。以左側攆猴為例，對方順步左沖拳，我左手黏上對方進攻之拳，身體左轉，重心在左，右腿虛腳，右手隨機黏拿對方左肘或托或

捌，與我左手同時用勁，在右腳進襠（或踢膝）同時整體發勁而放飛對方。

（四）先虛後實同動性

太極拳拳架操練是勻速渾然的整體動作，有人形容如行雲流水（個別風格迥異的發勁動作流派除外），但其實質也是有主次之分和主要手法與輔助手法的不同體現。在一個完整動作中，多是先有輕靈運意，到定勢或者某個主要手法將定型時，有穿透意念和含而不發的意動動作。而在單勢操練時，主要手法的體現和發力發放招式則明顯表現。這時的輔助手法是先虛、後實而同動。

太極拳推手和實用打手亦然，推手中先搭手，掤用暗勁為虛，隨對方而變用招即變實。在瞬間的散打招式中，先虛後實是太極拳的柔化和後發先至的方針。「虛實訣」也指出：「虛守實發掌中竅」「虛實實虛手行功」。輔助手法的虛實變化在通用中靈活把握。

例如，武當三豐太極拳中「十字分腳」，兩手劃弧相交於頭前，既是虛架封化，也可以是實拿封招，而主要手法的分掌與提腿、分腳更是虛實相兼，實攻實用多變換的。同樣，在山西派形意的劈拳、八卦掌中轉掌走化中之換掌也具有同樣功能和特性。

誠然，太極拳手法是多樣的，主、輔是相對的，輔助手法的實際變化和理論特徵也是豐富多彩的。筆者受藝武當三豐太極拳，資智愚鈍，偶做教練時，講解手法之理，略作小結。至於方圓說、長短說、快慢說，各有所指。稍有所感，就教於方家。

八、追根溯源話「推手」

（一）怎一個「推」字了得

在我們最熟悉的張三豐傳至王宗岳《十三勢行功歌》中主講功理功法之言的一百六十八個字，可以說字字璣珠，但其中卻出現「推」字三次：「仔細留心向推求」「詳推用意終何在」「若不向此推求去」。若綜合語意環境來分析三個推字所言要義，我們可以斷定：太極拳十三勢之推手早在張三豐時代及傳至王宗岳時就已出現，只可能沒有像如今如此定名而已。

這首深入淺出的古代民歌體七言歌訣，同眾多道教經文和秘訣一樣，言簡意賅，極便朗讀和記憶。在開宗明義地強調十三勢的重要性，言明不可等閑視之。接下來，把重點、關鍵，以及原理和方法，根據道教常提的人體三寶——精、氣、神及原理一一解釋，並加以強調，從整體「命意」之「腰隙」，到氣行周身的要求，以及「用意」「留心」等練神之描寫，都無不與「上藥三品，神與氣精」（《高上玉皇心印妙經》）和「拳家三寶，精氣與神，存之之機，生命之本」（《拳法・精氣篇》）同出一轍。個中「虛實」「動靜」互相觸發和轉換，是不斷變化的，而且是因敵所變，而這些方式方法的體會和實踐，只有去認真仔細地面對面地探索，尋求和體悟這些奧妙，才會有收穫。而此時第一個「推」字的出現，既含蓄指明了一個取得理想之效果所採取的態度，又直接地把實踐理想所用的方法告訴諸君。

這裡就提出用「推手」這一方式來解決太極拳體用的幾

個基本問題。因為「推」字本意是向外用力，使物體或物體的某一部分順著用力的方向移動，而太極拳的體用在鍛鍊過程中，雙方交手，用力用意驗證拳架時，只有透過接觸、推摸之後，相互用意，認真體會，才能懂得其中的奧妙。反之，如果想體悟太極拳功用，像散打似地快出快變快收，接觸面小，時間短，那是體會不出「變轉虛實」「靜中觸動」的感受，那也不是內家心意功夫的太極拳了。而且「推」字引申義有根據已知的事實來斷定從某方面的情況想到的其他方面。這說明：

一者，「推求」就是由以上各項拳理要求來尋求太極拳最理想的體用效果，這是一種對事物的態度，即透過親身實踐去探究其根本。二者，「推求」就是指明一個方法，即雙方按拳理要求互相推手摸摩練習，按拳架招式逐一驗證。《十三勢行功歌訣》接下來繼續補充說明了取得太極拳十三勢功夫的原則、主次和目的標準等。正是《十三勢行功歌》指出「行功」過程是用「推手」求得，而不是「用功」過程中仍用「推手」的做法。也就是說，推手之法是太極拳十三勢的行功用意鍛鍊之法，而不是在拳功上實用技擊之法。

（二）「推」字巧妙與靈活

第一個推字，已經把只有用「推手」之法求得十三勢的行功效果作了強調。接下來，具體詳細交待「推手」之法的妙處：「屈伸開合聽自由。」推手的方式方法，現在流傳甚廣，而且各家各式各有特色，但這一句「屈伸開合聽自由」的宗旨是各家推手行家所認可的。這裡提出「聽自由」與後來常提的「聽勁」是一脈相承的，只有真正在推手中做到

「屈伸開合」，隨對方給勁給力的多少而變化，才能做到不頂不抗，才能「引進落空」，才能「捨己從人」。

第二個「推」字的出現，更證實了推手的功用和太極拳體用的效果和目的。且不論太極拳體用的標準，而長期的推練又為了什麼呢？延年益壽，永保青春，是終極目的。同時也暗示：仔細而長期推手鍛鍊，用意操作，提升質的水準，立於不敗之地，也能健康長久。有人從拳術多功能出發，分析推手的另一用途是什麼，就是散手的運用，就是拳技立於不敗之地，自然也能延年益壽。所以在最後一個四句詩中，讚美了詩歌拳理的貼切真實，同時再一次突出依此法理向「推手」和拳法推理去實踐，而不要留下忽視的遺憾。

縱觀三個「推」字的出現，在歌詞中的位置和次數，不能不令讀者深入思考：太極拳十三勢行功過程光靠走架去揣摩探求，就能獲得打手、散手的實戰效果嗎？「推手」鍛鍊的功用、創名及方法的建立難道是偶合嗎？

（三）推手的定位與局限

筆者以前已提及推手的定位與局限的有關問題。由進一步分析張三豐傳王宗岳《十三勢行功歌》後，我們可能更清楚地了解，太極拳推手始創何時何人雖難考證，但可能肯定跟太極拳一樣，先有其實際動作，後才有其名稱。而《十三勢行功歌》中「推」給後人留下有益的啟示，所以到楊式諸君才定勢定名定型。它的內容和過程，至少早在王宗岳時代已經形成，而且其主要理論指導依據是《十三勢行功歌》。這樣它與另一首《打手歌》的打手不相同是很正常的事情。太極拳推手是介於拳架與散手之間的一種以鍛鍊掌上功夫為

主、兼練身腰整體靈活和整體性的聽勁、懂勁、化勁、發勁的一個鍛鍊手段，是檢驗拳架的試金石。

推手與散手不能混為一談，散手是拳功實用的一種最終目的，推手是中間鍛鍊的一個過程和方式，如果推手包容了跌打摔拿等動作之後，並以制服或發放對方為目的的體制，那樣的推手應該升位，而不一定叫推手。正因為如此，推手就暴露出它的局限來，此局限是隨著現代體育競賽體制的改革而逐步出現的，但如果恪守「……欲天下豪傑延年益壽，不徒作技藝之末」之祖訓，我們可以把握好推手的界位，潛心去做「益壽延年不老春」的修鍊。

九、「太極拳經論」意義雙解談

備受推崇的《太極拳論》相傳為王宗岳所傳，而有人論證實為張三豐太極道理論體系的組成部分傳至王宗岳，王宗岳根據《太極拳經歌訣》而整理出《太極拳論》。我們姑且不論它們出自何處何人，也不管哪家哪派，僅就現存和公認的秘譜——《太極拳經歌訣》和《太極拳論》（以下簡稱「太極拳經論」或「經論」）這最有價值和最早正規出現的太極拳理法專論，試圖談筆者的粗淺認識。

（一）人靈字活方法多

俗話說：書是死字，文是活文。活人讀書要把書讀活。「太極拳經論」是古代哲學思想和人體物理力學之理相結合而總結出的有獨到理論和獨特功法的精典性文字。雖然武技、方術、功法等在古代多屬秘傳口授，不記文字，而記下文字的東西往往又隱晦深奧或用別語指代。君不見道教丹功

歷代多隱語，讓外人不知所云；近代雖逐步簡化通俗，但關鍵字眼和「火候」仍讓讀者如墜雲霧裡。所以「經論」寫得縱好，但其間也不是準確無誤的。因為可能既有傳抄上的錯誤，也可能是有人故意保密設障，讓那些讀經文之人深刻理解並實踐檢驗之。結合體悟身知，活用多種方法來判斷「經論」上的關鍵字眼，可以對比而得出可行的結論。

「達摩西來無一字，全憑心意悟功夫」至少說明：「書讀無字處」，真正的功夫不是用文字能寫出來的，所寫只是一種道理，一種方法和途徑，而這種方法和途徑完全靠讀者的心意去理解領會，並按方法和途徑練出功夫來。現代人對古文的斷句標點存在分歧，古文在古代也存在不同理解，君不見《道德經》不同版本的斷句理解。太極拳譜、拳經、拳論的理解也都有很多不同版本。《楊式太極拳正宗》書中第六、第七章考證經訣、拳論清楚明白，全面、有說服力，尤其對乾隆年間版本的考證是歷史性突破。古代駢文更有相互錯掉互換之處，加之可能有人為抄寫的作弊，這樣在讀「經論」時就必須調詞斷句。其理解的方法是多樣的：有時字要互換；有時字要顛倒；有時意要反解；有時意在字後；有時句要斷開；有時意是強調重複；有時為駢文的對仗而設局；有時針對自己；有時針對別人（或另外事物）……

除對經文表面意義把握外，應結合功法實踐作深一層理解。例如最通俗易懂的「入門引路須口授，功夫無息法自修」（出自王宗岳傳《十三勢歌》），除說明「師傅領進門，修鍊靠個人」和「拳藝無止境」的事理外，還含有太極拳於內的導引行氣。經絡走向、穴竅位置、氣血流動路線都是師傅秘傳口授，言傳身教，或面授機宜，而且內功的修

鍊，主要重在「無息」方式上。

　　古代曾指呼吸停止或者「胎息」之狀謂「無息」，此等甚至趨於「閉氣」修鍊和行經引氣等秘法功訣，不僅靠師傅傳授，而且靠自己得法後認真修鍊。所以我們理解古人精典經文要有一定深度。同時「太極拳經論」上有更多、更深刻的內容和生動的功法原理，必須用正確的認識論和方法論來分析它。另外，眾多前輩老拳師都各方面對「經論」作注詳解，這也為我們提供了許多寶貴經驗和指導方法。

（二）人我雙辯細剖析

　　「太極拳經論」的精奧哲理和確切拳理，不僅適應統一與個別兩方面，而且在對陣兩人的事理和獨自一人的做法用意，均可分析，所以不可片面理解一方之事。如對待「雙重」問題，歷來拳家論述頗多，然卻有幾種解釋。1995 年第 12 期《武當》發表武式太極拳傳人，當代太極大師姚繼祖老先生《談「雙重」》一文，引出了 1998 年第 7 期《武當》上馬原年先生的《也談「雙重」》，還有 1999 年第 6 期《武當》上趙增福、趙旭《究竟何為稱「雙重」》。三篇文章為同一問題發表各自看法，而且都是從「經論」上尋求注腳、分析解釋，但卻在結論上存在很大分歧。為什麼會在關鍵問題上有不同看法呢？筆者愚見：這就是個體與整體、兩個人相對論和一個人體論的角度不同的論述。

　　姚老先生認為：從自身手足位置的虛實配合來解釋「雙重」是符合太極拳虛實變換拳理的。

　　馬先生和趙先生則認為：二人交手時，雙方相向用力是「雙重」也是正確的，並言前者不正確。

諸公之觀點，一為有彼我之雙重，二為有一己之雙重。太極拳以虛靈為本，尚輕靈鬆沉，對「雙重」之病，關鍵看能否在實際中用太極拳原理來運化。「經論」分析得很清楚，雙方用力交手抵抗，如果不用在黏沾化走而「頂」「抗」，則大力者勝，是可謂「雙重則滯」，這是整體兩人而言。而怎樣分析個人之「雙重」和「自身手足虛實之配合」呢？敵我雙方交手，敵方力大則化走，這「化走」之勢就是一方用力，另一方不用力頂抗，而是化走，謂之「偏沉則隨」。關鍵看我能否「周身一家」「陰陽相濟」。如果敵方進攻我左邊，我左邊鬆柔引開，右邊向他還擊，謂之「左重則左虛而右已去」。此時可以是我左手黏化對方，為虛，而腳肯定由虛到實，與右側配合反擊對方。反之，如果我左手的黏引不能與身體其他肢體配合協調，即虛實分配不當，不能靈活運化，就不能制勝對方。

　　至於他們商榷的拳架中「馬步」式，兩腳著地，兩手同時出力為「雙重」之說，也要作具體情況分析。姚老先生承襲武式太極拳，拳架風格緊湊、屈膝、跟步、起承開合有自己的特色，虛實分明，很少有馬步架。而且推手有自己的特色，兩腿虛實比例隨動作轉換而調整，虛實變換中會有兩腿平均承擔重力的瞬間。只是此架不注重於此和變換較快，所以對此說有自己的看法。而趙先生則為趙堡大架傳人，在走架打手上另有一套風格。類似這樣既有個體論和兩個相對論的解釋在「太極拳經論」中頻繁出現，都應從理論上的相對論和實踐檢驗後來量。

　　「動之則分，靜之則合」，個人心意和身體一動全身都動而分出虛實陰陽。動中求靜、心空神靜時神氣合一，自然

之境無為合度。就雙方而言，交手時體現出不平衡的各種表象，如進退、剛柔、上下等，而分開後都求平靜安神以利再戰。甚至有人分析，應該把個別字掉換為「動之則合，靜之則分」，理解為「打出整勁」，合力擊出，能合即能借，能借即拿則贏；靜之分是「對位互爭，自我放大；豈有動則散勢，靜則束縮之拳？」（李紫劍談太極）

（三）兼收並蓄實踐知

天下太極是一理，儘管歷來太極拳因不同手法形成各樣風格，但他們遵循的原理是共同的。

由於主觀和客觀等原因，太極拳在源流、創始和經文論著上有許多迷霧，尤其是直接指導人們實踐的拳理經論，如果一旦以訛傳訛，那貽誤的不是幾個人，而是世世代代。筆者這裡對傳統「經論」的有關段落、句子的不同說法，淺作理解，供諸君實踐而論之。

原文上有「立如平準，活似車輪」。很多名師大家都認為：虛靈頂勁，立身中正不偏，方能支撐八面，以腰為主宰，氣流循環不息，腰如車軸，四肢如車輪，無處不隨腰運動圓轉。但是，我們如果改為「立如車輪，活似平準」是不是更貼切、形象一些呢？因為，人練拳架或者應敵，固然要「尾閭正中神貫頂」，但關鍵還是要靈活，靈活得像車輪那樣圓轉自如，而且靈敏精確到像水平儀那樣。這與懂勁和「一羽不能加」「蠅蟲不能落」是相通的。

真正靈活得跟秤準一樣，身子圓活如車輪旋轉，還得有助於靈敏準確的秤準來衡量，一旦有外力就有相應的變化。「立如車輪」有一個重心支撐點，能見力得力，隨時變換重

力點和支撐點，才能輕便靈快。「活似平準」才能聽勁、懂勁、量勁而像水平儀或天平秤一樣精確表現出來。「秤彼勁之大小，分厘不錯；權彼來之長短，毫髮無差」，才是「從人則活，由己則滯」，才能真正體現「動急則急應，動緩則緩隨」「左重則左虛，右重則右杳，仰之則彌高，俯之則彌深」的同動效應和境界。

雖然僅僅是換兩字，似乎卻比原來的更實際地指導實踐。

在「經論」之後，一代宗師武禹襄傳出「太極拳解」等經文中有「相柔軟，然後能極堅剛，能黏依然後能靈活」，還有人認為是「極柔軟然後能靈活，能呼吸然後能堅剛」。練太極拳十三勢固然是用柔軟之法，能積柔成剛須相當長時間，然後能極堅剛。但是，這種堅剛的練拳，還要有單操發力和剛柔相濟的訓練。太極拳講究極柔軟，定能極靈活。能掌握呼吸之法「拿住丹田練內功，哼哈二氣妙無窮」，然後能發力剛猛，達到極堅剛的程度。筆者認為後者比前者說得實用而富有指導意義。

誠然，縱觀「太極拳譜」中名家名譜的拳經、拳論、拳解之說，各有千秋而流傳至今，瑕玉互見。但真金不怕火煉，真拳真理是能指導人們提升太極拳技能的，只有實踐——認識——再實踐，不斷汲取各方經驗並總結實踐，才能提升自己，發展太極拳。

後　記

　　本人對太極拳的嗜好和專練緣於 80 年代初，此書的構思是 90 年代中期。在社會各界人士的要求和鼓勵下，業餘兩年完成其稿。在我修鍊太極拳道和宗教體驗過程中，深刻感覺到道教義理與太極拳密切關聯，本因此拳的傳承和功法原理都是道教文化的傳承，而由於宗教的神隱和武術的奇秘，理論資料尚不多見，致使理論和傳承系統不夠明晰。

　　於是我在幾位道教老修行和教內外老師們的指導下，把中國古老宗教——道教與太極拳的多方聯繫，通過小心求證，大膽論說地進行闡述。雖不夠完美，但且作一家之言，見教諸家。並把業師傳下來的太極拳內容整理出來，當做奉呈給大家的一份薄禮。

　　我緣於道，涉道日淺，深幸所遇皆慧根俱佳之輩。於此書編著之時，甚得眾道援之。全國政協常委、中國道教協會會長閔智亭大師在繁忙而清靜的修持中給我修改並題詞。全國政協常委、全國青聯副主席、中國道教協會副會長張繼禹道長欣然題詞。全國政協委員、中國道教協會副會長、陝西省道教協會會長、周至樓觀臺道觀監院任法融大師經常關心指導；全國政協委員、中國道教協會副會長、武當山住持王光德師父為我審稿和作序，武當山拳法研究會譚大江（筆者之仙學養生）老師及《武當》雜誌社高飛副主編，對本書提出指導性意見。樓觀臺道觀全體道友都給予了極大的關心和

支持，還有武當周金富師叔、師兄鍾雲龍道長、陝西陳法永、貟信升、任興之、曾崇正、楊誠元、胡誠林、李崇才、史飛、黃世真諸位道長的幫助，以及樊光春老師、畫家賈慧法先生、李會省、田永輝、趙海洋、劉玉其、李希寧、賈旭東、沈西京、李志強、蕭品和、田理陽、王曉慧諸君的支持。

尤其在出版過程中，韓國金仙學會崔炳柱會長、香港譚兆慈善基金及譚兆先生慷慨解囊支持出版。中國道教協會黃信陽副會長、袁炳棟秘書長、袁志鴻教務主任、孫同昌外聯主任，中國道教學院陳兆康教務長及周高德、王書獻、周永慎、陳信一、張嗣堅諸位老師，中國道協道教文化研究所田誠啟、張興發道長和尹志華、章偉文兩位老師，人民體育出版社張建林編輯，《中國道教》王宜娥、尹育政兩位老師、北京白雲觀李宇林道長、尤法肇道長及白雲觀道眾，都給予熱情的幫助。在此一併致以真誠的感謝。

同時還要感謝中國文聯主席周巍峙先生的題詞，著名道教學者李養正研究員、朱越利教授以及太極拳家于志鈞老師的指教（于老師的雙推技法與我的相似，並給了我一定啟發和參考，特此致謝），現居澳大利亞的原河南省武協副主席、陳式太極拳傳人陳小旺先生的勉勵，書法家馬行之先生的題字，北京首汽集團劉東才、國家無線電監測中心崔祥生兩位先生和廣東中山市劉宏先生資助。由於本人才疏學淺，功夫不夠，不妥之處，願得到各行家裡手的指教，期以不斷提升。

留陽道人　劉嗣傳

大展出版社有限公司
品冠文化出版社

圖書目錄

地址：台北市北投區(石牌)　　　電話：　(02) 28236031
　　　致遠一路二段 12 巷 1 號　　　　　　 28236033
郵撥：01669551＜大展＞　　　　　　　　　 28233123
　　　19346241＜品冠＞　　　　傳真：　(02) 28272069

·少年偵探· 品冠編號 66

·生活廣場· 品冠編號 61

・女醫師系列・品冠編號 62

・傳統民俗療法・品冠編號 63

・常見病藥膳調養叢書・品冠編號 631

2. 高血壓四季飲食　　　　　　秦玖剛著　200元
3. 慢性腎炎四季飲食　　　　　魏從強著　200元
4. 高脂血症四季飲食　　　　　　薛輝著　200元
5. 慢性胃炎四季飲食　　　　　馬秉祥著　200元
6. 糖尿病四季飲食　　　　　　王耀獻著　200元
7. 癌症四季飲食　　　　　　　　李忠著　200元
8. 痛風四季飲食　　　　　　　魯焰主編　200元
9. 肝炎四季飲食　　　　　　　王虹等著　200元
10. 肥胖症四季飲食　　　　　　李偉等著　200元
11. 膽囊炎、膽石症四季飲食　　謝春娥著　200元

・彩色圖解保健・品冠編號 64

1. 瘦身　　　　　　　　　　主婦之友社　300元
2. 腰痛　　　　　　　　　　主婦之友社　300元
3. 肩膀痠痛　　　　　　　　主婦之友社　300元
4. 腰、膝、腳的疼痛　　　　主婦之友社　300元
5. 壓力、精神疲勞　　　　　主婦之友社　300元
6. 眼睛疲勞、視力減退　　　主婦之友社　300元

・心　想　事　成・品冠編號 65

1. 魔法愛情點心　　　　　　結城莫拉著　120元
2. 可愛手工飾品　　　　　　結城莫拉著　120元
3. 可愛打扮 & 髮型　　　　　結城莫拉著　120元
4. 撲克牌算命　　　　　　　結城莫拉著　120元

・熱　門　新　知・品冠編號 67

1. 圖解基因與 DNA　（精）　中原英臣 主編 230元
2. 圖解人體的神奇　（精）　米山公啟 主編 230元
3. 圖解腦與心的構造（精）　永田和哉 主編 230元
4. 圖解科學的神奇　（精）　鳥海光弘 主編 230元
5. 圖解數學的神奇　（精）　柳 谷 晃　著 250元
6. 圖解基因操作　　（精）　海老原充 主編 230元
7. 圖解後基因組　　（精）　才園哲人　著 230元

・法律專欄連載・大展編號 58

台大法學院　　　　法律學系／策劃
　　　　　　　　　法律服務社／編著

1. 別讓您的權利睡著了(1)　　　　　　　200元
2. 別讓您的權利睡著了(2)　　　　　　　200元

國家圖書館出版品預行編目資料

武當三豐太極拳／劉嗣傳　編著
──初版，──臺北市，大展，2004〔民93〕
面；21公分，──（武術特輯；60）
ISBN 957-468-342-7（平裝）

1.太極拳
528.972　　　　　　　　　　　　93017334

北京人民體育出版社授權中文繁體字版

武當三豐太極拳 <108式>　　　ISBN　957-468-342-7

編　　著／劉 嗣 傳
責任編輯／張 建 林
發 行 人／蔡 森 明
出 版 者／大展出版社有限公司
社　　址／台北市北投區（石牌）致遠一路2段12巷1號
電　　話／（02）28236031‧28236033‧28233123
傳　　眞／（02）28272069
郵政劃撥／01669551
網　　址／www.dah-jaan.com.tw
E－mail／service@dah-jaan.com.tw
登 記 證／局版臺業字第2171號
承 印 者／高星印刷品行
裝　　訂／協億印製廠股份有限公司
排 版 者／弘益電腦排版有限公司
初版1刷／2004年（民93年）12月

定　價／300元

大展好書 好書大展
品嘗好書 冠群可期

大展好書　好書大展
品嘗好書　冠群可期